Klaus Ulich
Sozialisation in der Schule

Klaus Ulich

Sozialisation in der Schule

Elemente einer sozialpsychologischen Theorie

Ehrenwirth

CIP-Kurztitelaufnahme der Deutschen Bibliothek

Ulich , Klaus
Sozialisation in der Schule. Elemente e. sozialpsycholog. Theorie. –
1. Aufl. – München: Ehrenwirth, 1976.
ISBN 3-431-01788-6

ISBN 3-431-01788-6

Druck: Friedrich Pustet Regensburg
Umschlag: Walter Rupprecht
Printed in Germany 1976

Inhalt

Vorwort

Unter den zahlreichen Abhandlungen, die in den letzten Jahren über Probleme schulischer Sozialisation erschienen sind, findet sich kaum eine, die von einem explizit sozialpsychologischen Ansatz ausgeht. Politökonomische, bildungsökonomische und -soziologische sowie entwicklungs- und lernpsychologische Analysen konstituieren vorrangig die theoretische Basis der Schulreformdiskussion in der BRD; sozialpsychologische Aspekte werden dabei allenfalls vereinzelt und fragmentarisch berücksichtigt. Diese Lücke zu schließen, hat sich die vorliegende Arbeit zum Ziel gesetzt. Sie geht davon aus, daß Sozialisationsprozesse sich primär in sozialen Interaktionen vollziehen, und versucht, die Interaktionen zwischen Schülern und Lehrern sowie deren institutionelle Bedingungen als zusammenhängende Elemente einer sozialpsychologischen Theorie schulischer Sozialisation darzustellen. Das Schulsystem der BRD und seine gegenwärtigen Defizite bilden dabei den aktuellen Hintergrund der Argumentation.
Für viele Anregungen und Hinweise, die ich von Studenten, Kollegen und befreundeten ›Praktikern‹ erhalten habe, möchte ich mich an dieser Stelle bedanken.
Gewidmet ist das Buch denen, die seine Entstehung aus nächster Nähe begleitet und motiviert haben.

München, im Herbst 1975 Klaus Ulich

Einführung: Theoretische und bildungspolitische Aspekte schulischer Sozialisation

Sozialisation in der Schule konstituiert gegenwärtig ein außerordentlich wichtiges Problemfeld sowohl innerhalb der Sozialwissenschaften wie innerhalb der Bildungspolitik, dessen Bedeutung nur dann adäquat eingeschätzt werden kann, wenn theoretisch-wissenschaftliche und praktisch-politische Ebenen schulischer Erziehung in ihrem Zusammenhang berücksichtigt werden. Besonders bei der heute zu Recht so intensiv diskutierten Frage der Schulreform sind drei Aspekte in enger Interdependenz zu sehen:

Zunächst haben spezifische sozio-ökonomische *Daten* aus dem Schul- und Bildungssystem großes Gewicht (etwa die Zahl der Schulabschlüsse im Vergleich mit den benötigten Qualifikationen, die Verteilung der Abschlüsse auf verschiedene Bevölkerungsschichten und Regionen u. a.); weiter sind entscheidend die politischen *Zielvorstellungen,* die die Vorschläge zur Schulreform weitgehend leiten, und schließlich bieten sozialwissenschaftliche *Theorien* Interpretationen und Erklärungen für die Daten sowie Begründungen für die Ziele an. Trotz der daraus folgenden Bedeutung von Theorien darf freilich nicht übersehen werden, daß es einerseits zu vielen Einzelfragen konkurrierende Theorien und Erklärungsmuster gibt und andererseits sich verschiedene Ziele unter Umständen aus ein- und derselben Theorie legitimieren lassen.

Im Rahmen der hier primären wissenschaftlichen Intention geht es nun zuerst darum, sozialwissenschaftliche Theorien von Sozialisation und von Schule auf die jeweils relevanten sozio-ökonomischen Daten zu beziehen und vor dem Hintergrund der politischen Ziele von Schul- und Bildungsreform zu diskutieren. Dabei wird sich ein doppeltes Defizit zeigen: 1. Es sind bislang noch keine theoretischen Konzeptionen entwickelt worden, die die Realität schulischer Sozialisation adäquat abbilden und erklären können. 2. Ziele und Pläne von Reformen in der Schule sind – *auch* wegen des Mangels an geeigneten Theorien – dieser Realität weitgehend äußerlich geblieben, d. h., es konnten sich bis jetzt im westdeutschen Schulsystem keine entscheidenden Veränderungen durchsetzen; dies ist später noch näher zu begründen.

Bezugspunkte einer darauf zielenden Kritik, die in erster Linie Theoriekritik sein muß, sind zwei aktuelle Probleme, die innerhalb und außerhalb der wissenschaftlichen Diskussion auf großes Interesse stoßen. Theorien von Sozialisation müssen sich daran messen lassen, ob und inwieweit sie die Tatsache der schichtenspezifischen Bedingungen und Effekte von Sozialisation erfassen und Möglichkeiten zu ihrer Veränderung bereitstellen; Theorien der Schule müssen sich daran messen lassen, ob und inwieweit sie die Tatsache der Chancengleichheit und der Diskriminierung von Kindern aus unteren Sozialschichten in der Schule erfassen und Ansätze zu ihrem Abbau entwickeln.

Ohne jetzt schon auf inhaltlich-kritische Argumente näher einzugehen, soll doch ein Umstand genannt werden, der sich gegen Sozialisations- und Schultheorien gleichermaßen wendet: Die faktische *Interdependenz* der erwähnten Probleme – schichtspezifische Sozialisation bedingt wesentlich die Ungleichheit der Bildungschancen, die wiederum die Sozialschichtung perpetuiert – wird kaum gesehen und erst recht nicht in die jeweiligen Konzeptualisierungen und theoretischen Konstrukte einbezogen. Dieser Vorwurf ist zwar zunächst noch pauschal, aber es läßt sich daraus immerhin schon die Forderung nach einer *integrierten* Theorie schulischer Sozialisation ableiten.

Eine solche Theorie kann nach meiner Auffassung nur eine *sozialpsychologische* Theorie sein, die sich also um *interaktives Verhalten* zentriert; damit sollen weder makrosoziologische oder -ökonomische noch individualpsychologische Variablen ausgeblendet werden, die ihren Stellenwert vielmehr als Interaktions*bedingungen* erhalten. Zur Begründung dafür möchte ich vorläufig nur darauf hinweisen, daß Sozialisation allgemein und gerade auch schulische Sozialisation sich innerhalb von Interaktionsprozessen vollzieht, deren Struktur und Inhalt sowohl von institutionellen Kontingenzen als auch von Persönlichkeitsfaktoren der Beteiligten abhängig ist. Gerade in diese Perspektive läßt sich auch die Dimension der Schulreform integrieren, denn »von dem Anspruch emanzipatorisch-kompensatorischer Erziehung her ist Schulreform vorwiegend eine Reform der Art der sozialen Interaktion und damit eine Reform der Organisation und Inhalte der Lernprozesse der Schule«.[1]

Intentionen wie z. B. Abbau der Chancenungleichheit im Bildungswesen oder – damit zusammenhängend – emanzipatorisch-kompensatorische Erziehung verweisen noch einmal auf die *Ziele* von Schulreform und von schulischer Sozialisation überhaupt. Gegenüber anderen Bedingungen schulischer Sozialisation sind die Ziele deshalb vorrangig, weil sie die Gestaltung und Veränderung etwa der Schulorganisation oder der Unterrichtsformen über entsprechende Richtlinien steuern; sozialpsychologisch sind die Sozialisationsziele und die aus ihnen abzuleitenden Lerninhalte insofern dominierend, als die durch Sozialisation intendierten Verhaltensweisen und die zugrundeliegenden Einstellungen und Motivationen nur an bestimmten Gegenständen und der jeweiligen Art ihrer inhaltlichen Darstellung sowie ihrer sozialen Vermittlung entstehen können.[2]

Zwischen den hier eingeführten und noch nicht genauer abgeleiteten Zielen und jenen von der vorherrschenden Bildungspolitik postulierten Zielen liegt allerdings eine *Diskrepanz,* die auch Konsequenzen für die Art der vorgeschlagenen Reformen hat. Zum einen steht die Eindämmung schichtenspezifischer Sozialisationseffekte in partiellem Widerspruch zu einer aus der Wirtschafts- und Produktionsstruktur hergeleiteten heterogenen Qualifikationsstruktur der Arbeitskräfte, und zum anderen befindet sich die Forderung nach größerer Gleichheit der Bildungschancen in tendenziellem Konflikt mit dem Ziel, die Leistungsfähigkeit der Schule zu steigern. Soweit trotz dieser Widersprüche zwischen der aktuellen Bildungspolitik und einigen ihrer Kritiker ein scheinbar einheitliches Konzept der Schulreform gefunden wurde, hat dies weniger mit einem Austragen der Konflikte als vielmehr mit dem reinen Formalismus der bisherigen Reformen zu tun.

Es läßt sich zweifellos darüber streiten, welche Kriterien Reformen und insbesondere Bildungs- und Schulreformen aufweisen müssen, damit überhaupt von ›Reform‹ gesprochen werden kann. Sicher ist allerdings, daß eine Reform inhaltlich-strukturelle Veränderungen mit sich bringen muß und nicht nur Veränderungen im begrifflich-symbolischen Bereich. Gerade letzteres gilt aber nach der Einschätzung von Narr für die Verhältnisse in der BRD, denn hier »handelt (es) sich um eine aufwendige Reform von Wortzeichen, um symbolische Reform«.[3] Als »Leuchtzeichen« dieser Reform nennt Narr die Bezeichnung ›*Gesamt*‹, die im Bereich von Schule und Hochschule Veränderungen oft nur vorspiegelt, wie etwa das Konzept der additiven Gesamtschule zeigt, oder die Richtung lediglich geplanter Veränderungen beschreibt. Gerade dieser Trend symbolischer Reform läßt Mängel in den wissenschaftlichen Grundlagen und noch mehr bei deren Umsetzung in die politische Planung von Schulreform deutlich werden: Besonders die schichtspezifische Sozialisationsforschung hat sich fast ausschließlich und so lange mit Unterschieden oder ›Defiziten‹ in der Sozialisation verschiedener Sozialschichten beschäftigt, daß die Bildungspolitiker darauf mit Gesamtschulversuchen reagierten, in denen das ebenfalls nur symbolisch gemeinte Ziel der ›sozialen Integration‹ erreicht werden soll.

In engem Zusammenhang damit steht das Ziel, größere Chancengleichheit im Bildungswesen dadurch zu realisieren, daß mehr Kindern aus unteren Sozialschichten die Möglichkeit zum Besuch einer weiterführenden Schule geboten wird. Ungeachtet des später zu führenden Nachweises, daß dies bisher nicht gelungen ist, geht auch dieses Reformkonzept auf ein weitgehend dichotomisches Schichtungs- und Sozialisationsmodell zurück, das implizit eine Abwertung der Unterschicht- und eine Aufwertung der Mittelschichtsozialisation enthält.

Ein weiteres Argument, das dem proklamierten Ziel der Chancengleichheit subsumiert werden kann, ist in erster Linie ökonomischer Natur: Wettbewerb und technischer Fortschritt, so wird häufig behauptet, verlangen eine Höherqualifizierung von Arbeitskräften, deren Voraussetzung in einer verbesserten Schulausbildung bzw. in der intensiveren Ausschöpfung von ›Begabungsreserven‹ liegt, was wiederum den bildungsmäßig unterprivilegierten Schichten zugute kommen soll. Diese Gedankenfolge ist jedoch in jedem einzelnen Schritt zu widerlegen. Zunächst zeigen empirische Untersuchungen, daß nur in einem kleinen Bruchteil der Produktionsbetriebe, in denen überwiegend Arbeiter beschäftigt sind, künftig höhere Qualifikationen notwendig sein werden, während in den allermeisten Fällen die jetzige Qualifikationsstruktur ausreicht.[4] Wäre eine Veränderung der schulischen Ausbildung schon unter diesem Aspekt garnicht notwendig, so zeigen auch die partiell eingeleiteten Reformen, daß fast alle Maßnahmen auf eine Veränderung von *Sozialisations*bedingungen gerichtet sind und nicht auf andere *Qualifikations*bedingungen; Schulreform wird also – und dies ist gleich noch ausführlicher zu belegen – primär als Sozialisationsstrategie betrieben. Als Folge aus dieser Tendenz und aus der nahezu unveränderten Qualifikationsstruktur zumindest in den niedrigeren Qualifikationsbereichen ergibt sich schließlich eine weitgehende Konstanz und Kontinuität schulischer Leistungs- und Selektionsprinzipien und somit eine Stabilisierung der ungleichen Chancenverteilung.

Diese thesenartig skizzierten Überlegungen sollen jetzt zumindest in bezug auf die genannte Reformtendenz differenzierter weitergeführt werden; erst wenn sich die Annahme als stichhaltig erweist, daß die Sozialisationsdimension zunehmend an Bedeutung gewinnt, wird eine eingehende Auseinandersetzung mit den Bedingungen und Problemen schulischer Sozialisation notwendig und sinnvoll.[5]

Bei der Bestimmung des Verhältnisses von Qualifikation und Sozialisation besteht zwischen Erziehungs- und Sozialwissenschaftlern Übereinkunft darüber, daß beide Prozesse als Aufgaben oder Funktionen des gesellschaftlichen Erziehungssystems gesehen werden, die allerdings *inhaltlich* deutlich voneinander zu unterscheiden sind: Während Qualifikation auf die Ausbildung und damit auf die Verfügbarkeit von Arbeitskraft angelegt ist, intendiert Sozialisation primär die Vermittlung sozialer Normen und Wertvorstellungen und dient somit der Tradierung der jeweiligen gesellschaftlichen Verhältnisse. Diese inhaltliche Trennung in zwei Prozesse wird nach meiner Auffassung jedoch den tatsächlichen sozialen Gegebenheiten nicht gerecht; weder unter institutionellen Gesichtspunkten noch von den vermittelten Inhalten und auch nicht von den beteiligten Personen her lassen sich Sozialisation und Qualifikation eindeutig unterscheiden. Es besteht keine qualitative, sondern allenfalls eine analytische Differenz: In konkreten Erziehungsprozessen sind beide Momente stets eng miteinander verbunden, werden sowohl Arbeitsqualifikationen als auch normative Vorstellungen vermittelt. Erst vor dem Hintergrund dieser faktischen Untrennbarkeit von Sozialisation und Qualifikation wird die Frage möglich und auch notwendig, wie das Verhältnis beider Dimensionen in der *schulischen* Erziehung aussieht und welche Veränderungen sich möglicherweise durch Bildungs- und Schulreform ergeben haben bzw. noch ergeben werden.

Auch wenn es sich bei den bisherigen Reformen eher um symbolische als um echte strukturelle Veränderungen handelt, so läßt sich doch nicht übersehen, daß gerade die in jüngster Zeit in der Bundesrepublik konzipierten Pläne und Modelle der Schulreform inhaltlich weiterreichende Folgen nach sich ziehen. Die Tendenz dieser Reformansätze besteht, was eben schon angedeutet wurde, in einer *Verlagerung* der schulischen Erziehung, die von der Dimension der Qualifikation weg zu einer stärkeren Betonung der Dimension der Sozialisation führt; an einigen Bereichen der Reform kann dies exemplarisch begründet werden.

Sehr deutlich wird der behauptete Trend an den Formulierungen schulischer *Lernziele,* wie sie etwa der Deutsche Bildungsrat in seinem ›Strukturplan für das Bildungswesen‹ vorschlägt. Im Vordergrund stehen hier nicht mehr Lernziele für eine engere fachliche Qualifikation, sondern vielmehr allgemeine soziale Verhaltensziele und fachübergreifende Leistungen. Viele Zielbestimmungen des Deutschen Bildungsrates, die jetzt nicht im Detail aufgeführt werden sollen, haben zwar einen recht leerformelhaften Charakter, und es bleibt meistens offen, wie sie innerhalb der Schule realisiert werden sollen, aber die Verwendung von Konzepten wie ›soziale Kompetenz‹ und ›Kooperation‹ zeigt trotzdem einigermaßen klar die Bevorzugung der Sozialisationsdimension. Damit wird keineswegs bestritten, daß soziale Lernziele auch qualifikative Bedeutung haben; entscheidend ist das *relative* Gewicht der beiden Dimensionen von Erziehung und insbesondere die größere Bedeutung von Sozialisationsaspekten.

Letzteres gilt auch für zwei weitere Reformbereiche, nämlich einmal Schulorganisation und Unterrichtsformen und zum anderen die Lehrerausbildung. Das mit der partiellen Einführung der Gesamtschule verbundene Ziel der ›sozialen Integration‹ ist – unabhängig von seinem primär symbolischen Gehalt – zweifellos an einer Veränderung von Sozialisationsbedingungen orientiert: Schüler aus den verschiedensten Sozialschichten sollen nach den organisatorischen Prinzipien der Gesamtschule gerade unter Bezug auf ihre unterschiedliche soziale Herkunft miteinander erzogen werden; ›soziale Integration‹ meint dabei letztlich eine Kompensation der als unzulänglich dargestellten Sozialisationsleistung der Unterschicht – ein Problem, auf das später noch näher einzugehen ist. Auch die ebenfalls erst partielle Einführung von kooperativen Arbeitsformen oder sogar von Gruppenunterricht geschieht in erster Linie deshalb, weil diese Unterrichtsformen unter dem Aspekt der Sozialisationswirkung anderen Formen überlegen sind und weil sie unmittelbar der Verwirklichung sozialisationsorientierter Lernziele – etwa solcher des Deutschen Bildungsrates – dienen.

Dieselbe Tendenz zeigt sich schließlich auch bei der Reform der Lehrerausbildung. Zwar sind die inhaltlichen Prinzipien der Lehrerausbildung in den einzelnen Bundesländern der BRD noch recht verschieden, aber gerade die neueren Reformen lassen eine weitgehend identische, wenn auch zunächst noch sehr formale Struktur erkennen: Ausgehend von den Vorstellungen des Deutschen Bildungsrates soll jeder Lehrer neben der fachwissenschaftlichen und der unmittelbar praxisbezogenen Ausbildung auch Fachdidaktik und Erziehungs- und Gesellschaftswissenschaften studieren. Vor allem für angehende Gymnasiallehrer bzw. Lehrer der Sekundarstufe II bringt dieses Modell wesentliche Veränderungen; der rein fachwissenschaftliche Bereich der Ausbildung wird zugunsten fachdidaktischer und sozialwissenschaftlicher Inhalte eingeschränkt, d. h., diese Lehrer werden sich in Zukunft mehr bzw. überhaupt erst mit den *sozialen* Voraussetzungen und Bedingungen ihrer Tätigkeit sowie der Schule insgesamt beschäftigen. Damit bestätigt sich auch hier die Verlagerungsthese, obwohl zunächst noch offen bleiben muß, wie sich eine stärkere Sozialisationsorientierung der Lehrerausbildung in der schulischen Erziehung auswirkt; es erscheint jedenfalls zweifelhaft, ob besonders das Urteilsverhalten der Lehrer allein durch eine andere Ausbildung verändert werden kann.

Mit dieser kurzen Beschreibung einiger Ansätze der Schul- und Bildungsreform sind zugleich die allgemeine Bedeutung und einzelne *Bedingungskomplexe* schulischer Sozialisation angesprochen: Lernziele, Schulorganisation und Unterichtsformen sowie Ausbildung und Verhalten von Lehrern sind wesentliche Determinanten der Erziehungsvorgänge in der Schule und ihrer Auswirkungen bei den Schülern. Ihre eigentliche Relevanz erhalten sie freilich erst vor dem Hintergrund der vorhin angedeuteten Auffassung, nach der Sozialisation immer als Prozeß der Interaktion, als Folge und als Bedingung sozialer Beziehungen zu sehen ist: Nur insoweit als die genannten Faktoren *Interaktionen* innerhalb und zwischen Lehrern und Schülern beeinflussen, werden sie tatsächlich zu Sozialisationsbedingungen, die als Bedingungen *von* Interaktion unterschieden werden müssen von den *im* Interaktionsprozeß wirksamen inter- und intrapersonalen Strukturen.

Diese Unterscheidung ist konstitutiv für die Analyse schulischer Sozialisation, darf jedoch nicht als inhaltliche Trennung verstanden werden, sondern als analytisch-heuristische Differenzierung, auf deren Grundlage verschiedene Erklärungsansätze für Sozialisationsprozesse gewonnen werden können. Die Untersuchung der vorwiegend *institutionellen* Bedingungen von schulischen Interaktionen ist zwar notwendig, aber *allein* ebenso unzulänglich wie die Beschränkung auf den eigentlichen Interaktionsprozeß. Erst wenn der *Zusammenhang* beider Perspektiven hergestellt und berücksichtigt wird, lassen sich Aussagen über Sozialisationsmechanismen und -ergebnisse formulieren; erst wenn z. B. der Zusammenhang zwischen verschiedenen Schulformen einerseits und der Art der sozialen Interaktion zwischen Schülern und Lehrern andererseits bekannt ist, lassen sich die Sozialisationswirkungen einzelner Schulformen angeben. Gerade auch das oben genannte Problem der Schichtspezifität schulischer Sozialisation – und besonders die relative Benachteiligung von Kindern aus unteren Sozialschichten – kann nur angegangen werden, wenn institutionelle und interaktionsimmanente Bedingungen in ihrer wechselseitigen Abhängigkeit gesehen werden; gerade die *Selektion* innerhalb der Schule vollzieht sich in der Interaktion zwischen Lehrer und Schüler unter dem Einfluß der Zweckbestimmung der Schule sowie ihrer organisatorisch-sozialen Struktur und der vorgegebenen Lerninhalte.

Der damit grob umrissene Ansatz ist im weiteren Verlauf der Argumentation zu konkretisieren und zu präzisieren. An dieser Stelle sollen jetzt nur noch die einzelnen Arbeitsschritte und ihre Intentionen erläutert werden.

Vor allem im ersten Kapitel soll die hier angedeutete sozialpyschologische Sozialisationskonzeption ausführlicher begründet werden; die Vermittlung von Wertmaßstäben, Verhaltensregeln und -dispositionen sowie von speziellen schulischen Lerninhalten – also die Sozialisation innerhalb der Schule – ist ein genuin sozialpsychologischer Prozeß, der noch längst nicht hinreichend erforscht ist. Ein wichtiger Einstieg hierfür wird gewonnen, wenn – im Unterschied zu den meisten vorliegenden Begriffsbestimmungen – einmal Sozialisation als ›Lernen durch Interaktion‹ aufgefaßt wird und zum zweiten ›Macht‹ als wesentlicher Steuerungsfaktor in Interaktionsprozessen berücksichtigt wird. Daran anschließend ist kurz zu zeigen, daß in den verschiedenen Sozialisationstheorien die Interaktionsdimension entweder ganz herausfällt oder aber ihre wechselseitige Abhängigkeit mit institutionellen und personalen Faktoren nicht einbezogen wird.

Ähnlich wie der Sozialisationsprozeß ist auch die Schule als Gegenstand mehrerer sozialwissenschaftlicher Disziplinen begrifflich-theoretisch thematisiert worden. Die kritische Diskussion solcher Versuche sowie einiger Probleme einer allgemeinen Schultheorie steht im Mittelpunkt des zweiten Kapitels. Pädagogische, organisationssoziologische, systemtheoretische und auch konfliktorientierte Ansätze sind daraufhin zu überprüfen, inwieweit sie die Komplexität des sozialen Feldes der Schule und der in ihm ablaufenden Prozesse adäquat abbilden oder nach der Perspektive des jeweiligen Basiskonzeptes (›Organisation‹, ›System‹, ›Konflikt‹) verengen und verzerren. Bereits jetzt läßt sich feststellen, daß die allgemeine Problematik schulischer Sozialisation in den einzelnen Schultheorien ebenso wenig Platz findet wie die Frage der schichttypischen Selektion. Dies gilt leider auch und gerade für die Sozialpsychologie bzw. für die wenigen überhaupt vorhandenen Fragmente einer sozialpsychologischen Schultheorie, in denen noch nicht mehr angeboten wird als ein rein terminologisch-analytisches Instrumentarium zur Beschreibung und Klassifizierung verschiedener Aspekte der Institution Schule und des Verhaltens von Schülern und Lehrern, wobei letzteres meist nur unter der Kategorie der sozialen Rolle und damit doch recht unzulänglich erfaßt wird.

Der Aufbau des dritten Kapitels geht vor allem auf die eben entwickelte Unterscheidung zwischen Bedingungen *von* und Bedingungen *in* Interaktionsprozessen zurück; nach der Klärung einiger theoretischer und methodologischer Vorfragen werden sowohl die aus der Sicht des Schülers wichtigsten Interaktionsfelder an sich als auch die Ziele, Inhalte und sozialen Faktoren schulischer Sozialisation im Hinblick auf ihre Auswirkungen untersucht. Dazu muß erst nach der Bedeutung der Schulklasse und – soweit sie als Gruppe aufgefaßt werden kann – ihren verschiedenen Strukturen sowie besonders nach der entsprechend unterschiedlichen Position der Schüler gefragt werden. Die eher gruppenspezifischen Interaktionsprozesse werden überlagert und meistens beherrscht durch die sozialen Beziehungen zwischen Schülern und Lehrer, die unter den Aspekten von Macht, Wahrnehmung und Kommunikation genauer zu beschreiben sind.

Interaktionen zwischen Schülern und zwischen Schülern und Lehrern sind Grundlage und Voraussetzung dafür, daß die Bedingungen *von* schulischer Sozialisation – Lernziele und -inhalte, Schulorganisation und Unterrichtsformen – überhaupt zur Geltung kommen, auch wenn sie den Schüler zum Teil unvermittelt erreichen können. Um ihre Wirkung gerade vor dem Hintergrund aktueller Schulreformen zu ermitteln, ist es notwendig, die hier schon begonnene Zieldiskussion fortzuführen und den Zusammenhang zwischen Lernzielen und schulischen Lerninhalten im Rahmen der Curriculumentwicklung auf seine sozialpsychologische Relevanz hin darzustellen. Die Sozialisationskonsequenzen der eigentlichen Fachinhalte lassen sich freilich nur exemplarisch angeben und müssen zudem durch jene Prozesse und Faktoren relativiert werden, die in dem Konzept des sozialen Lernens zusammengefaßt und gerade dadurch sozialpsychologisch sehr bedeutsam sind. Schließlich gilt es, die Auswirkungen der Schulorganisation und verschiedener Unterrichtsformen auf die Schüler-Lehrer-Interaktion und damit letztlich auf Verhalten und Einstellungen der Schüler zu untersuchen.

Unter der leitenden, um Interaktionen in der Schule zentrierten Sozialisationsperspektive ist ein Komplex von Sozialisationsbedingungen so wichtig, daß er im vierten Kapitel eigens zu diskutieren ist: die Ausbildung und – durch sie mitbedingt – das Verhalten und die Einstellungen von Lehrern, die in der Schule als die eigentlichen Sozialisationsagenten fungieren. Vor allem das Gesellschaftsbild, die Erziehungseinstellungen und das Auslese- und Urteilsverhalten der Lehrer müssen als untereinander interdependente Faktoren schulischer Sozialisation auf der Grundlage vorhandenen empirischen Materials kritisch analysiert werden; dazu ist auch eine Auseinandersetzung mit der ›Rolle‹ des Lehrers erforderlich. Welchen Anteil die Ausbildung der Lehrer an ihrem späteren Verhalten in der schulischen Praxis hat und wie sich unter diesem Aspekt die teilweise bereits genannten Veränderungen der Ausbildung auswirken, soll unter Berücksichtigung der Situation an den Hochschulen ausführlich erörtert werden.

Um den damit skizzierten Plan in seiner vollen Breite zu realisieren, sind in manchen Einzelfragen gewisse Verallgemeinerungen und Vereinfachungen unumgänglich; dies wird jedoch bewußt in Kauf genommen, weil nur so die nach meiner Auffassung unbedingt *notwendigen* Elemente einer sozialpsychologischen Theorie schulischer Sozialisation in ihrem Gesamtzusammenhang eingebracht werden können. Die Argumentation der ganzen Arbeit darf sich aber gerade deshalb *nicht* ausschließlich auf bereits vorgegebene theoretische Konzeptionen beziehen, sondern muß – und dies ist auch aus der Einführung ersichtlich – zwischen theoretischen

Überlegungen bzw. Theoriekritik einerseits und empirischen Ergebnissen sowie konkreten bildungspolitischen Maßnahmen andererseits eine inhaltliche Beziehung herstellen, die die einzig mögliche Basis einer zugleich informativen *und* praxisrelevanten Theorie bildet.

Anmerkungen:

1 I. Haller, Der Stellenwert einer Neuordnung der Lehrerausbildung im Gesamtprozeß der Schulreform. In: Gewerkschaft Erziehung und Wissenschaft – Gesamtverband der Lehrer und Erzieher in Hessen (Hrsg.): Neuordnung der Lehrerausbildung. Frankfurt 1972, S. 67.

2 Vgl. K. Ulich, Schulreform als Sozialisationsstrategie. Zum Verhältnis von Sozialisation und Qualifikation. In: Bildung und Erziehung 27 (1974), S. 99–114, besonders S. 108.

3 W.-D. Narr, Eine Reform ohne Methode. In: Die Zeit, Nr. 32 vom 3. 8. 1973, S. 42. Vgl. dazu auch M. Baethge, Abschied von Reformillusionen. In: betrifft: erziehung 5 (1972), 11, S. 19–28.

4 H. Kern und M. Schumann, Industriearbeit und Arbeiterbewußtsein. Frankfurt 1970.

5 Im folgenden beziehe ich mich weitgehend auf die in dem Aufsatz Schulreform als Sozialisationsstrategie (a.a.O.) entwickelten Argumente.

Sozialisation als Interaktion – Eine sozialpsychologische Perspektive

In diesem Kapitel soll die Basis einer Sozialisationskonzeption erarbeitet werden, die von Interaktionsprozessen ausgeht und von daher den theoretischen Bezugsrahmen für die Analyse schulischer Sozialisation bildet. Sozialisation unter dem Aspekt von Interaktion zu begreifen, ist – wie sich zeigen wird – noch keineswegs so üblich, daß auf eine genauere Begründung verzichtet werden könnte. Die allgemeine Einsicht, daß der Mensch zumindest in seinen ersten Lebensmonaten und -jahren ohne Interaktion mit anderen nicht existenzfähig ist, hat jedenfalls nicht dazu geführt, die interpersonale Dimension als Grundlage jedes Sozialisationsansatzes selbstverständlich einzubeziehen.

I. Interaktion und Macht in Sozialisationsdefinitionen

In sehr vielen Begriffsbestimmungen von Sozialisation wird der so bezeichnete Prozeß mit lediglich formalen und scheinbar allgemein gültigen Begriffen umschrieben, deren theoretischer Kontext meist unausgewiesen bleibt. Dies gilt insbesondere für die Konzeption der strukturell-funktionalen Soziologie und ihren wichtigsten Vertreter T. Parsons, sowie für die daran orientierte Richtung der Sozialpsychologie, deren Grundannahmen etwa folgendermaßen skizziert werden können:

Im Sozialisationsprozeß lernen Individuen die Normen und Werte der Gruppen und Institutionen, denen sie angehören. Dabei geht es in erster Linie um normative Verhaltensorientierungen und -dispositionen, die den Erwartungen entsprechen sollen, die an Inhaber bestimmter Positionen gestellt werden. Da die mit den Positionen verbundenen Aufgaben von funktionaler Bedeutung für das jeweilige soziale System sind, werden Sozialisationsprozeß und Sozialisationsinstanzen auf diese Aufgaben und damit letztlich auf Erhaltung und Gleichgewicht des sozialen Systems ausgerichtet. Sozialisation dient damit der Tradierung und Stabilisierung der jeweils herrschenden sozio-kulturellen Ordnung.[1]

Sozialisation wird nach dieser Auffassung als ein von den Erfordernissen des sozialen Systems bestimmter und quasi automatisch ablaufender Prozeß verstanden, der scheinbar weder individuellen Spielraum noch soziale Konflikte kennt oder zulassen kann. Personale, interpersonale und institutionelle Bedingungen der auf Rollenlernen eingeengten Sozialisation werden nicht gesehen oder vernachlässigt. Hier hilft ein anderer, differenzierter Vorschlag wenigstens etwas weiter, weil in ihm der komplexe Prozeß unter verschiedenen analytischen Aspekten greifbar wird:[2]

Sozialisation wird unter einer personalen und einer gesellschaftlichen Perspektive betrachtet; das *Individuum* lernt Orientierungen und Qualifikationen, um an gesellschaftlichen Prozessen teilnehmen zu können, während die *Gesellschaft* und in ihr einzelne Interessen den Sozialisationsprozeß beeinflussen. Auf beiden Seiten lassen sich weiter spezifische *Bedingungen, Prozesse* und *Ergebnisse* unterscheiden, deren Beschreibung immerhin einen Schritt zu einer empirisch konkretisierbaren Sozialisationskonzeption bedeutet; die wichtigsten Punkte seien kurz genannt:

	Individuum	*Gesellschaft*
Sozialisationsbedingungen:	Entwicklungsstand, Lerngeschichte	historisch-kulturelle, ökonomisch-politische Verhältnisse
Sozialisationsprozeß:	Auseinandersetzung mit sozialer Realität durch Interaktionen mit anderen	Einflußnahme durch Sozialisationsinstanzen auf Personen
Sozialisationsergebnisse:	Aufbau von Orientierungen und Qualifikationen	Reproduktion und Innovation ihrer Merkmale

Auch diese Bestimmungen bleiben allerdings eher formal und erfassen noch nicht die inhaltlichen Interdependenzen zwischen Sozialisationsbedingungen, -prozeß und -ergebnissen innerhalb der personalen oder der gesellschaftlichen Perspektive geschweige denn deren Zusammenspiel. Es wird zwar betont, daß der Sozialisationsprozeß auf seiten des Individuums durch Interaktion mit anderen vermittelt ist, doch bleibt der Zusammenhang zu den Sozialisationsinstanzen der Gesellschaft unbestimmt und damit die Frage nach den Bedingungen solcher Interaktion offen. Mindestens müßte daher das beschriebene Konzept um eine dritte, nämlich interpersonale Ebene ergänzt werden, die es gestattet, die Wirkung konkreter *Interaktionssysteme* auf Individuen einerseits und ihre gesellschaftlich-institutionelle Abhängigkeit andererseits zu untersuchen. Auf weitere Definitionsversuche, in denen Sozialisation als Interaktionsprozeß nicht oder nur unzureichend thematisiert wird, möchte ich verzichten. Nur zwei häufig zitierte Abgrenzungen sollen hier noch wiedergegeben werden, weil sie die angesprochenen Schwächen besonders deutlich machen. In beiden wird der Begriff ›Sozialisation‹ verwendet, um den (die) Prozeß(e) zu beschreiben, »durch die der menschliche Organismus . . . in soziale Interaktionsbeziehungen mit anderen Personen oder Personengruppen eingegliedert wird und seine Identität als sozial handlungsfähige Person entwickelt«[3] bzw. »währenddessen der nur mit rudimentären Instinkten geborene Mensch allmählich die Verhaltenssicherheit eines Erwachsenen erwirbt und dabei psychisch wie sozial die Fähigkeit gewinnt, als Individuum zum arbeitsteiligen Reproduktionsprozeß der Gesellschaft beizutragen«.[4]

Alle angesprochenen Elemente des Sozialisationsprozesses – Eingliederung *in* Interaktionsbeziehungen, Entwicklung von Identität, Erwerb von Verhaltenssicherheit und spezifischen Fähigkeiten – führen nicht zum eigentlichen Problem, das mit der gesellschaftlichen Determination des Individuums gegeben ist und damit letztlich ein Problem der *Interaktion* ist. Dies erst betrifft nämlich die Spezifik des *Prozesses,* während gerade die zuletzt zitierten Definitionen sich mehr auf dessen ›output‹ beziehen und damit noch hinter die eben angedeutete Formel von Sozialisation ›durch Interaktion mit anderen‹ zurückfallen. Nicht viel besser sind jene Versuche zu beurteilen, in denen ein bestimmter ›output‹ – etwa Identitätsgewinnung – mit dem Medium der Interaktion verbal gekoppelt, jedoch noch lange nicht erklärt wird.[5]

Ein wirklich neuer Gesichtspunkt ergibt sich nach meiner Auffassung erst, wenn tatsächlich die Charakteristik des Sozialisationsprozesses in den Mittelpunkt gestellt wird, der dann »durch die beiden Begriffe ›*soziale Interaktion*‹ und ›*Lernen*‹ gekennzeichnet (ist)«.[6] Erst jetzt ist es möglich, die gerade für eine Theorie schulischer Sozialisation notwendige Verbindung von personaler und interpersonaler Ebene herzustellen. Vor allem für die Schule kann festgestellt werden: Sozialisation ist Lernen durch Interaktion. Dies gilt unabhängig davon, daß der eigentliche Lernvorgang ein intrapersonaler Prozeß ist und auch häufig in einer nicht-interaktiven Situation stattfindet. Die einzelnen Teilprozesse der Sozialisation, nämlich Identifikation, Imitation und Internalisierung[7], setzen hingegen immer schon ›Interaktion‹, also eine wechselseitige Handlungsbeziehung zwischen Ego und Alter voraus; auf ihrer Basis werden – vermittelt durch symbolische Kommunikation – Sozialisationsziele und -inhalte in Form expliziter oder impliziter Darstellung, Interpretation und Kontrolle wert- und normorientierter Verhaltensweisen oder -dispositionen überhaupt erst wirksam.

In diesem Sinne hat Sozialisation immer Interaktion zur Grundlage, ist Erziehung in der Familie und in der Schule immer an die Existenz spezifischer sozialer Beziehungen gebunden. Unter welchen Bedingungen sich solche Beziehungen konstituieren, erhalten und modifizieren, ist demnach von entscheidender Bedeutung für die *Art* der in ihnen ablaufenden Lernprozesse. Die in der Kommunikationstheorie übliche Unterscheidung zwischen Inhalts- und Beziehungsaspekt von Kommunikation kann gerade unter dem Gesichtspunkt der Interdependenz beider auch auf den Sozialisationsprozeß angewendet werden: Vermittlung von Sozialisationsinhalten setzt eine diesen Inhalten entsprechende Beziehung voraus, während umgekehrt die Gestaltung von Sozialbeziehungen immer zugleich auch Vermittlung von Einstellungen und Normen bedeutet. Dieser Zusammenhang von Interaktions*form* und Sozialisations*inhalt* ist von seiten der Sozialpsychologie bisher nur sporadisch und unzureichend gesehen worden und soll später am Beispiel der Lehrer-Schüler-Interaktion ausführlich diskutiert werden.[8]

An dieser Stelle soll noch auf eine der wichtigsten allgemeinen Interaktions- und damit Sozialisationsbedingungen näher eingegangen werden, die in den meisten Begriffsbestimmungen von Sozialisation total ausgeklammert wird: die Dimension von *Macht und Herrschaft.* Die Gründe für die Vernachlässigung dieser Dimension liegen zweifellos in der inhaltlichen Ausrichtung der bisherigen Sozialisationsforschung, deren Konzepte und Methoden zu wenig an dem interpersonalen Aspekt orientiert sind; allenfalls werden etwa »Herrschaftsbeziehungen zwischen Sozialisationsinstanz und zu sozialisierendem Individuum«[9] erwähnt oder deren Untersuchung postuliert, aber dies ist kein Ersatz für die Bezugnahme auf konkrete Interaktionen unter dem Aspekt der Macht der Beteiligten.

Nun liegt die Bedeutung von Macht und Herrschaft bei Sozialisationsprozessen allerdings nicht in der einfachen positionellen Differenz zwischen Eltern und Kind, Lehrer und Schüler und auch nicht darin, daß – wie oft fälschlicherweise angenommen wird – nur die einen die anderen erziehen, wobei dann die Interdependenz des Verhältnisses übersehen wird. Macht ist vielmehr »ein Merkmal von Interaktionssequenzen, das die Veränderungen begründet, die im Verlauf solcher Sequenzen auftreten. Macht fungiert als erklärendes Konstrukt, um etwa in einer Zweierbeziehung Verhaltensänderungen bei einem Interaktionsteilnehmer auf vorhergehende Handlungen seines Partners beziehen zu können.«[10] Da es im Sozialisationsprozeß letztlich darauf ankommt, spezifische Verhaltensweisen zu ändern oder erst zu bewirken, wird das Machtkonzept neben vielen anderen Bereichen gerade hier relevant. Macht – zunächst noch im weitesten Sinne als Steuerung und Beeinflussung von Verhalten verstanden – ist deshalb ein wichtiges und bislang eher unterschätztes Moment auch der schulischen Sozialisation, die sich ja vorrangig in der Interaktion zwischen Schüler und Lehrer vollzieht.

Während Macht damit vor allem auf die personale und die interpersonale Ebene von Sozialisation zu beziehen ist, betrifft Herrschaft eher die institutionelle Ebene, in der konkrete Interaktionen stattfinden. Eine Sozialisationsinstitution wie die Schule ist als *Herrschaftsverband* aufzufassen, d. h., eines ihrer wichtigsten Strukturelemente liegt in der hierarchischen Verteilung von Anordnungsbefugnissen, die von der Kultusbürokratie erteilt und delegiert werden. So wichtig zwar eine Analyse dieser Herrschaftsstruktur an sich wäre, so unumgänglich ist auf der anderen Seite für unseren Zusammenhang eine Einengung auf den Aspekt von Herrschaft als eine Bedingung der Sozialisation in der Schule. Herrschaft wird hier nicht nur als ein möglicher Ursprung der Macht des Lehrers problematisch, sondern muß auch im Zusammenhang mit der Reform der Schulorganisation und der Lehrerbildung aufgegriffen werden.

Der oben formulierte Vorschlag – Sozialisation ist Lernen durch Interaktion – kann jetzt ergänzt werden, wobei ich Lernen als Verhaltenskategorie fasse: Sozialisation ist ein Interaktionsprozeß, in dem bei den Beteiligten Verhaltensweisen und -dispositionen entwickelt und modifiziert werden, die in ihrer inhaltlich-normativen Orientierung wesentlich von Macht- und Herrschaftsbeziehungen bestimmt sind. Mit dieser Festlegung soll keine neue und originelle Begriffsbestimmung beansprucht, sondern eine präzise terminologische Basis für die sozialpsychologische Analyse schulischer Sozialisation geschaffen werden, die im folgenden an entsprechenden theoretischen und empirischen Befunden zu überprüfen ist.

II. Annahmen und Positionen der Sozialisationstheorie

Es erübrigt sich beinahe festzustellen, daß es nicht eine oder gar *die* Theorie der Sozialisation gibt, sondern mehrere unterschiedliche Theorien, die Bedingungen, Mechanismen und Ergebnisse des Prozesses unterschiedlich fassen und erklären. Die wichtigsten dieser Ansätze stammen aus der Psychoanalyse, aus der Entwicklungspsychologie und der Lernpsychologie, sowie aus dem Bereich des symbolischen Interaktionismus und der Rollentheorie. Ihre Relevanz für die Institution Schule und vor allem für die Interaktion zwischen Schüler und Lehrer soll nun im einzelnen überprüft werden.

Unter diesem Aspekt scheidet das von Freud entwickelte psychoanalytische Modell der Sozialisationsphasen weitgehend aus, weil die wichtigsten Phasen in der Zeit *vor* dem Schuleintritt der Kinder liegen; lediglich während der Latenzphase kommt es zu einer Überschneidung des familiären und schulischen Einflusses. Damit wird selbstverständlich weder die Brauchbarkeit der psychoanalytischen Konzeption in bezug auf die ersten Lebensjahre in Frage gestellt, noch die Möglichkeit bestritten, bei der Analyse schulischer Prozesse mit psychoanalytischen Kategorien zu arbeiten.[11]

Ebenso ungeeignet, wenngleich aus ganz anderen Gründen, scheint mir der entwicklungspsychologische Ansatz zu sein. In der von Piaget ausgearbeiteten Version[12] wird Entwicklung noch zu sehr als individueller Reifungs- und Erfahrungsprozeß verstanden, der sich in erster Linie auf intellektuelle und kognitiv-moralische Fähigkeiten bezieht. Außerdem sieht Piaget zwar soziale Interaktion als einen wichtigen Entwicklungsfaktor an, doch kann eine seiner zentralen Annahmen hierzu, nämlich die Entstehung autonomer Moral durch Kooperation gleichaltriger Kinder, zumindest für den Bereich der gegenwärtigen Schule falsifiziert werden, da die Interaktionen in ihr eher durch Konkurrenz geprägt sind. Wird Entwicklung hingegen als ein grundsätzlich *sozialer Prozeß* begriffen, dann müssen die Konzepte des Interaktionismus und der Rollentheorie herangezogen und diskutiert werden. Zuvor aber noch kurz zur Lernpsychologie.

Lerntheoretische Aussagen liegen insofern einer interaktions-orientierten Sozialisationsperspektive näher, als sie auch – jedoch keineswegs immer – die interpersonalen Elemente des Lernens einbeziehen. Oben wurde bereits gesagt, daß Prozesse der Identifikation, Imitation und Internalisierung schon Interaktion voraussetzen, und daß Sozialisation grundsätzlich als Lernprozeß, d. h. als Entwicklung und Veränderung von Verhalten und Einstellungen zu sehen ist. Dieser Auffassung laufen nun allerdings einige zentrale Annahmen der Lernpsychologie zuwider, was ihren Wert für unsere Zwecke deutlich reduziert. Wenn etwa »Identifikation und Imitation als Lernen durch Beobachten«[13] charakterisiert werden, so liegt keine interdependente Handlungsbeziehung mehr vor, sondern lediglich eine Subjekt-Objekt-Relation: Ego beobachtet Alter, möglicherweise sogar ohne dessen Wissen, um ihn zu imitieren oder sich mit ihm zu identifizieren. Damit ist ein sicher auch in der Schule recht häufiger Vorgang angesprochen, dessen Voraussetzungen und Konsequenzen aber ohne den entsprechenden Interaktionszusammenhang nicht weiter geklärt werden können. Dasselbe trifft zu, wenn Internalisierung lediglich dahingehend bestimmt wird, daß »hier . . . die Bedeutung einer Handlung im sozialen Feld erkannt, bewertet und umgesetzt werden (muß)«.[14] Dies kann nämlich allenfalls die *Folge* von Internalisierung sein, in der durch Interaktion erst Kriterien für Kognition und Bewertung gelernt werden.

Von den genannten Aussagen her darf deshalb nicht auf die Irrelevanz von Prozessen wie Identifikation, Imitation und Internalisierung für eine sozialpsychologische Sozialisationstheorie geschlossen werden, sondern die Annahmen sind vielmehr selbst in Frage zu stellen. Solche Prozesse sind jedenfalls ohne adäquate Berücksichtigung der sie umfassenden und steuernden Interaktionen nicht mehr als Lernprozesse darstellbar, weil – und das ist der entscheidende Grund – die zentralen Lernmechanismen der Belohnung und Bestrafung nur in Interaktionen überhaupt möglich sind. Eine in diesem Sinne soziale Lernpsychologie ist auch für schulische Sozialisationsprobleme von Bedeutung, wie weiter unten noch eingehender gezeigt werden kann.

Das Sozialisationskonzept der strukturell-funktionalen Theorie, das ja weitgehend rollentheoretisch angelegt ist, wurde zu Beginn dieses Kapitels kurz erwähnt; es muß heute als überholt gelten, was besonders auf die Kritik zurückzuführen ist, die von seiten des Interaktionismus erarbeitet wurde. Zentrale Einwände richten sich weniger gegen die Kategorie der Rolle an sich als vielmehr gegen die Auffassung des rein passiv-rezeptiven Rollenlernens, das Sozialisation hließlich zu einem einseitigen Anpassungsvorgang werden läßt.[15] Da der symbolische Interaktionismus dazu Alternativen anbietet, soll sein Sozialisations- und Rollenmodell die folgenden Überlegungen leiten.

Habermas hat die drei wichtigsten Annahmen der herkömmlichen Rollentheorie explizit gemacht und sie zu Recht in Frage gestellt:[16] Diese Rollentheorie geht von einem Theorem der *Integration* aus, das eine Kongruenz von Wertorientierungen und Bedürfnisdispositionen innerhalb von Interaktionen behauptet bzw. für die Stabilität von Interaktionen postuliert. Empirisch ist hingegen eher ein deutliches Mißverhältnis zwischen den gesellschaftlich vorgegebenen und in Rollen institutionalisierten Wertvorstellungen einerseits und den Bedürfnissen andererseits nachzuweisen; die Befriedigung von Bedürfnissen ist sozial kanalisiert und normiert und muß deshalb erst im Sozialisationsprozeß gelernt werden.

Grundlegend ist für diese Rollentheorie weiter ein *Identitäts*theorem, in dem angenommen wird, daß zwischen den Interaktionspartnern Rollendefinitionen und -interpretationen übereinstimmen. Hierbei wird die Möglichkeit, aber auch die Notwendigkeit unterschlagen, eigene und spontane Rolleninterpretationen in die Interaktionen einzubringen bzw. hier erst ›auszuhandeln‹. Ohne diesen Spielraum wären subjektiv-individuelle Verhaltenselemente und damit letztlich Individualität unmöglich.

Schließlich wird in der strukturell-funktionalen Rollentheorie eine weitgehend faktische Erfüllung von geltenden Normen, also *Konformität* angenommen, die nur durch eine totale und rigide Internalisierung zustande kommen kann; abweichendes Verhalten ist nach dieser Auffassung immer eine pathologische *Ausnahme*. Ohne die grundsätzliche Möglichkeit einer in diesem Sinne notwendigen absoluten Verhaltenskontrolle ausschließen zu wollen, setzt jedenfalls ein autonomes Rollenverhalten nicht nur Internalisierung, sondern auch Distanzierung von der Rolle voraus.

Eine auf diesen Annahmen beruhende Sozialisations- und Rollentheorie begreift das Individuum nur noch unter dem Aspekt seiner Anpassung an und Funktionalität für gesellschaftliche Strukturen, die – nach derselben erkenntnisleitenden Perspektive – auf ihre Erhaltung und ihr Gleichgewicht hin untersucht werden.[17] Nur unschwer sind die Konsequenzen einer derartigen Position für eine Theorie schulischer Sozialisation auszumachen: Die Schule wäre eine ›totale‹ Institution, die Interaktionen zwischen Lehrern und Schülern verliefen völlig vorgeplant ausschließlich in normativen Bahnen, davon abweichendes Verhalten würde entweder sofort in diese Bahnen zurückgelenkt oder die Betreffenden als ›krank‹ ausgesondert, und Identität als sozial bedingte individuelle Qualität könnte kaum gewonnen werden.

Im Gegensatz dazu steht in der Sozialisationskonzeption des symbolischen Interaktionismus gerade die Frage nach den Möglichkeiten von *Ich-Identität* im Mittelpunkt: In der Gewinnung einer stabilen Ich-Identität liegt das eigentliche Ziel des Sozialisationsprozesses. Es ist dann erreicht, wenn das Individuum eine Balance zwischen seiner persönlichen und seiner sozialen Identität gefunden hat; dabei meint persönliche Identität die Kontinuität des Ich in der individuellen Lebensgeschichte, während sich soziale Identität auf die Einheit und Vereinbarkeit verschiedener, gleichzeit wirksamer Gruppen- und Rollenbeziehungen eines Individuums bezieht.[18] Ich-Identität als Aufrechterhaltung der persönlichen wie der sozialen Identität bedeutet dann einen ausgewogenen Zustand zwischen der Darstellung von Individualität einerseits und der Orientierung an sozialen Erwartungen andererseits. Diese Leistung ist wiederum abhängig von spezifischen Verhaltensqualifikationen, die im Sozialisationsprozeß unter bestimmten Bedingungen aufgebaut werden können: »*Rollendistanz,* die Fähigkeit, sich verinnerlichten Normen gegenüber flexibel, reflektierend und distanzierend zu verhalten, *Ambiguitätstoleranz,* d. h., die Fähigkeit, Rollenambivalenzen bewußt zu ertragen, Konflikte durchzustehen, *Empathie,* d. h., die Fähigkeit, die Erwartungen des Partners im Rollenhandeln innerlich vorwegzunehmen, sowie die Fähigkeit, sich im Medium gemeinsamer Sprache angemessen selbst darzustellen.«[19]

Ein Vergleich der Annahmen der Rollentheorie mit denen des Interaktionismus fällt nach meiner Auffassung deutlich zu Gunsten der letzteren aus, weil hier der einzelne nicht totaler Vergesellschaftung und Anpassung unterworfen ist, sondern – zumindest von der Intention her – Verhaltensspielräume innerhalb und Distanzierungsmöglichkeiten gegenüber den an ihn gerichteten Erwartungen hat. *Beide* Konzeptionen beschreiben freilich, abgeleitet aus unterschiedlichen Erkenntnisinteressen, verschiedene *Zieldimensionen* von Sozialisation, für die abgekürzt die Begriffe ›Konformität‹ bzw. ›Ich-Identität‹ stehen können; sie gehen jedoch beide nicht ausreichend darauf ein, unter welchen Bedingungen (sozialer, kultureller, materieller Art) diese Ziele realisiert werden können. Unter Rückgriff auf unsere grundlegende Bestimmung von Sozialisation als Interaktion läßt sich vorläufig immerhin sagen, daß solche Bedingungen einmal *im* Interaktionsprozeß selbst liegen und zum anderen als Bedingungen *von* Interaktion relevant sind. Während nun die Rollentheorie sich in ihren Sozialisationsannahmen zu sehr von den Kontingenzen des sozialen Systems leiten läßt und ihr deshalb die Interdependenzen zwischen personaler und interpersonaler Ebene zusehends verloren gehen, bleibt der symbolische Interaktionismus zu eng dem eigentlichen Interaktionsvorgang verhaftet und kommt nicht zu einem notwendigen Einbezug institutioneller Gegebenheiten und Veränderungen.

Eine Lösung dieses offenkundigen Problems könnte darin liegen, entweder die Rollentheorie um die Annahmen des Interaktionismus zu verlängern oder umgekehrt zu verfahren; dies würde aber lediglich zu einer Scheinlösung führen, weil die unterschiedlichen Ausgangspositionen einer theoretischen Integration widersprechen. Damit entfällt aber auch die Möglichkeit, schulische Sozialisation rollen- und/oder interaktionstheoretisch *adäquat,* d. h., in bezug auf interpersonale und institutionelle Bedingungen sowie personale Konsequenzen zu erklären. Auch die genannten Zieldimensionen – Konformität versus Ich-Identität – können höchstens als Bezugspunkte eines kritischen Vergleichs divergenter Sozialisationsbedingungen fungieren, deren Wirkungsweise bereits bekannt sein muß.

Das Resümee dieses etwas kursorischen Ausflugs in die Sozialisationstheorie kann nur negativ sein: Keine der skizzierten Positionen wird den im letzten Abschnitt entwickelten Überlegungen voll gerecht, keine kann deshalb *allein* die Grundlage einer Theorie schulischer Sozialisation bilden. Psychoanalyse, Entwicklungs- und Lernpsychologie setzen – jede mit einer anderen Perspektive – primär auf der personalen Ebene an, während Interaktionismus und Rollentheorie die interpersonale bzw. institutionelle Ebene favorisieren; Macht und Herrschaft als Interaktionsbedingungen werden in keiner Konzeption konsequent eingebracht. Die Verbindung der drei genannten Ebenen untereinander sowie zu dem Machtaspekt bleibt also noch herzustellen.

III. Sozialisation im Interaktionssystem der Familie

Sozialisation in der Familie soll im folgenden kurz unter drei Aspekten thematisiert werden, die die bisherigen Überlegungen zu einer sozialpsychologisch orientierten Konzeption fortführen. Zunächst ist grundsätzlich die Bedeutung der Familie als Sozialisationsinstanz in der heutigen Gesellschaft zu klären – dies auch im Hinblick darauf, mit welchen Vorleistungen der Familie in der Schule zu rechnen ist –, und es sind dann einige Elemente und Bedingungen familiärer Interaktionen herauszuarbeiten, die schließlich darüber Auskunft geben, inwieweit in der Familie Möglichkeiten zum Aufbau der im letzten Abschnitt diskutierten Verhaltensqualifikationen bestehen.

Wenn man von der zwar zunehmenden, jedoch für die Erreichung emanzipatorischer Erziehungsziele noch unzulänglichen Sozialisation in Kindergärten und Vorschulen absieht, dann ist die Familie die in den ersten Lebensjahren jedes Menschen einzig wirksame Institution. Viele Untersuchungen über Sozialisationsdefizite und -schäden, wie sie durch Heimerziehung oder auch schon in unvollständigen Familien hervorgerufen werden, scheinen dies eindrucksvoll zu bestätigen. Trotzdem erübrigt sich damit noch nicht die Frage, worin die eigentliche Sozialisationsleistung der Familie liegt, ob ihr Einfluß auf Kinder eigenständig-originär oder nur abgeleitet und vermittelt ist. Eine pointierte, kaum überzogene Antwort hierauf gibt Pressel: »Die Familie (stellt) heute eine Sozialisationsagentur der Gesellschaft dar, die fast durchwegs unreflektiert das weitervermittelt, was sie beispielsweise an normativen Impulsen *von außen* erhält.«[20] Dieses ›Außen‹ ist in zweifacher Hinsicht näher zu bestimmen.

Einmal kann die Bedeutung der Familie nur dann adäquat eingeschätzt werden, wenn ihre Außenbeziehungen zu anderen gesellschaftlichen Institutionen *strukturell* erfaßt sind, d. h., es müssen jene Bereiche benannt werden, zu denen die Familie oder einzelne ihrer Mitglieder in angebbaren Interaktionsbeziehungen stehen. Zum zweiten müssen die spezifischen *Inhalte* solcher Beziehungen untersucht und auf das innerfamiliäre Geschehen bezogen werden. Die empirische Sozialisationsforschung hat zumindest in Ansätzen geklärt, welche institutionellen Bereiche und inhaltlichen Bedingungen für die Familie Relevanz besitzen: Die Position der Familie in der vertikalen Dimension gesellschaftlicher Machtverteilung und – damit interdependent – die Stellung des Vaters bzw. der Eltern im Produktionsprozeß seien als wichtigste genannt.[21] Diese beiden Faktoren bestimmen in erster Linie Erfahrungen, Verhalten und Motivation der Eltern und sind deshalb auch determinierend für die Sozialisation der Kinder, für ihr Sprachverhalten, ihre Leistungsmotivation und ihre moralischen Dispositionen.

Die Annahme zweier dichotomisch konstruierter Sozialschichten, die freilich nicht konsequent aus der gesellschaftlichen Struktur begründet sind, hat die Erforschung eben schichttypischer Differenzen in bezug auf die genannten Sozialisationsbereiche gefördert; die aus der Ermittlung von ›Defiziten‹ in der Sozialisation der Unterschichten – relativ zu derjenigen in der Mittelschicht – abgeleitete Forderung nach kompensatorischer Erziehung ist allerdings zur Zeit ebensowenig fundiert wie das Gegenteil dazu, nämlich die Verklärung der Unterschichtenkultur.[22] Immerhin bleibt festzuhalten, daß familiäre Sozialisation nicht in isolierter Selbstbestimmung, sondern in Abhängigkeit von sozio-ökonomischen Strukturen abläuft.

Eine weitere, die Wirkung der Familie als Sozialisationsinstanz ebenfalls mindernde Bedingung liegt in dem direkten Einfluß der *Massenmedien* auf die Kinder; da aber auch hier wieder schichtspezifische Differenzen geltend gemacht werden, reduziert sich die familiäre Sozialisationsleistung scheinbar auf die bloße Tradierung der jeweils vorherrschenden Schichtkultur, und die zuerst genannten Faktoren der Machtverteilung und der Stellung im Produktionsprozeß werden auf diese Weise ›überschichtet‹. Um so wichtiger ist es daher als künftige Aufgabenstellung, »die Frage empirisch zu klären, welcher Varianzanteil den verschiedenen Schichtungsdimensionen oder damit systematisch zusammenhängenden Faktoren für welchen Aspekt des intrafamilialen Sozialisationsprozesses zukommt.«[23] Solange darauf keine klare Antwort möglich ist, kann die Sozialisation in der Familie nur als ein von – noch genauer zu ermittelnden – sozialen Bedingungen *abgeleiteter* Prozeß verstanden werden, was entsprechend auch für das eigentliche Sozialisationsmedium, also hier die innerfamiliären Interaktionen gilt.

Zur Beschreibung dieser Interaktionen, ihrer Determinanten und Resultate ist an sich ausreichendes empirisches Material vorhanden, das aber wegen des zugrundegelegten dichotomischen Schichtungsmodells sehr vorsichtig interpretiert werden sollte. Einige Ergebnisse müssen knapp referiert werden, weil in ihnen z. T. wichtige Vorbedingungen schulischer Sozialisation erfaßt sind.[24]

Die für viele Untersuchungen herangezogenen Kriterien sozialer Schichtzugehörigkeit wie Einkommen, formaler Ausbildungsgrad, Wohngegend u. a. werden heute zunehmend auf den einen bereits erwähnten Faktor der Stellung der Eltern im Produktionsprozeß zurückgeführt. Wenn auch die nähere empirische Konkretisierung dieser Sozialisationsbedingung noch Schwierigkeiten bereitet[25], und sie noch nicht systematisch-kausal mit anderen Bedingungen und vor allem Sozialisationseffekten verknüpft werden konnte, so bedeutet doch die Beschäftigung mit derartigen Fragen bereits einen Fortschritt gegenüber den formal und äußerlich bleibenden Prestigeanalysen der traditionellen Schichtungsforschung. Jedenfalls sind die sozialen und materiellen *Arbeitsverhältnisse* als wichtigste unabhängige Variable familiärer Sozialisationsprozesse zu verstehen.

Im Unterschied dazu sind Strukturaspekte der Familie, über die Thomae berichtet, von durchaus sekundärem Gewicht: Haushaltsstruktur, Familiengröße und Vollständigkeitsgrad der Familie lassen sich in ihren verschiedenen Ausprägungen weitgehend auf die Wirkung des genannten dominanten Faktors reduzieren. Auch die familiäre Interaktionsstruktur wird meistens mit verschiedenen Sozialschichten assoziiert, obwohl auch hier eigentlich sozio-ökonomische Bedingungen entscheidend sind: Die Egalisierung der Geschlechtsrollen und die Demokratisierung der Eltern-Kind-Beziehungen in der Mittelschichtfamilie einerseits sowie die Dichotomisierung der Geschlechtsrollen und ein durch Macht differenziertes Verhältnis zwischen Eltern und Kindern in der Unterschicht andererseits können als grobes Abbild der jeweils unterschiedlichen Arbeitsverhältnisse gelten. Freilich wird besonders hier deutlich, daß das dichotomische Unterschicht-Mittelschicht-Schema ein viel zu ungenaues Raster darstellt, und daß größere Präzision nur durch detaillierte Bedingungsanalysen erreicht werden kann. Dies muß auch bei der folgenden, nach den Ergebnissen von Caesar zusammengestellten Übersicht zu weiteren schichttypischen Sozialisationsbedingungen und -effekten berücksichtigt werden.

	Unterschicht	*Mittelschicht*
Dimensionen des elterlichen Verhaltens	affektiv-indifferent, autoritär-restriktiv	affektiv-warm, nachsichtig-tolerant
Moralische Verhaltensdispositionen der Kinder	Konformität durch Furcht vor Strafe, extern orientiert	Konformität durch Schuldgefühle bzw. Ambivalenztoleranz
Aggressives Verhalten der Kinder	offene Aggressivität, unkontrolliert-expressiv	gehemmte Aggressivität bzw. Durchsetzungsvermögen
Leistungsmotivation der Kinder	niedrig, eher passiv-unselbständiges Verhalten	ausgeprägt, eher Eigeninitiative und Autonomie

Die Entstehung der genannten kindlichen Einstellungen und Verhaltensweisen wird dabei immer als Folge eines bestimmten Verhaltens der Eltern zueinander und gegenüber den Kindern interpretiert, ist also immer ein Produkt von *Interaktionen*. Trotzdem wurde die Familie als Interaktionssystem bislang nicht in ausreichender Weise thematisiert; die Ursachen dafür liegen einmal – wie im letzten Abschnitt gezeigt wurde – in dem einseitigen und unzureichenden Ansetzen der Sozialisationstheorien und zum anderen in dem methodischen Vorgehen der Sozialisationsforschung, die überwiegend mit Befragungen und Tests arbeitet, was allein dem Gegenstand nicht gerecht werden kann. Nur wenn aber die Bedingungen *von* und *in* familiären Interaktionen von der theoretischen Basis und vom methodischen Zugriff her in ihren Wirkungen transparent gemacht werden, dann ist die Schule in der Lage, auf die heterogene Sozialisation der Kinder anders wie verstärkend und selektierend zu wirken.

Zuvor ist aber grundsätzlich zu fragen, ob und inwieweit die Familie in der Lage ist, zum Aufbau einer stabilen Ich-Identität beizutragen, indem sie die Kinder zur Rollendistanz, Ambiguitätstoleranz und Empathie erzieht. Die eben skizzierten Ergebnisse der Sozialisationsforschung lassen vermuten, daß auch hier schichtspezifische Unterschiede angenommen werden müssen: Die Familie ist »mit abnehmender sozialer Schicht sich in ihrer Wirkung kumulativ verstärkenden ökonomischen, sozialen und kulturellen Benachteiligungen und Belastungen ausgesetzt . . . die den Aufbau einer balancierten Ich-Identität bei ihrem Nachwuchs zunehmend unwahrscheinlicher machen«.[26] Weil die Gründe dafür wieder in der Arbeits- und Berufssituation der Eltern zu suchen sind, ist der Schluß von Steinkamp konsequent: Die Entwicklung von Ich-Identität in den unteren Sozialschichten wird nur unter der Bedingung möglich sein, daß »einige zentrale Strukturprinzipien unserer Gesellschaft selbst verändert werden, die das System sozio-ökonomischer Ungleichheit (mit) bedingen und es stabilisieren«.[27] Trotz der notwendigen und in Ansätzen auch schon geführten Diskussion über solche Veränderungen darf die Wirkung *anderer* Sozialisationsinstitutionen, insbesondere der Schule, nicht aus dem Blickfeld geraten.

Zweifellos hat es die Schule bisher nicht vermocht, schichtspezifisch unterschiedliche Verhaltensqualifikationen nicht nur als Selektionskriterien relevant werden zu lassen, und sie steht außerdem unter dem Druck einer Anpassung an veränderte sozio-ökonomische Bedingungen. Daß die Schule die daraus resultierenden Probleme kaum lösen kann, ist zu einem nicht unerheblichen Teil jedoch gerade auf die Sozialisations- und Schulforschung sowie entsprechende Theorien zurückzuführen; Ich-Identität, autonomes und kritisches Verhalten können erst in dem Maße praktisch realisiert werden, als die Sozialwissenschaft hinlänglich die dazu notwendigen Bedingungen untersucht und sich damit diese Ziele selbst zu eigen macht.

Zusammenfassend möchte ich noch einmal die für eine Theorie schulischer Sozialisation wesentlichen Gesichtspunkte herausgreifen. Sozialisation ist ein durch *drei Ebenen* bestimmter Prozeß: Er ist abhängig von gesellschaftlichen Bedingungen und Interessen, die sich in Institutionen konkretisieren; er konstituiert sich als Interaktion mehrerer Menschen, zwischen denen ein Machtgefälle besteht, und er wirkt sich schließlich aus in der Entstehung und Veränderung individueller Verhaltensweisen und Einstellungen. Die Verbindung dieser drei Ebenen kann sinnvollerweise nur durch die Sozialpsychologie geleistet werden, die ja die Frage nach der gesellschaftlichen Determination des Individuums stellt.

Einen ähnlichen, wenngleich engeren Ansatz hat kürzlich Fend vorgeschlagen; er faßt seine Analyse sozialpsychologischer und für die Analyse von Sozialisation relevanter Konzepte in der Feststellung zusammen, daß (1.) im Sozialisationsprozeß Meinungen, Werte und Einstellungen *im* Individuum *über* dessen Beziehungen zu anderen Personen und Gruppen aufgebaut werden, und daß (2.) dieser sozialpsychologischen Perspektive »der Rückgriff auf institutionelle Vorgaben und Vorstrukturierungen ebenso fehlt wie die Analyse der materiellen Substrate von Macht und Prestige«.[28] Im ersten Punkt ist Fend zweifellos zuzustimmen, im zweiten hingegen nicht, denn es wird sich später als möglich und notwendig erweisen, institutionelle Bedingungen ebenso wie ›materielle Substrate‹ von Macht in eine sozialpsychologische Konzeption schulischer Sozialisation einzubringen.

Allerdings muß auch und gerade dann die Interaktionsebene Vorrang haben, weil 1. intrapersonales Lernen von Verhalten und Verhaltensregeln Interaktionen voraussetzt, und 2. institutionelle Bedingungen nur den einzelnen erreichen, wenn sie durch Interaktionen vermittelt sind. Gerade dies wird von den verschiedenen Ansätzen zu einer Sozialisationstheorie – ungeachtet ihrer z. T. divergenten Erkenntnisinteressen – zu wenig gesehen; lediglich für den symbolischen Interaktionismus ist die interpersonale Ebene zentral, was aber zu einer partiellen Vernachlässigung der institutionellen und individuellen Seite führt.

Das Zusammenwirken der drei Ebenen wird auch in der familiären Sozialisationsforschung nur angedeutet: Arbeitsbedingungen der Eltern, Interaktionen in der Familie und spezifische Verhaltensweisen der Kinder gelten zwar als interdependent, werden aber durch die Dominanz des Schichtungsaspektes häufig voneinander isoliert. Immerhin hat diese Forschung auf wichtige Unterschiede in der Sozialisation von Unterschicht- und Mittelschichtkindern hingewiesen, die von der Schule aufgegriffen werden müssen, sofern sie nicht die bestehenden Sozialverhältnisse nur bestätigen will. Wie auch unter diesem Aspekt Theorien der Schule zu beurteilen sind, wird sich im folgenden Kapitel erweisen.

Anmerkungen:

1 Für eine zusammenfassende Kritik dieser Sozialisationskonzeption siehe M. Waller, Zur Kritik der rollentheoretischen Orientierung der psychologischen Sozialisationsforschung. In: H. Walter (Hrsg.): Sozialisationsforschung. Bd. I: Erwartungen, Probleme, Theorienschwerpunkte. Stuttgart 1973.

2 Vgl. zum folgenden Zentrum I Bildungsforschung (Sonderforschungsbereich 23), Das Rahmenthema des Sonderforschungsbereichs: Sozialisation in Bildungsinstitutionen. Konstanz 1973 (hektogr. Manuskript), S. 7ff.

3 B. Caesar, Autorität in der Familie. Reinbek b. Hamburg 1972, S. 135.

4 A. Pressel, Sozialisation. In: J. Beck u. a., Erziehung in der Klassengesellschaft. München 1970, S. 124.

5 Als Beispiel hierfür siehe etwa G. Steinkamp, Sozialisation in der Familie, Ich-Identität und demokratisch-freiheitliche Gesellschaft. In: Gegenwartskunde 22 (1973), S. 55–65, besonders S. 55.

6 W. D. Fröhlich und S. Wellek, Der begrifflich-theoretische Hintergrund der Sozialisationsforschung. In: C. F. Graumann (Hrsg.): Handbuch der Psychologie. Bd. 7/II: Sozialpsychologie – Forschungsbereiche. Göttingen 1972, S. 667 im Anschluß an einen Vorschlag von T. M. Newcomb.

7 Vgl. ebd., S. 705ff.

8 Andeutungen dieses Zusammenhanges finden sich bezüglich der frühkindlichen Entwicklung bei T. Parsons und E. A. Shils (Hrsg.): Towards a General Theory of Action. New York 1951, S. 17; bezüglich der Konsequenzen familialer Rollensysteme für das Sprachverhalten von Kindern bei B. Bernstein, Studien zur sprachlichen Sozialisation. Düsseldorf 1972, sowie – kritisch dazu – bei F. Hager, H. Haberland und R. Paris, Soziologie und Linguistik. Stuttgart 1973, S. 151ff.; bezüglich der Korrespondenz von Interaktionsform und individueller Struktur bei A. Lorenzer, Grundprobleme einer materialistischen Sozialisationstheorie. In: H. Walter (Hrsg.): Sozialisationsforschung. Bd. I: Erwartungen, Probleme, Theorienschwerpunkte. Stuttgart 1973, S. 270.

9 B. Caesar, a.a.O., S. 15. Vgl. allgemein zu diesem Zusammenhang D. Geulen, Gesellschaftliche Herrschaft und primäre Sozialisation. In: G. Széll (Hrsg.): Privilegierung und Nichtprivilegierung im Bildungssystem. München 1972.

10 H. Keupp und J. B. Bergold, Probleme der Macht in der Psychotherapie unter besonderer Berücksichtigung der Verhaltenstherapie. In: C. H. Bachmann (Hrsg.): Psychoanalyse und Verhaltenstherapie. Frankfurt 1972, S. 120 unter Bezugnahme auf B. E. Collins.

11 Vgl. zur psychoanalytischen Sozialisationstheorie neben den Arbeiten von Freud die zusammenfassenden Darstellungen bei W. Gottschalch, M. Neumann-Schönwetter und G. Soukup, Sozialisationsforschung. Frankfurt 1971, S. 50ff., sowie in Sozialisation und kompensatorische Erziehung. Hamburg 1971, S. 9ff.

12 J. Piaget, Das moralische Urteil beim Kinde. Zürich 1954; Die Entwicklung des Zahlbegriffs beim Kinde. Stuttgart 1965.

13 W. D. Fröhlich und S. Wellek, a.a.O., S. 705.

14 Ebd., S. 709.

15 Vgl. z. B. W. Gottschalch u. a., a.a.O., S. 48; A. Combe, Zur Kritik der Sozialisationsforschung. In: Die Deutsche Schule 64 (1972), S. 237–246, besonders S. 239f.

16 Zum folgenden vgl. J. Habermas, Thesen zur Theorie der Sozialisation. Frankfurt 1968 (hektogr. Manuskript), S. 12f.

17 Ausführlicher hierzu siehe K. Ulich, Das Gleichgewichtskonzept in der neueren Soziologie. München 1968 (unveröff. Diplomarbeit), S. 43ff.

18 Vgl. E. Goffmann, Stigma. Über die Techniken der Bewältigung beschädigter Identität. Frankfurt 1967; dazu auch J. Habermas, a.a.O., S. 16.

19 A. Combe, a.a.O., S. 240.
Soweit diese ›Grundqualifikationen des Rollenhandelns‹ und die von ihnen abhängige Möglichkeit einer stabilen Ich-Identität als soziale Lern- und Verhaltensziele gefaßt werden, wurde zu Recht daran kritisiert, daß sie entweder idealtypisch konstruiert sind oder sich lediglich auf Sozialisationsprozeß und -leistungen der Mittelschicht beziehen. Vgl. dazu H. Bilden, Habermas' Sozialisationstheorie – Zur Rekonstruktion ihres gesellschaftstheoretischen Rahmens. München 1974 (hektogr. Manuskript), S. 26ff.; F. Hager u. a., a.a.O., S. 289f.; H.-G. Rolff und K.-J. Tillmann, Strategisches Lernen durch gesellschaftsverändernde Praxis. In: H.-G. Rolff u. a., Strategisches Lernen in der Gesamtschule. Reinbek bei Hamburg 1974, S. 79ff.

20 A. Pressel, a.a.O., S. 140f. (Hervorhebung durch mich, K. U.).

21 Vgl. B. Caesar, a.a.O., S. 129; A. Combe, a.a.O., S. 241.

22 Vgl. etwa A. Combe, a.a.O., S. 241f.

23 B. Caesar, a.a.O., S. 129.

24 Vgl. zum folgenden B. Caesar, a.a.O., sowie H. Thomae, Familie und Sozialisation. In: C. F. Graumann (Hrsg.): Handbuch der Psychologie. Bd. 7/II: Sozialpsychologie – Forschungsbereiche. Göttingen 1972.

25 Vgl. die bei Gottschalch u. a., a.a.O., S. 21 zitierten Variablen der Stellung im Produktionsprozeß, die noch zu unpräzis und zu deskriptiv gefaßt sind.

26 G. Steinkamp, a.a.O., S. 58.

27 Ebd., S. 62.

28 H. Fend, Gesellschaftliche Bedingungen schulischer Sozialisation. Weinheim 1974, S. 44ff., Zitat S. 46. Zur Kritik des funktionalistischen Ansatzes von Fend vgl. D. Ulich, Was leistet die Schule für die Gesellschaft? In: Zeitschrift für Pädagogik 20 (1974), S. 615–628.

Zur Kritik sozialwissenschaftlicher Theorien der Schule

I. Probleme einer allgemeinen Schultheorie

Ähnlich wie in dem Abschnitt über Sozialisationstheorien sind nun Theorien der Schule hinsichtlich ihrer Brauchbarkeit für eine interaktionszentrierte Analyse schulischer Sozialisation darzustellen und zu überprüfen. Dabei wird der Schwerpunkt bei sozialwissenschaftlichen Theorien liegen, die sich von ihrer Problemstellung her auf das soziale Gebilde ›Schule‹ und die in ihm ablaufenden Prozesse beziehen. Andere Ansätze, die durch diese notwendige Abgrenzung außer Betracht bleiben müssen, seien hier wenigstens durch einige Namen repräsentiert: Nohl; Wilhelm; Sander, Rolff und Winkler; v. Hentig; Illich; Gamm.[1] Deren Ausführungen sind eher bildungspolitischer oder erziehungstheoretischer Natur und werden deshalb in anderen Zusammenhängen z. T. noch näher angesprochen.

Anspruch und Leistung der Schultheorie sind grundsätzlich daran zu messen, welches Verständnis von Theorie jeweils – explizit oder implizit – als erkenntnisleitend ausgegeben wird.

Marschelke unterscheidet beispielsweise drei Ebenen der wissenschaftlichen Beschäftigung mit der Schule:

1. Eine *modell*hafte Perspektive, in der Schule *als* z. B. Kleinstaat, Werkstatt, Apparatur usw. gesehen wird.
2. Eine von den *Aufgaben* der Schule ausgehende funktionalistische Perspektive, in der Konstruktion und Lösung von Aufgaben zentral sind.
3. Eine im engeren Sinn theoretische Perspektive, deren Ziel primär in der *Erklärung* von Sachverhalten liegt.[2]

Die Anwendung von Modellen basiert meistens auf einem Analogieschluß, der hier unzulässig ist, weil die zum Vergleich angeführten ›Gebilde‹ ganz andere Strukturen wie die Schule aufweisen; ein Erkenntnisgewinn für die Schultheorie würde jedoch ein strukturähnliches und bereits besser erforschtes soziales Gebilde als Modell voraussetzen. Äußerst problematisch ist auch eine rein funktionale Analyse der Schule; die Bestimmung schulischer Funktionen oder Aufgaben wird nämlich in der Regel von normativen Sollvorstellungen geleitet, die zwar spezifische Leistungen der Schule postulieren, zur Erklärung der faktisch erbrachten hingegen nichts beitragen. Dies wird hinreichend durch die bei Marschelke angeführten Beispiele belegt. Freilich wird damit nicht die Notwendigkeit bestritten, solche Vorstellungen zu entwickeln und mit den tatsächlichen Gegebenheiten zu vergleichen, ohne sie mit ihnen zu verwechseln.

Weder das Modelldenken noch eine funktionalistische Betrachtungsweise können also *Erklärungen* anbieten, was als Aufgabe der eigentlichen Theorie gilt. Nun sind allerdings die Auffassungen darüber, was Theorie ist und was sie leisten soll, gerade unter Pädagogen sehr kontrovers, und der kleinste gemeinsame Nenner in bezug auf eine Theorie der Schule bleibt mit Angaben wie »Deskription, Analyse und Kritik der Institution Schule«[3] völlig formal. Es gibt kaum einen schultheoretischen Versuch, der nicht unter diese vage Formel subsumiert werden könnte, und der trotzdem fast immer nur einen kleinen und speziellen Aspekt in den Griff bekommt. Nur wenige Entwürfe beanspruchen für sich eine weiterreichende und allgemeingültigere theoretische Perspektive, deren Leistung allerdings sehr unterschiedlich ausfällt, wie ich an zwei Beispielen kurz zeigen möchte.

So postuliert Heiland eine *kritische Theorie* der Schule, die nicht mehr von Zielkonzepten wie ›Bildung‹ oder ›Demokratisierung‹ ausgeht, »sondern von der *Kommunikation*«.[4] Dieses Konzept »bildet einen Leitbegriff, der die Realität kritisiert ... das Feld der Schule transzendiert und die Gesellschaft mit einbezieht« (S. 450). So allgemein eine derartige Formulierung zunächst auch ist, so wird mit ihr immerhin ein konkreter inhaltlicher Bezugspunkt genannt, der Sozialisationsprozesse in der Schule greifbar und zugleich veränderbar erscheinen läßt: »Schulorganisation, Bestimmung der Lehrer- und Schülerrolle und der Curricula sollten der optimalen Kommunikation dienen.« (ebd.)

Unbefriedigend bleibt bei diesem Vorschlag die Begründung für die Einführung des Zentralbegriffs ›Kommunikation‹ und für die Zielbestimmung ›optimale Kommunikation‹; der Rückgriff auf die Habermassche Kommunikationstheorie allein reicht hierfür jedenfalls nicht aus. Fraglich ist auch, ob eine auf Kommunikation aufbauende Schultheorie notwendig technisches, praktisches und emanzipatorisches Erkenntnisinteresse verbindet, wie Heiland meint (S. 451), oder ob damit nicht nur ein Scheinpluralismus getrieben wird, dem sich jeder anschließen kann. Auf alle Fälle zeigt dieser nur angedeutete Versuch die Möglichkeit, eine Theorie der Schule von einem sozialwissenschaftlich-sozialpsychologischen Konzept aus in Angriff zu nehmen, das auch – eine genauere Abgrenzung vorausgesetzt – die Beurteilung und Kritik von Reformmaßnahmen erlaubt.

Ganz anders einzuschätzen ist gerade unter dem zuletzt genannten Gesichtspunkt der »Grundriß einer *Metatheorie* der Schule« von Marschelke.[5] Er möchte in einer Metatheorie, die auf einer allgemeinen *Systemtheorie* aufbaut, die Ergebnisse der verschiedenen speziellen Schultheorien einbringen, was ihm zweifellos nicht gelingt, vor allem deshalb nicht gelingen kann, weil er selbst dem von ihm beschriebenen analytischen Modelldenken verhaftet bleibt: Schule wird gesehen *als*

- Subsystem von Wirtschaft und Gesellschaft (S. 207); dies ist zwar durchaus im Sinne Parsons' gemeint und doch ganz falsch verstanden, weil ›Wirtschaft‹ und ›Gesellschaft‹ auf verschiedenen Ebenen liegen.
- blackbox (ebd.), deren inputs und outputs erst in bezug zueinander gebracht werden müssen, aber – und hier liegt die entscheidende Einschränkung – die outputs können nicht allein durch die inputs erklärt werden, sondern sind ja gerade durch institutionell-organisatorische Faktoren vermittelt.
- System (S. 208) und schließlich als
- Projekt (S. 210).

  Was mit diesen beiden Annahmen geleistet wird, kann Marschelke kaum überzeugend begründen; weder bringt es irgendeinen Vorteil, Schulklassen, Lehrerkollegium, Räume usw. als Elemente des Systems zu begreifen, noch ist es sachlich gerechtfertigt, die Notwendigkeit von Schulreform mit dem in diesem Zusammenhang fast irreführenden Begriff ›Projekt‹ darzustellen.

Der Ansatz einer Metatheorie der Schule muß wegen der skizzierten Schwächen, die nicht nur Schwächen der allgemeinen Systemtheorie sind, notwendig scheitern; er bleibt im Formalen stehen und stülpt nur andere, z. T. vorbelastete Begriffe über ihn dieser Allgemeinheit bekannte Sachverhalte.

Die Diskussion über eine allgemeine Schultheorie ist damit nur durch zwei aktuellere Beiträge näher beleuchtet worden, die aber doch ganz typisch für den etwas chaotischen Stand der Auseinandersetzung sind.[6] Dabei geht es im Grunde schon nicht mehr um die Frage einer geistes- *oder* sozialwissenschaftlichen Theorie, sondern eher um die Suche nach einem geeigneten Basiskonzept, das zwischen der rein institutionellen Ebene einerseits und einer nur auf das Individuum bezogenen Perspektive andererseits zu lokalisieren ist. Schule als Institution der Gesellschaft, Schule als soziales System und/oder Organisation, Konflikte innerhalb der Schule, Lehrerrolle und Schülerrolle, pädagogischer Bezug, individuelle Lernprozesse oder eben Sozialisation als Lernen durch Interaktion sind mögliche Ansatzpunkte einer Theorie der Schule. Einige von ihnen sollen im folgenden Abschnitt näher untersucht werden; zwei Konzeptionen, die dort vielleicht vermißt werden, möchte ich nur hier erwähnen: Einmal die Theorie der Schule als Betrieb, die den Kern der sogenannten Mikrobildungsökonomie darstellt[7] und auf dem erwähnten Analogieschluß aufbauend zu sachlich irrelevanten und ideologisch verzerrten Aussagen führt, und zum anderen die »Psychoanalyse der Schule als Institution«[8], mit der eine zwar wichtige, aber noch nicht systematisch entwickelte Ergänzung der anderen Konzepte geleistet werden kann.

Vergleich und Kritik verschiedener schultheoretischer Entwürfe sind notwendig auf die Explikation allgemeiner *Beurteilungskriterien* angewiesen, die jetzt zusammenfassend formuliert werden sollen, um den weiteren Überlegungen als Richtschnur zu dienen:

1. Eine Schultheorie muß sich den in der Einleitung genannten Forderungen stellen, sozio-ökonomische *Daten* aus dem Bildungsbereich zu interpretieren und ihr Zustandekommen zu erklären sowie bildungspolitische *Ziele* nach ihrem eigenen Erkenntnisinteresse, das als solches ausgewiesen sein muß, einzuschätzen und zu kritisieren; dabei müssen insbesondere die Konsequenzen der theoretischen Analyse für eine Reform der Schule explizit gemacht werden, d. h., die Theorie darf nicht um ihren *Verwertungs*aspekt gekürzt werden.
2. Ziele, Zielkritik und eventuell vorgeschlagene Maßnahmen werde ich daran messen, inwieweit die betreffende Theorie die Tatsache der Chancenungleichheit und der sozialen *Diskriminierung* innerhalb der Schule sieht und deren Abbau bzw. Beseitigung postuliert. Schultheorie muß also – mit anderen Worten – darauf Bezug nehmen, ob und wie die Schule auf die schichttypischen Sozialisationsvorgaben der Familie reagiert und sie verarbeitet.
3. Schultheoretische Entwürfe müssen ferner die aus bildungspolitischen Zielvorstellungen abgeleiteten Qualifikations- und *Sozialisationsziele* reflektieren und Möglichkeiten zu ihrer Realisierung prüfen, sofern sie nicht selbst zumindest implizit entsprechende eigene Vorschläge enthalten. Bezugspunkt einer darauf gerichteten und vergleichenden Kritik können die früher beschriebenen Konzepte der Konformität und der Ich-Identität sein.
4. Ein letztes Kriterium liegt schließlich darin, daß Schultheorien sich nicht nur auf gesellschaftlich-institutionelle Aspekte von Schule oder nur auf die Interaktionsprozesse innerhalb der Schule oder nur auf die Interaktionseffekte bei den Schülern beziehen dürfen, sondern daß sie nach Möglichkeit die *Interdependenz* dieser *drei Ebenen* grundsätzlich berücksichtigen und damit sowohl die Bedin-

gungen von und in schulischer Interaktion als auch deren Konsequenzen thematisieren.

Diese Kriterien zur Beurteilung schultheoretischer Konzeptionen haben ihren Begründungszusammenhang in der ganzen bisherigen Argumentation; sie kennzeichnen gewissermaßen *optimale* Sollwerte in bezug auf Aussagenrelevanz, Erklärungswert und Praxisbezug, die deshalb in dieser Form von keiner der im folgenden zu diskutierenden Theorien erreicht werden dürften. Zugleich ist mit diesen Kriterien aber auch das eigene Verständnis einer Theorie schulischer Sozialisation formuliert, an dem sich spätere Überlegungen orientieren müssen.

II. Analyse und Kritik einzelner Konzeptionen

a) Pädagogische Schultheorie

Eine pädagogische Schultheorie ist bis heute weitgehend Desiderat geblieben. Die in der gegenwärtigen Pädagogik vorherrschenden Tendenzen sind inhaltlich und wissenschaftstheoretisch so unterschiedlich, daß sich auch für entsprechende schultheoretische Entwürfe kaum ein gemeinsamer Nenner finden läßt. Deshalb sollen die nach meiner Auffassung wichtigsten Ansätze jeder für sich kurz umrissen werden: die geisteswissenschaftlich orientierte Pädagogik, die sich auf das ›*Wesen*‹ der Schule richtet, der Versuch einer *didaktischen* Theorie der Schule, und schließlich die Frage einer *sozialwissenschaftlich*-pädagogischen Perspektive.

Von der geisteswissenschaftlichen Pädagogik unternommene Versuche einer Wesens- oder Sinnbestimmung der Schule haben zwar verschiedene, jedoch sich gegenseitig nicht ausschließende Ausgangspunkte:[9] Einmal wird in historischer Betrachtung auf die ›Ursprünge‹ der Schule rekurriert, die dann weitgehend mit deren Wesen gleichgesetzt werden; zweitens gehen viele Pädagogen von der jetzigen Schule und ihrem ›eigentlichen‹, meist anthropologisch begründeten ›Auftrag‹ aus, während, drittens, von anderen besonders die historische Entwicklung der Schule zu ihrer Sinnbestimmung herangezogen wird. Divergierender als diese historisch-phänomenologischen Grundfragen fallen allerdings die Antworten aus; Schule wird bestimmt als »Lehr- und Unterrichtsanstalt«, als Institution für die »Vermittlung berufsnützlicher Kenntnisse und Fähigkeiten« oder für die kulturelle Überlieferung oder für die Sozialisation des Individuums und Reproduktion der Gesellschaft, als spezifische Lebensordnung oder als Kombination mehrerer solcher Angaben.[10] Abgesehen von ihrer grundsätzlichen methodologisch-wissenschaftstheoretischen Fragwürdigkeit sind derartige Wesensbestimmungen freilich von einer an den genannten Kriterien ausgerichteten Theorie außerordentlich weit entfernt, weil es sich bei ihnen letztlich um *Zwecksetzungen* handelt, die – häufig zudem nicht als solche ausgewiesen – bestenfalls Aspekte einer Theoriekritik liefern, schlechtestenfalls jedoch ideologische Verschleierung bedeuten. Dies gilt gerade auch für jene, unserer Intention scheinbar naheliegende Bestimmung der Schule als Institution für Sozialisation und Reproduktion, die bei genauerem Hinsehen eine statisch-funktionale Anpassung und status-quo-Erhaltung intendiert.

Auch bei ihren schultheoretischen Bemühungen kommt demnach »die geisteswissenschaftliche Pädagogik in Gefahr, zur (konservativen) *Kulturkritik* zu werden«.[11] Alle Anläufe, ein irgendwie geartetes ›Wesen‹ der Schule festzumachen, beruhen auf der normativen Überhöhung jeweils *eines* Aspektes schulischer Funktionen, von dem aus alle anderen kritisierbar sein sollen, in Wirklichkeit aber ganz ausgeblendet werden. Damit bewegt sich diese Richtung der Pädagogik nicht einmal in einem vortheoretischen, sondern eher in einem a-theoretischen Feld und ist deshalb für eine Theorie der Schule nicht geeignet.

Etwas positiver ist demgegenüber die didaktische Theorie der Schule zu beurteilen, wie sie vor allem Schulz entworfen hat.[12] Er stellt als erstes die Forderung auf, *daß* »die Didaktik . . . eine Theorie der Schule entwickeln (muß)« (S. 27), und nur sie es überhaupt kann, weil *Unterricht* als Gegenstand der Wissenschaft Didaktik primär in der Schule stattfindet. Da die Schule weiter den Unterricht und die mit ihm verbundenen sozialen Beziehungen *organisiert,* muß die Didaktik die Schule einbeziehen (S. 30). Hier stellt Schulz aber bereits die Verhältnisse auf den Kopf: Indem er nur vom Unterrichtsgeschehen ausgeht, reduziert er Schule zu einer organisatorischen Randbedingung von Unterricht.

Die Konsequenzen dieses Einstiegs – Schule als Organisation von Unterricht – werden dann sehr schnell deutlich; unter Rückgriff auf zwei nicht näher begründete Zieldimensionen sollen Organisationselemente danach beurteilt werden, inwieweit sie »die Normgerechtigkeit und die Effektivität von Unterrichtsplanung und Unterrichtsverlauf garantieren und den Unterrichtserfolg sichern« (S. 34). Dies impliziert eine zweite Reduktion, nämlich Schule als Organisation *effizienten* Unterrichts, dessen genauere Bestimmung Schulz allerdings nicht als seine Aufgabe betrachtet. Erstaunlich ist deshalb, daß er von seiner Konzeption annimmt, sie münde letztlich »in eine kritische Theorie der Gesellschaft« (S. 39), wofür sich bei ihm wirklich kein Anhaltspunkt finden läßt.

Insgesamt liegt in dem Versuch, Schultheorie auf eine didaktische Theorie zu verkürzen, eine grobe Einengung des Problemfeldes vor; die Perspektive von ›Schule als Organisation effizienten Unterrichts‹ oder »Schule als optimale Organisation von Lernprozessen«[13] greift nicht nur hinsichtlich der institutionellen und personalen Bedingungen von Unterricht entschieden zu kurz. Sie ist auch in ihrer Zielorientierung auf den Leistungsaspekt hin einseitig und realitätsfern. Auf allgemeine bildungspolitische und spezifische Sozialisationsziele der Schule wird schließlich überhaupt kein Bezug genommen, so daß auch diese Konzeption nicht unseren Kriterien entspricht.

Angesichts des Dilemmas, weder die Wesensbestimmungen geisteswissenschaftlicher Pädagogen noch die Optimierungsvorschläge der Didaktiker zum Fundament einer Schultheorie machen zu können, wird zu Recht von vielen Pädagogen eine *sozialwissenschaftliche* Theorie gefordert bzw. wird versucht, spezifische theoretische Ansätze aus diesem Bereich auf die Schule anzuwenden. Kramp erwartet sich davon beispielsweise die Überwindung des Provinzialismus der deutschen Schulpädagogik und eine Erschwerung unkritischer Wesensinterpretationen.[14] Ob diese optimistische Sicht gerechtfertigt ist, wird sich im weiteren Verlauf dieses Kapitels erweisen; jedenfalls spricht einiges für die Vermutung, daß die pädagogische Schultheorie nur durch den Rückgriff auf andere Disziplinen aus der Sackgasse herausfindet, wobei sie selbstverständlich ihren Anspruch auf eine eigenständige Theorie aufgeben müßte.

Fragen wie sie Kramp zur Abgrenzung des Gegenstandsbereiches einer Theorie der Schule stellt[15], lassen sich zweifellos nur dann zufriedenstellend beantworten, wenn Kategorien und Aussagen von Sozialpsychologie, Soziologie und politischer Ökonomie herangezogen werden. Dadurch wird nicht einer Auf- oder Ablösung der Pädagogik durch die Sozialwissenschaft das Wort geredet, wohl aber eine andere inhaltliche und methodologische Orientierung postuliert, ohne die gerade eine Theorie der Schule nicht möglich ist. Gleichzeitig muß auch vor einer Überschätzung und unkritischen Anwendung sozialwissenschaftlicher Konzeptionen gewarnt werden, deren Erklärungswert und Praxisrelevanz noch viele Wünsche offen lassen, was im folgenden gezeigt werden soll.

b) Organisationssoziologische Ansätze

Der Anwendung organisationssoziologischer und auch systemtheoretischer Kategorien im Bereich der Schule liegt der eingangs dieses Kapitels erwähnte Analogieschluß zugrunde: Die Schule weist *einige* Merkmale auf, die im allgemeinen Organisationen bzw. sozialen Systemen zugeschrieben werden, und die zu dem – bisweilen falschen – Schluß führen, daß *alle* ihre Merkmale denen von Organisationen oder sozialen Systemen entsprechen. Schule als Organisation zu begreifen, kann deshalb zunächst nur bedeuten, im einzelnen zu überprüfen, welche Elemente, Strukturen und Prozesse von als ›Organisation‹ gekennzeichneten sozialen Gebilden für die Schule nachgewiesen werden können. Genau dies hat Klafki getan, und er kommt zu dem Ergebnis, daß Schule unter folgenden sechs Aspekten als Organisation gelten kann:

»1. Organisationen werden für bestimmte Zwecke oder Aufgaben geschaffen.
2. Sie sind durch bestimmte gesetzliche Regelungen, die auf politischen Grundentscheidungen beruhen, in das umgebende gesellschaftlich-politische System eingefügt.
3. Sie haben eine bestimmte Funktionen- und Rollenstruktur.
4. Sie kontrollieren die Ausführung dieser Funktionen und Rollen.
5. Sie legen bestimmte Eintritts- und Ausschlußbedingungen fest.
6. Sie lösen bei verschiedenen Menschengruppen verschiedene Interessen aus und bieten Konfliktmöglichkeiten.«[16]

Setzen wir jedesmal statt ›Organisation‹ das Wort ›Schule‹, so ergeben diese Punkte eine recht komplexe *Definition,* die zwar noch stark formal bleibt, gegenüber den rein pädagogischen Überlegungen jedoch schon bedeutend mehr Inhalt aufweist. Denn hier werden Bedingungen genannt, die für schulische Sozialisation unmittelbar relevant sind und, eine entsprechende Konkretisierung vorausgesetzt, die Entstehung spezifischer Sozialisationseffekte eng berühren. Die genannten Aspekte gestatten ferner einen Vergleich der Schule mit anderen Organisationen, der zur Kritik und Veränderung der Schule weiterentwickelt werden kann.[17]

Mit diesen mehr definitorischen Momenten ist allerdings über die Möglichkeit einer organisationszentrierten Schul*theorie* noch nicht viel ausgesagt, geschweige denn eine solche Theorie bereits konzipiert. Ob sie überhaupt möglich ist, wird in einer neueren Arbeit exemplarisch untersucht, auf die nun etwas näher eingegangen werden soll.[18]

Diese Arbeit »unternimmt den Versuch, konstitutive Strukturmerkmale der Schule als sozialer Organisation zu bezeichnen und einer kritischen Betrachtung zu unterziehen« (S. 15), d. h., ihr Anspruch liegt primär im terminologischen Bereich, indem die Übertragung organisationssoziologischer Konzepte auf die Schule geprüft wird. Damit verbunden ist freilich immer auch eine spezifische inhaltliche Perspektive, die sich bei Helge Peter in den zentralen Kapiteln andeutet: »die Mitglieder der Schule als Organisation«, »die Rollenproblematik in der Organisation Schule« sowie – nach verschiedenen Gesichtspunkten – die Zielproblematik der Schule. Was unter diesen Überschriften abgehandelt wird, ist alles recht konsistent von der Organisationssoziologie hergeleitet und macht gerade deshalb deren Unzulänglichkeit für eine sozialisationsorientierte Schultheorie deutlich. Wenn beispielsweise Lehrer und Schüler als Mitglieder der Schule nur im Hinblick auf ihre Rekrutierung untersucht werden (S. 44ff.) und nicht auch hinsichtlich ihrer Beziehungen *zueinander,* dann geht schon damit die eigentliche Sozialisationsbasis nicht in die Fragestellung ein. Ähnlich werden etwa die Inhalte schulischer Zielbestimmungen (S. 120ff.) beschrieben, ohne deren Bezug zur Genese und Modifikation von Einstellungen und Verhaltensweisen überhaupt zu erwähnen. Das in unseren Beurteilungskriterien enthaltene und auch später noch wichtige Problem der bildungspolitischen und der Sozialisations-Ziele sowie ihrer Konsequenzen für Schüler und Lehrer wird schließlich auf »die Frage der Anpassung an die Organisation« (S. 148) reduziert, deren Zwecke selbst offensichtlich nicht zur Diskussion stehen können.

Wenn dieser Versuch einer organisationstheoretischen Grundlegung der Schule letztlich gerade in seinem theoretischen Anspruch unbefriedigend bleibt, so sind insbesondere zwei Ursachen dafür verantwortlich: Einmal sind Organisation und einzelnes Mitglied zu unmittelbar aufeinander bezogen, ohne daß die dazwischen liegenden und dieses Verhältnis wesentlich modifizierenden sozialen Gruppierungen und Interaktionen erfaßt werden, und zum zweiten dominieren die geplanten, formalen Ziele der Organisation so stark, daß eine davon möglicherweise abweichende Realität kaum mehr gesehen werden kann. Das in Betriebspsychologie und -soziologie als Korrektiv beider Mängel eingeführte Konzept *informeller* Beziehungen und Normen muß offenbar für eine Analyse der Schule als Organisation erst noch angewendet werden. Allein damit läßt sich aber der organisationssoziologische Einstieg in eine Schultheorie nicht retten; über die erwähnten definitorisch-deskriptiven Aspekte hinaus bringt er fast mehr Unklarheiten als Aufklärung über das, was in der Schule geschieht und warum es geschieht.

c) Systemtheoretische Perspektiven

Unterschiede in der Auffassung von Schule als Organisation und als soziales System sind nicht prinzipieller, sondern nur gradueller Natur. Organisationen sind immer soziale Systeme, die sich durch eine strikte Zweckbestimmung und relativ hohe Organisiertheit auszeichnen, wobei diese Merkmale andere Kriterien sozialer Systeme meist in den Hintergrund drängen, die deshalb einer expliziten Erwähnung bedürfen.

Während der oben skizzierte Versuch einer Metatheorie der Schule durch eine *allgemeine* Systemtheorie fundiert werden sollte, muß jetzt untersucht werden, was die Theorie *sozialer* Systeme für eine Schultheorie leistet. Dafür stehen im wesentlichen zwei Versionen zur Verfügung, nämlich die vor allem von Parsons entwickelte strukturell-funktionale und die auf Luhmann zurückgehende funktional-strukturelle Systemtheorie, die hier nur in ihrer Anwendung auf Schule näher thematisiert werden können.[19]

Feldhoff hat es unternommen, den Parsonsschen Ansatz auf das soziale System Schule zu übertragen[20], wobei er allerdings wenig Wert darauf zu legen scheint, auch die Kritik daran zu verarbeiten. So kommt er, insbesondere durch die Anwendung des analytisch gemeinten AGIL-Schemas[21], zwar zu einer tief gestaffelten Differenzierung schulischer Subsysteme und ihrer Funktionen, bleibt aber auf einer rein deskriptiv-klassifikatorischen Ebene stehen; die Problematik der Ziele reduziert sich bei ihm auf die Frage nach der Erhaltung des Systemgleichgewichts, womit er nicht nur einen schon bei Parsons ideologisch vorbelasteten Begriff hypostasiert, sondern außerdem Veränderungen innerhalb der Schule nicht zulassen kann bzw. sie einer den ursprünglichen Zustand wiederherstellenden Kontrolle unterwerfen muß. Fingerles Kritik ist daher insgesamt zuzustimmen: Feldhoff vernachlässigt die Zusammenhänge zwischen dem sozialen System Schule und den in ihm ablaufenden Interaktionen einerseits sowie den agierenden Personen andererseits, auf deren Basis erst Aussagen über Sozialisation möglich gewesen wären, und er trifft mit seiner analytischen Konstruktion kaum die tatsächliche Systemstruktur.[22]

Der eigene Versuch von Fingerle gibt auf der Basis des Luhmannschen Ansatzes eine »Einleitung in eine funktional-strukturelle Systemtheorie der Schule«.[23] Da sich Luhmann – im Unterschied zu Parsons – nicht selbst um eine Explikation seiner Theorie für das soziale System Schule bemüht hat, muß Fingerle zunächst die wichtigsten begrifflichen Grundlagen erarbeiten (S. 107ff.), auf deren Darstellung ich hier weitgehend verzichten muß. Nur ein gerade für eine Theorie der Schule entscheidender Aspekt soll hervorgehoben werden: »Während die strukturell-funktionale Systemtheorie auf das System bezogene und seiner Erhaltung dienende Funktionen in den Mittelpunkt stellt und das handelnde Individuum völlig außer acht läßt, untersucht die funktional-strukturelle Systemtheorie die Funktionen von sozialen Systemen *für* den Handelnden und seine Orientierung.«[24] Damit ist vorab zumindest die eine Forderung erfüllt, daß eine Schultheorie die institutionell-systemische und die personale Ebene inhaltlich aufeinander zu beziehen hat, was bei Fingerle allerdings nicht explizit aufgegriffen wird. Er beschreibt zwar die Reduktion von Umweltkomplexität als dominierende Funktion sozialer Systeme, geht aber nicht näher darauf ein, wie innerhalb der Schule entsprechende Prozesse und Mechanismen ablaufen.

Im übrigen zentriert sich seine Analyse um das Problem von ›Gleichheit‹ und ›Leistung‹ als *Werte* der Schule sowie als Zweck und Norm. Diese bei Luhmann abstrakt diskutierten Konzepte werden für das Feld der Schule viel zu wenig konkretisiert und führen deshalb eher zu Mißverständnissen; so wird die schulische Selektion fast ausschließlich auf die Wirkung des Leistungsprinzips zurückgeführt (S. 144ff.), während alle sozialen Faktoren, die Leistung letztlich determinieren (z. B. Herkunftsschicht, Sprache, Lehrinhalte, Lehrerverhalten u. a.) unberücksichtigt bleiben. Entschieden zu knapp werden auch die »Personen in der Schule« angesprochen (S. 175f.), obwohl Luhmann mit seiner Definition des sozialen Systems eigentlich gerade diese Perspektive betont: »Unter sozialem System soll hier ein Sinnzusammenhang von *sozialen Handlungen* verstanden werden, die aufeinander verweisen und sich von einer Umwelt nicht dazugehöriger Handlungen abgrenzen lassen.«[25] Soziale Handlungen oder Interaktionen konstituieren erst ein soziales System, und deshalb muß auch hier die Interaktionsebene Vorrang haben. Bei Fingerle hingegen wird sehr deutlich, daß eine Systemtheorie der Schule noch nicht in der Lage ist, Bedingungen und Konsequenzen schulischer Interaktionen zu erarbeiten, und deshalb muß man ihm Recht geben, wenn er hier »die Grenze der Leistungsfähigkeit systemtheoretischer Kategorien« sieht (S. 177).

Ansonsten neigt er eher zu einer *Überschätzung* der Luhmannschen Entwürfe, denen er einen bislang uneinlösbaren Anspruch unterstellt, wenn er sie zum Fundament einer entsprechenden Schultheorie machen will. Die Vorzüge einer funktional-strukturellen Systemtheorie etwa im Hinblick auf eine Integration von System- und Handlungstheorie[26] werden, wendet man diesen Ansatz auf ein konkretes soziales System wie die Schule an, sehr schnell zu Nachteilen, weil seine hohe Abstraktheit *spezifische* Systemstrukturen und Handlungsbeziehungen nicht in den Griff bekommen läßt. Zwar ist es möglich, das System Schule mit Hilfe von Kategorien wie Komplexitätsreduktion, Generalisierung von Verhaltenserwartungen u. a. sowie nach dem methodischen Prinzip des Äquivalenzfunktionalismus zu beschreiben, aber damit ist noch nichts über die Entstehung und Lösbarkeit von Selektions- und Sozialisationsproblemen ausgesagt, die in der Schule zunehmende Bedeutung gewinnen, geschweige denn über die Einschätzung entsprechender bildungspolitischer Ziele.

d) Konfliktorientierte Ansätze

Im Unterschied zu den bisher diskutierten organisationssoziologischen und systemtheoretischen Konzeptionen, in denen lediglich ein allgemeineren Theorien entnommenes begriffliches Instrumentarium auf die Schule übertragen wurde, gehen konfliktorientierte Ansätze von einer dezidiert inhaltlichen Annahme aus: Schule, Schulklassen und einzelne Interaktionsbeziehungen sind wesentlich durch das Vorhandensein von Konflikten und durch Bemühungen zu ihrer Lösung gekennzeichnet. *Institutionelle* und *interpersonale* Dimensionen schulischer Konflikte werden auf der Basis dieser Position unterschiedlich abgesteckt, müssen aber in jedem Fall aufeinander bezogen werden, weil sowohl Bedingungen wie Konsequenzen eines institutionellen Konflikts im interpersonalen Bereich liegen können und umgekehrt. Die Interdependenz beider Dimensionen ist deshalb neben der allgemeinen inhaltlichen Bestimmung von Konflikt ein wichtiger Anhaltspunkt für die Analyse und Kritik konfliktzentrierter Schultheorien, die bislang allerdings mehr in Form von Vorüberlegungen und Postulaten als in systematischen Ausarbeitungen vorliegen, wie das folgende deutlich macht.

Konflikte in der Schule leitet Wöhler vor allem aus der *pluralistischen Gesell-*

schaft ab, in der verschiedenartige Interessen und Zielvorstellungen wirksam sind und sich auch in der Schule niederschlagen, wo sie zu Gegensätzen in den Erwartungen der Mitglieder der Schule führen können.[27] So richtig dieser Ausgangspunkt zunächst gewählt sein mag, so inhaltsleer muß er aber bleiben, wenn mit keinem Satz darauf eingegangen wird, *welche* Interessen *welcher* gesellschaftlichen Gruppierungen überhaupt die Schule beeinflussen. Organisationen der Lehrer und Eltern, Kultusbürokratie, Unternehmerverbände und Gewerkschaften sowie Kirchen und ihre jeweiligen politischen Ziele in bezug auf Aufgaben und Reform der Schule konstituieren erst den Rahmen für Auseinandersetzungen um Schule und in der Schule, und daran kann keine Konflikttheorie der Schule vorbeigehen, zumal der Einfluß einiger Interessengruppen auch empirisch hinreichend nachgewiesen ist.[28] Gerade politische Zielkonflikte wie etwa der in der Einleitung angesprochene zwischen dem Abbau schichtspezifischer Sozialisation und Diskriminierung in der Schule einerseits und der Erhaltung einer heterogenen Qualifikationsstruktur sowie der Leistungssteigerung der Schule andererseits reichen unmittelbar in die Schule hinein, berühren ihre Organisation, die Auswahl von Lehrinhalten und damit letztlich auch die Beziehungen zwischen Schülern und Lehrern.

Eine genauere inhaltliche Bestimmung schulischer Konflikte läßt der Ansatz von Wöhler also vermissen; trotzdem versucht er seine Überlegungen am Beispiel der Schüler- und Lehrerrolle etwas zu konkretisieren: Die weitgehend durch Zwänge gekennzeichnete Mitgliedschaft des Schülers in der Schule führt nicht zu einem konsistenten Rollenerleben, sondern durch die gleichzeitig geltenden Normen der Erwachsenengesellschaft zu einem Konflikt mit deren Repräsentanten, vor allem also mit dem Lehrer (S. 143). Davon sind in erster Linie Kinder aus unteren Sozialschichten betroffen, deren Sprachverhalten und normative Orientierungen mit denjenigen der Lehrer am wenigsten übereinstimmen (S. 144f.). Dieser Konflikt ist zweifellos von großer Bedeutung für die schulischen Lern- und Lehrprozesse, aber selbst wenn seine Ursache noch stärker in gesellschaftlich-strukturellen Zusammenhängen lokalisiert werden würden – was bei Wöhler zu kurz kommt–, könnte mit ihm *allein* keine konfliktorientierte Theorie der Schule fundiert werden.

Dasselbe gilt für den in letzter Zeit allzu oft beschriebenen Konflikt des Lehrers, der auf die widersprüchlichen Erwartungen verschiedener Bezugsgruppen zurückgeführt wird (S. 146f.). Auch der Rollenkonflikt des Lehrers bietet nur *einen* Gesichtspunkt, der für einen Konfliktansatz zwar wichtig, aber nicht ausreichend ist. Die Folgerung schließlich, daß Konflikte der Schüler- und Lehrerrolle soziale Ursachen haben, und daß sie nur durch Reformen gelöst werden können (S. 148), darf nicht von der Notwendigkeit ablenken, auch andere Probleme und Beziehungen in der Schule unter einer Konfliktperspektive zu untersuchen, was an zwei weiteren Konzeptionen gleich noch geschehen soll. Ob der Begriff der Rolle überhaupt bei der Analyse schulischer Konflikte brauchbar oder sogar notwendig ist, möchte ich hingegen erst später klären.

Im Zentrum seiner Thesen zu einer ›Gruppentheorie der Schulklasse‹ steht bei D. Ulich ebenfalls der Konflikt: Die sozialen Beziehungen innerhalb der *Schulklasse* sind vorwiegend gekennzeichnet durch Wettbewerb und Konkurrenz und weniger durch Kooperation und Solidarität.[29] Im Unterschied zu Wöhler, der den Konflikt primär auf der Ebene der Erwartungen ansiedelt, bezieht sich hier Konflikt unmittelbar auf spezifische Verhaltensweisen der Schüler, die aus den *Zielen* der Schule abzuleiten sind. So entsteht Konkurrenz innerhalb der Schulklasse durch die begrenzte Zahl an guten Noten, und Wettbewerb kommt dadurch zustande, daß die vorgegebenen Lernziele meist nur durch individuelle Leistung erreicht werden können (S. 90). In der Begründung dieser Situation greifen die Überlegungen von Ulich allerdings etwas zu kurz; die »Anpassung der Schüler an gesellschaftliche Normen und Aufgaben« (ebd.) ist zweifellos eine der wichtigsten Aufgaben der Schule, die allein aber nicht schon zu Konflikten führt, sondern erst in Verbindung mit der Messung der Anpassungsleistung und vor allem mit einer darauf basierenden *Selektion*. Im übrigen ist die Abhängigkeit der Art schulischer Interaktionen von den Zielen der Schule, die eben weitgehend Konfliktbeziehungen hervorrufen, ein entscheidendes Problem für jede Untersuchung der Sozialisation in der Schule. Dabei muß dann auch der *institutionelle* Kontext der Schule einbezogen werden, mit dem wieder andere Konfliktmöglichkeiten entstehen, auf die jetzt noch kurz einzugehen ist.

Unter mehreren anderen Konfliktquellen im Schulsystem, die z. T. in dem bisher Gesagten impliziert sind, nennt Getzels auch die mögliche Diskrepanz »between the values of the community or of subgroups within the community and the expectations of the school to which it sends its children.«[30] Als Beispiel für einen derartigen Konflikt verweist er aber nur auf das bereits angesprochene Problem der Diskriminierung von Unterschichtkindern, das jetzt offensichtlich auf einen mehr *kulturellen* Konflikt reduziert wird. Es ist zwar nicht zu bestreiten, daß kulturelle Unterschiede mit schulischen Ungleichheiten in einem Zusammenhang stehen, aber sie sind selbst wieder von anderen Faktoren ableitbar und können die schichttypische schulische Selektion keineswegs zulänglich erklären.[31] So läßt sich aus der Aussage von Getzels allenfalls der Hinweis gewinnen, daß auch die Beziehungen der Schule zu anderen Institutionen und zu sozio-kulturellen Gruppierungen konflikthaft sein können, und daß insbesondere deren Auswirkungen auf die Interaktionen in der Schule untersucht werden müssen. Dies ist aber schon wieder mehr eine Forderung, die auch konfliktorientierte Schultheorien bisher nicht einlösen konnten.

Wenn ich solche Konzeptionen dennoch gegenüber den organisations- und systemtheoretischen bevorzuge, dann vor allem deshalb, weil eine Konfliktperspektive der Schule heuristisch fruchtbarer und realitätsnäher ist als die formal-definitorischen, z. T. sogar a priori ideologischen Kategorien der anderen Ansätze, und weil das für eine Theorie der Schule zentrale Problem der Diskriminierung und Selektion nur in dieser Perspektive einigermaßen klar gesehen wird. Eine integrierte Schultheorie kann andererseits natürlich nicht ganz auf Beiträge der Systemtheorie und der Organisationssoziologie verzichten, weil nur in ihnen die Problematik der Ziele und Funktionen der Schule explizit aufgegriffen wird.

e) Fragmente einer sozialpsychologischen Schultheorie

Die Sozialpsychologie hat ihren bis heute bestehenden Nachholbedarf auf dem Gebiet schulischer Erziehung[32], der durch den jahrzehntelangen Vorrang anderer Verwertungsgebiete entstanden ist, quantitativ beinahe, qualitativ aber noch wenig befriedigt. Deshalb scheint die zu Beginn dieser Arbeit formulierte Erwartung, daß gerade sie eine Sozialisations- und Schultheorie verbindende Grundlage anbieten könnte, reichlich hoch gegriffen. Doch basiert diese Erwartung sehr viel mehr auf den Aussagen *allgemeiner* sozialpsychologischer Theorien, in denen zumindest partiell die Integration der öfters angesprochenen drei Ebenen – abgekürzt Institution, Interaktion und Verhalten – geleistet wird, als auf den fragmentarischen Versuchen zu einer eigenständigen sozialpsychologischen Schultheorie, die weitgehend im klassifikatorisch-deskriptiven Bereich stecken bleiben.

Am bekanntesten ist darunter wohl das Schema von Getzels, der zunächst einen systemtheoretischen Ausgangspunkt wählt, indem er den Gegenstand der Sozialpsychologie der Erziehung bestimmt als »behavior in the educational setting conceived as a social system« (S. 461). Die Abhängigkeit des Verhaltens von dem sozialen System wird dann in der normativen und in der personalen Dimension dargestellt (S. 462):

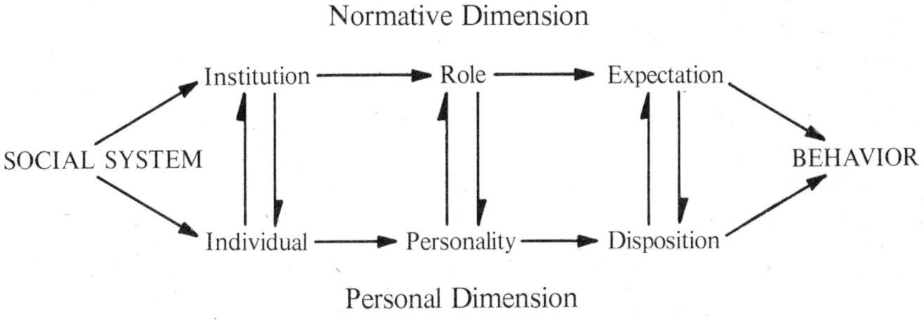

Auf die durch Pfeile verdeutlichten Zusammenhänge zwischen den einzelnen Konzepten braucht hier nicht näher eingegangen werden; wichtiger ist der Umstand, daß die für schulische Sozialisation vorrangige Ebene der *Interaktion* von Getzels ganz vernachlässigt wird. Ohne sie bleibt aber diese Darstellung ohne Inhalt, denn die Wirkung des sozialen Systems auf individuelles Verhalten ist immer durch Interaktionen vermittelt, in denen institutionell-normative und personale Einflüsse erst zur Geltung kommen. Bei Getzels wird dies auch dann kaum angedeutet, wenn er später eine engere Abgrenzung des Gebietes vorschlägt: »a social psychology of education is concerned with the interaction of role and personality in the school or classroom as a social system« (S. 463). Die ›Interaktion‹ oder besser der Zusammenhang von Rolle und Persönlichkeit bedeutet inhaltlich etwas anderes als die Interaktion oder soziale Beziehung zwischen mehreren Individuen: Die Rolle z. B. des Schülers *konstituiert* sich erst in der Interaktion mit Lehrern, Mitschülern und Eltern und kann deshalb von einem sozialpsychologischen Ansatz, der diese Interaktion nicht mit an erster Stelle thematisiert, auch nicht erfaßt werden.

Der ›conceptual framework‹ von Getzels ist also für eine sozialpsychologische Theorie der Schule nur sehr bedingt geeignet, weil er lediglich einige Begriffskategorien entwickelt, mit denen zwar konkrete Probleme geortet (S. 466ff.), aber doch nicht zu einer Lösung aufbereitet werden können, in der auch die praktisch-politischen Implikationen Platz finden. Allerdings fallen andere noch hinter ein solches Ergebnis zurück und erreichen nicht einmal die begriffliche Konsistenz, die bei Getzels immerhin vorhanden ist. Backman und Secord beispielsweise gehen von ähnlichen – auch wieder bei Parsons entlehnten – Konzepten aus, nämlich soziales System, Kultur und Persönlichkeit, deren Interdependenz sie nahezu ganz unterschlagen, und die sie nur selten zu den im übrigen angeschnittenen Fragen in Beziehung setzen.[33] Sie versuchen möglichst viele sozialpsychologische Begriffe und Einzeluntersuchungen im Bereich der Schule darzustellen, um, so das erklärte Ziel, den Leser zu befähigen, »Erziehungsprozesse aus der Sicht des Sozialpsychologen zu beurteilen«. (S. 9). Diese ›Sicht‹ erschöpft sich in den drei erwähnten Begriffen, und Kriterien für die Beurteilung fehlen ganz, so daß Backman und Secord nicht einmal ihrem eigenen Anspruch gerecht werden können; ein Beitrag zu einer Theorie der Schule darf so von ihnen nicht erwartet werden.

Leider sind die bislang angesprochenen Tendenzen symptomatisch für die Sozialpsychologie von Schule und Erziehung, wie auch ein neuer Sammelband zeigt: Unter der Überschrift »theoretical approaches« wird darin zuerst ein auf dem obigen Schema basierender Aufsatz von Getzels und Thelen abgedruckt, dann folgt von Argyle eine »analysis of the behaviour of an interactor« ohne jeden Bezug auf Schule, und schließlich liefert Gage eine knappe Analyse von Instruktionsmethoden.[34] Am gravierendsten ist hier sowie bei Backman/Secord und auch bei Getzels der Mangel an einer präzisen *theoretischen* Fundierung, der durch die Etikettierung von Begriffsschemata, allgemeinen Verhaltensanalysen und anderen Scheinäquivalenten *als* theoretisch nicht verdeckt wird. Wenn die weiter oben begründeten Annahmen, daß Sozialisation sich immer in und durch Interaktion vollzieht, und daß die Hauptprobleme der heutigen Schule Probleme der Sozialisation sind, als richtig unterstellt werden, dann kann eine sozialpsychologische Theorie der Schule nur als *Interaktionstheorie schulischer Sozialisation* erfolgreich sein. Gerade dies leisten die erwähnten Autoren nicht, und es wird deshalb die Aufgabe der folgenden Kapitel sein, eine derartige Theorie in ihren wichtigsten Elementen zu konzipieren.

Einige Andeutungen dazu, die aber aus gleich noch darzulegenden Gründen auch nur Fragmente sind, finden sich zuletzt bei Guskin und Guskin, die »Schule, Unterricht und Erziehung stets im konkreten Zusammenhang historisch gewordener gesellschaftlicher und politischer Verhältnisse betrachten«[35] und damit eine Intention verfolgen, die in der Einleitung schon mehrfach angesprochen wurde. Ebenfalls im Vordergrund stehen bei ihnen die Interaktionen zwischen Lehrern und Schülern sowie deren Auswirkungen (S. 46ff.), die jedoch ohne Bezug auf schulische Sozialisation abgehandelt werden. Aussagen über die »Funktion der Schule im Sozialisationsprozeß« (S. 106ff.) werden also nicht aus den Interaktionsbedingungen der Institution Schule abgeleitet und sind außerdem sehr stark an der rollentheoretischen Sozialisationsauffassung orientiert, für die der Erwerb von Fähigkeiten zu einer passiv-adaptiven Rollenübernahme grundlegend ist.

Auch in anderen wichtigen Passagen verwenden Guskin und Guskin die Rollentheorie als einen sozialpsychologischen Ansatz »zur Beschreibung menschlichen Verhaltens« (S. 13) sehr unreflektiert, weil sie, ohne damit einer späteren ausführlicheren Kritik des Rollenkonzepts am Beispiel der Lehrerrolle vorgreifen zu wollen, so nur die positionell-normativen Handlungsbedingungen berücksichtigen können, die doch etwa durch die Wirkung von Bezugsgruppen erheblich modifiziert werden.[36] Unter diesen nur knapp angedeuteten Gesichtspunkten machen die Ausführungen von Guskin und Guskin insgesamt wiederum auf die Notwendigkeit aufmerksam, in einer sozialpsychologischen Theorie verschiedene sozialisations- und schultheoretische Ansätze zu verbinden, weil erst dann die Bedingungen und Wirkungen schulischer Interaktionsprozesse in ihrer Komplexität greifbar werden.

Anmerkungen:

1 Vgl. ausführlicher zu diesen Entwürfen H. Heiland, Zur Theorie der Schule. In: Die Deutsche Schule 64 (1972), S. 431–451.
2 E. Marschelke, Auf dem Weg zu einer Metatheorie der Schule. In: Bildung und Erziehung 26 (1973), S. 201–212.
3 E. Reimers, zit. bei W. Kramp, Studien zur Theorie der Schule. München 1973, S. 19. Zur wissenschaftstheoretischen Diskussion innerhalb der Pädagogik im allgemeinen vgl. D. Ulich (Hrsg.): Theorie und Methode der Erziehungswissenschaft. Weinheim 1972.
4 H. Heiland, a.a.O.; im folgenden nur mit Seitenzahlen zitiert.
5 E. Marschelke, a.a.O.; im folgenden nur mit Seitenzahlen zitiert.
6 Vgl. dazu den Überblick bei W. Kramp, a.a.O., S. 9ff.
7 Zur Darstellung und Kritik dieses Ansatzes siehe F. Huisken, Zur Kritik bürgerlicher Didaktik und Bildungsökonomie. München 1972, S. 175ff.
8 So der Titel eines Beitrages von P. Fürstenau in dem Sammelband: Zur Theorie der Schule. Weinheim 1969.
9 Zum folgenden W. Kramp, a.a.O., S. 25ff.
10 Ebd., S. 27ff.; hier werden auch Originalquellen und Beispiele angeführt.
11 D. Ulich, Probleme und Möglichkeiten erziehungswissenschaftlicher Theorienbildung. Einführung in: Theorie und Methode der Erziehungswissenschaft, a.a.O., S. 20.
12 W. Schulz, Umriß einer didaktischen Theorie der Schule. In: P. Fürstenau u. a., Zur Theorie der Schule. Weinheim 1969; im folgenden nur mit Seitenzahlen zitiert.
13 Titel eines Aufsatzes von H. Roth. In: Die Deutsche Schule 61 (1969), S. 520–536.
14 W. Kramp, a.a.O., S. 81.
15 Ebd., S. 83f.
16 W. Klafki u. a., Erziehungswissenschaft (Funk-Kolleg). Frankfurt 1970. S. 156 (Hervorhebungen nicht übernommen).
17 Einen gelungenen Versuch in diese Richtung unternimmt P. Fürstenau, Neue Entwicklungen der Bürokratieforschung und das Schulwesen. In: Zur Theorie der Schule. Weinheim 1969.
18 H.-U. Peter, Die Schule als soziale Organisation. Weinheim 1973; im folgenden nur mit Seitenzahlen zitiert.
19 Von den zahlreichen Schriften T. Parsons' sei hier nur eines der Hauptwerke genannt: The Social System. Glencoe 1951; zu N. Luhmann vgl. besonders die Aufsatzsammlung Soziologische Aufklärung. Köln und Opladen 1970.
20 J. Feldhoff, Schule als Ordnungssystem. Münster 1965 (hektogr. Manuskript), zit. nach K. Fingerle, Funktionen und Probleme der Schule. München 1973, S. 46ff.
21 Vgl. etwa T. Parsons, On the Concept of Political Power. In: Sociological Theory and Modern Society. New York 1967.
22 K. Fingerle, a.a.O., S. 56f.
23 Ebd., S. 101; im folgenden nur noch mit Seitenzahlen zitiert.
24 K. Ulich, Soziale Systeme als Bezugssysteme für soziales Handeln. Frankfurt 1972, S. 117.
25 N. Luhmann, a.a.O., S. 115 (Hervorhebung von mir, K. U.).

26 Vgl. K. Ulich, a.a.O., S. 112ff.

27 K. Wöhler, Zur Soziologie der Schule. In: I. Girschner-Woldt u. a., Soziologie für Pädagogen. Stuttgart 1973, S. 142f.; im folgenden nur mit Seitenzahl zitiert.

28 Zum Einfluß z. B. der Unternehmer vgl. M. Baethge, Ausbildung und Herrschaft. Frankfurt 1970; F. Nyssen, Schule im Kapitalismus. Köln 1970.

29 D. Ulich, Gruppendynamik in der Schulklasse. München 1974[4], S. 89; im folgenden nur mit Seitenzahl zitiert.

30 J. W. Getzels, A Social Psychology of Education. In: G. Lindzey und E. Aronson (Hrsg.): The Handbook of Social Psychology, Vol. V. Reading 1969, S. 519.

31 Vgl. zur Kritik an der These der ›kulturellen Ungleichheit‹ N. Bisseret, Soziale Klasse und Wissen. In: G. Széll (Hrsg.): Privilegierung und Nichtprivilegierung im Bildungssystem. München 1972. Bisseret betont, »daß die wirtschaftliche Macht eine Bedingung für die Aneignung des institutionalisierten Wissens ist« (S. 91), das sich in kulturellen Unterschieden nur äußert.

32 Vgl. J. W. Getzels, a.a.O., S. 523; im folgenden nur mit Seitenzahl zitiert.

33 C. W. Backman und P. F. Secord, Sozialpsychologie der Schule. Weinheim 1972.

34 In: A. Morrison und D. McIntyre (Hrsg.): The Social Psychology of Teaching. London 1972.

35 J.-J. Koch in seiner Vorbemerkung zur deutschen Ausgabe von A. E. Guskin und S. L. Guskin, Sozialpsychologie in Schule und Unterricht. Ulm 1973, S. 8; im folgenden werden nur die Seitenzahlen zitiert.

36 Vgl. K. Ulich, a.a.O., S. 39f.

Bedingungen schulischer Sozialisation

Die Struktur dieses wichtigsten und deshalb auch umfangreichsten Kapitels der ganzen Arbeit soll vorab kurz erläutert werden. Im ersten Abschnitt werden einige theoretische und methodologische Vorfragen gestellt, die dringend einer Klärung bedürfen, um die folgende Analyse der Sozialisationsbedingungen in ihrer Problemstellung transparent zu machen. So muß etwa die Bedeutung der Schule als Sozialisationsinstitution mit der Frage angesprochen werden, welche spezifische Sozialisationsleistung sie – im Unterschied zu anderen Institutionen – überhaupt erbringt. Am Beispiel einer empirischen Untersuchung lassen sich ferner die methodologischen Probleme und Möglichkeiten der Sozialisationsforschung in diesem Bereich deutlich machen.

Für die nächsten beiden Teile ist die früher eingeführte Unterscheidung zwischen Bedingungen *in* und *von* Interaktion konstitutiv. Der zweite Abschnitt behandelt die Faktoren, die innerhalb der schulischen Interaktionsprozesse selbst liegen; hier spielen vor allem die Beziehungen der Schüler in der Schulklasse und in anderen Gruppierungen sowie die Interaktionen zwischen Schüler und Lehrer eine bedeutsame Rolle. Die Sozialisationswirkung dieser Interaktionen kann unter den Aspekten von Macht, Wahrnehmung und Kommunikation näher geklärt werden. Jene Faktoren, die außerhalb der unmittelbaren Interaktion liegen, jedoch ihren Verlauf wesentlich bestimmen, sind dann Gegenstand des dritten Abschnitts; politische Ziele, Lehrinhalte, Schulsystem und Unterrichtsorganisation beeinflussen das Verhalten von Schülern und Lehrern, ihre Einstellungen und gegenseitigen Erwartungen. Veränderungen in diesen Bedingungen, die im Rahmen der Schulreform geplant oder schon realisiert sind, führen deshalb auch zu anderen Sozialisationsergebnissen, was an einigen Beispielen dargestellt werden kann. Von besonderem Interesse ist dabei die Verbindung von Zielen, Inhalten und Lehrmethoden im Kontext der Curriculumforschung und -planung, die auf Grund ihres direkten Einflusses auf schulische Interaktion als zentrale Sozialisationsstrategie gelten muß.

I. Theoretische und methodologische Vorfragen schulischer Sozialisationsforschung

Theorienbildung und empirische Forschung im Bereich der Schule sind in ihrer wissenschaftlich-praktischen Relevanz ganz entscheidend von dem jeweils zugrunde gelegten Konzept von Schule bestimmt. Wie ich im letzten Kapitel versucht habe zu zeigen, liegt eine der größten Schwächen der Schultheorien eben in dem verwendeten Schulbegriff: Weder Anläufe, das Wesen der Schule zu ergründen, noch Ansätze, in denen Schule als Organisation oder als soziales System aufgefaßt wird, sind weit und zugleich präzise genug, um alle sozialen Prozesse innerhalb der Schule adäquat darzustellen. Jede der genannten Perspektiven ist zu eng für die tatsächliche Komplexität des Geschehens und leidet zudem meist noch unter ideologischen Verzerrungen, die durch einseitige Betonungen spezifischer Zwecksetzungen entstehen. Ein alternatives Konzept ist nicht leicht zu finden und doch unbedingt notwendig, will man die Einseitigkeiten der diskutierten Schultheorien vermeiden; den Anfangspunkt dazu bieten frühere Argumente, auf die jetzt zurückgegriffen werden kann.

Das Geschehen in der Schule, besonders in der nach der Tendenz vorliegender Pläne reformierten Schule, läßt sich am besten als Sozialisation charakterisieren. Sozialisation wiederum ist ein Interaktionsprozeß, dessen Inhalt und Verlauf bei den Beteiligten Konsequenzen in bezug auf ihr Verhalten und ihre Einstellungen auslöst. Damit ist Sozialisation immer auch ein Handlungsvorgang oder, was vor allem für die Schule gilt, immer *interaktives Erziehungshandeln.* Die Komponenten dieses Handelns sind: »die Intention des Handelnden, Selbstbild und Fremdbild, Handlungs-Medien, institutionalisierte Handlungsregeln.«[1] Als Elemente theoretischer und empirischer Schulanalyse sind solche Handlungskomponenten freilich noch nicht hinreichend, weil sich aus ihnen allein kein Konzept von Schule ableiten läßt. Ihre Interdependenz wird vielmehr erst sichtbar, und ihre Konkretisierung ist erst möglich, wenn ein übergeordneter theoretischer Begriff zur Verfügung steht, der eine spezifische Perspektive von Schule impliziert. Hierfür bietet sich die Konzeption des pädagogischen Feldes an, und im folgenden werde ich *Schule als pädagogisches Feld* verstehen, was nun näher erläutert werden muß:[2]

Wie jedes pädagogische Feld ist auch die Schule ein abgrenzbarer *Sinnzusammenhang,* der den Bereich des Faktischen und Möglichen in bestimmter Weise ordnet; die Funktion von Sinn liegt also in einer Reduktion von Komplexität, die durch Intersubjektivität bzw. konkreter durch Interaktionen bewirkt wird, worauf eben der Feldbegriff hinweist. Der Sinn des pädagogischen Feldes darf nun aber nicht als in diesem Feld selbst produziert gelten, sondern, und darin liegt ein gewichtiges Argument gegen eine auf idealistischen Annahmen aufgebaute Pädagogik, er muß in seinen historischen Entstehungszusammenhang eingefügt werden: »Der Sinn eines pädagogischen Feldes konstituiert sich im Zusammenhang derjenigen gesellschaftlichen Bedingungen, die dieses Feld begrenzen und dadurch die Orientierungs- und Handlungsspielräume bestimmen« (S. 29). So müssen etwa Sinnverschiebungen innerhalb der Schule auf Veränderungen in der sozioökonomischen Struktur und auf entsprechende Interpretationen politischer Gruppierungen zurückgeführt werden.

Für eine sozialwissenschaftliche Theorie kommt es jedoch demgegenüber gerade darauf an, als Basis ihrer Kritik am aktuellen Geschehen in pädagogischen Feldern einen Sinnzusammenhang anzunehmen, »der durch Herrschaftsverhältnisse nicht schon vorweg auf begrenzte faktische Spielräume reduziert wird« (S. 30). Dazu bedürfen die Besonderheiten des pädagogischen Feldes einer präziseren Benennung:

1. »Jedes pädagogische Feld ist sinn-*konstituierend*« (S. 30), weil durch die bei Heranwachsenden immer nur partielle Übereinstimmung von Bedürfnisdispositionen einerseits und pädagogischen Reaktionsmöglichkeiten andererseits ein Spielraum für subinstitutionelles, Sinn erst schaffendes Handeln entsteht. Schulische Sozialisationsforschung und -theorie darf sich deshalb nicht nur auf die normativ vorgegebenen Verhaltensmuster und Einstellungsstrukturen richten, sondern muß auch die zwischen ihnen liegenden und sie modifizierenden, eher spontanen Interaktionen einbeziehen. Bei der Diskussion organisationssoziolo-

gischer Schultheorie wurde dies mit dem Hinweis auf informelle Beziehungen innerhalb von Schule und Schulklasse schon angedeutet.

2. Weiter ist jedes pädagogische Feld sinn-*tradierend* (S. 31), d. h., die Konstitution von Sinn wird dadurch begrenzt, daß in vorgegebene Definitionen der Erziehungsaufgabe relativ invariante Bestimmungen eingehen, die sich z. B. auf die Festlegung der Rollen der am Erziehungsprozeß Beteiligten beziehen. Dabei darf allerdings nicht die Möglichkeit übersehen werden, langfristig diese Bestimmungen zu verändern – was in Schulreformplänen ja auch zum Teil angestrebt wird – bzw. sie von anderen Erziehungszielen her neu vorzunehmen.
3. Schließlich »ist das pädagogische Feld auch sinn-*erschließend.* Der Sinn von Handlungszusammenhängen muß dem Educandus einsichtig gemacht werden« (S. 31). Diese Funktion des pädagogischen Feldes zielt letztlich darauf ab, Kinder und Jugendliche zur Teilnahme an *anderen* sozialen Feldern zu befähigen, um ihnen so eine Vorstellung von der Komplexität der gesamten Sozialstruktur zu vermitteln. Für die Schule muß auch hier kritisch gefragt werden, welche Handlungszusammenhänge in ihrer Sozialisation relevant sind und welche Beteiligungsmöglichkeiten sie dadurch fördert oder verhindert; auf diesen Punkt ist bei der Diskussion einer weiteren Vorfrage gleich noch näher einzugehen.

Die Konzeption des pädagogischen Feldes, wie sie hier nach Mollenhauer skizziert wurde, und meine sich daran anschließende Auffassung der *Schule* als sinnkonstituierendes, -tradierendes und -erschließendes pädagogisches Feld beanspruchen nicht, als Theorie der Erziehung bzw. der Schule an sich zu gelten. Sie bieten aber eine bestimmte Perspektive an, deren Kern, nämlich Konstitution von Sinn als Bedingung und Folge von Interaktion, zugleich das Gerüst einer interaktionsorientierten Sozialisationstheorie bildet. Die Projektion dieses Gerüstes auf die Sozialisation in der Schule ist die einzige Möglichkeit, die sachlich notwendige Verbindung von Sinnkonstitution, Interaktion und eben Sozialisation zu leisten und damit Schul- und Sozialisationstheorie auf dieser Basis zu integrieren; der Begriff der Schule als pädagogisches Feld erweist sich deshalb als präziser und sachlich adäquater als andere Konzepte, deren einseitige Festlegungen er vermeiden kann.

Während die letzten Überlegungen gleichermaßen die Sinnkonstitution – durch gesellschaftliche Bedingungen – *des* pädagogischen Feldes Schule und die eben unter (1.) angesprochene Konstitution von Sinn *in* der Schule betreffen, sind jetzt diese Bedingungen des Feldes an sich zu thematisieren. Eine weitere wichtige Vorfrage bezieht sich also auf den erwähnten *Entstehungszusammenhang* und auf die von ihm abhängige spezifische *Leistung* der Schule.

Ohne hier eine detaillierte historische Analyse entfalten zu können, sei allgemein festgestellt, daß die Vergesellschaftung der Erziehung und somit auch die Entstehung der Schule eine unmittelbare Konsequenz der zunehmenden gesellschaftlichen Arbeitsteilung ist.[3] Hierin liegt zwar das Konstitutions-, nicht aber das inhaltliche Gliederungsprinzip der Schule: Nicht für jede gesellschaftliche Arbeit, für jeden Beruf entstand eine Schule, sondern um die allgemeinen, im Verlauf der Industrialisierung steigenden Voraussetzungen fast aller Berufe durch eine Art von ›Grundbildung‹ zu schaffen. Neben dieser mehr qualifikationsorientierten Aufgabe hatte und hat die Schule heute in steigendem Ausmaß eine sozial-kulturelle Aufgabe, nämlich *Sozialisation* zu leisten. Danach ist die Schule in der historischen Dimension

»eine späte gesellschaftliche Ausgliederung zur Unterstützung des familiären Sozialisationsvorganges, sobald die Kulturmuster einen solchen Differenzierungsgrad erreicht haben, daß die Primärgruppen in ein Tradierungsgefälle geraten und dadurch soziale Minimalvereinbarungen gefährden.«[4] Diese Aussage muß jedoch für die jetzigen Verhältnisse schichtenspezifisch relativiert werden; die Schule kann familiäre Sozialisation nur dort unterstützen und verlängern, wo zwischen ihr und der Familie weitgehende Übereinstimmung bezüglich der Erziehungsziele und -praktiken – oder: bezüglich der Sinntradierung – besteht, also beide Institutionen schichttypisch homogen sind. Insofern muß die Leistung der Schule je nach sozialer Herkunft und Schichtzugehörigkeit der Schüler, aber auch je nach Schulart differenziert beurteilt werden.

Ähnliches gilt für das folgende Argument, das die Bedeutung schulischer Sozialisation mit dem Hinweis auf die für Kinder zunehmende Dysfunktionalität altersheterogener Gruppierungen aufwerten möchte; in den erst durch die altersmäßig gegliederte Schule möglich gewordenen altershomogenen Gruppen liegt, so wird behauptet, eine Vergrößerung der Freiheit für die Jugendlichen.[5] Auch hier muß die Sozialschichtung als intervenierende Variable berücksichtigt werden, weil solche Gruppen meist auch schichtenhomogen zusammengesetzt sind und ihre Wirkungen deshalb ebenso auf den Faktor Schicht wie auf den Faktor Alter zurückgeführt werden müssen. Im übrigen ist es durchaus fraglich, ob die Sozialisationsleistung altershomogener Gruppen heute überhaupt noch so positiv bewertet werden kann; das partielle Abrücken von dem Prinzip der Jahrgangsklassen in der Schule scheint jedenfalls dagegen zu sprechen.

Eine genauere Antwort auf die Frage, was Schule als Sozialisationsinstanz leistet, fehlt freilich noch und kann auch nur von diesem und dem nächsten Kapitel insgesamt erwartet werden; die bisher formulierten Andeutungen dafür dürften aber deutlich machen, daß selbst eine ganz allgemeine Einschätzung der Schule, um die es mir hier zunächst geht, höchst unterschiedlich ausfällt. Die Meinungen schwanken zwischen starker Überbewertung, wie sie etwa in Schelskys Auffassung der Schule als wichtigstem Chancenverteiler zum Ausdruck kommt, und dem aus einer ganz anderen Sicht begründeten Postulat nach totaler Abschaffung der Schule, wie es etwa Illich vertritt, der damit wieder jene Pädagogen und Politiker auf den Plan ruft, die sich von einem Ausbau der Schule bis hin zur Ganztagsschule einerseits und zur umfassenden Vorschule andererseits bessere Leistungen und/oder einen Ausgleich schichttypischer Sozialisationsdifferenzen erwarten.

Allen drei Positionen ist gemeinsam, daß sie jene Dimension nicht berücksichtigen, die für die Entstehung der Schule unabdingbar ist und auch ihren heutigen Stellenwert weitgehend bestimmt: die gesellschaftliche Arbeitsteilung, der Grad kultureller Differenzierung, oder allgemeiner die Komplexität der sozio-ökonomischen Gesamtstruktur. Unter diesem Gesichtspunkt wurde *früher* zu Recht auf einen Funktionsverlust der Familie und auf einen entsprechenden Funktionsgewinn der Schule hingewiesen, während *heute* viele gesellschaftliche Teilstrukturen oder soziale Felder so komplex entwickelt sind, daß die Erschließung ihres Sinnes und damit die Chance zur Teilhabe an ihnen nicht mehr nur von Schule und Familie geleistet werden kann. Deshalb trifft heute auf die Schule zu, was früher für die Familie galt und noch gilt: »Es ist . . . gar nicht mehr möglich, alle für das Heranwachsen wichtigen Erfahrungen und Lernleistungen in einer einzigen Institution zu organisieren«.[6]

Die Diskussion um die allgemeine Sozialisationsleistung der Schule ist mit diesen vorbereitenden Bemerkungen weit genug geführt, um gleich eine weitere Frage anzuschließen: Welche Variablen bestimmen den *Verlauf* schulischer Sozialisation, und wie werden diese Variablen systematisch in *Modellen* dargestellt? Diese Frage läßt sich kritisch nur beantworten, wenn man sie in den Rahmen einer Diskussion über Ziel- und Erkenntnisinteresse schulischer Sozialisationsforschung stellt: Annahme und Auswahl von Sozialisationsfaktoren, ihre empirisch-methodologische Erfassung, ihre Gewichtung und Darstellung sind abhängig von den impliziten und expliziten Intentionen und Interessen des jeweiligen Wissenschaftlers. So kann beispielsweise gefragt werden, »welche Variablen des Sozialisationsprozesses in Rechnung zu stellen sind, um Defizite des Schulsystems erklären zu können«.[7] Solche Zielformulierungen finden sich allerdings recht selten, obwohl das genannte Beispiel noch keineswegs sehr spezifische Interessen erkennen läßt. Sehr häufig wird ganz darauf verzichtet, den eigenen Standort als solchen auszuweisen und zu begründen, was nun noch exemplarisch gezeigt werden kann; bei der folgenden Darstellung von Faktorenzusammenhängen kommt es aber auch entscheidend auf inhaltliche Gesichtspunkte an, die die Sozialisation in der Schule determinieren.

Für die Analyse der Sozialisation in Organisationen, zu denen hier auch die Schule zu zählen ist, schlägt Wheeler einen allgemeinen Bezugsrahmen vor:[8]

		Intervening Mechanismus		
		Organizational	Individual	
Independent Variables →	Norms	Capacity to present clear norms	Capacity to learn the norms	← Socialization Outcomes
	Performances	Capacity to provide performance opportunities	Capacity to perform	
	Rewards, Sanctions, Motives	Capacity to selectively reward performance	Motivation to perform	

Dieses Schema ist, so formal es zunächst auch aussieht, eindeutig auf eine system- bzw. organisationsadäquate und -immanente Sozialisation bezogen; die vom Standpunkt der Organisation günstigsten Sozialisationsergebnisse stellen sich nach Wheeler dann ein, wenn sich die einzelnen ›Fähigkeiten‹ von Organisation und Mitglied möglichst gut entsprechen.[9] Die Fähigkeit, Normen der Organisation zu lernen, sowie die Fähigkeit und Motivation zur Leistung werden als *unmittelbare Folgen* entsprechender ›Fähigkeiten‹ der Organisation abgeleitet, ohne daß die meist gleichzeitige Wirkung anderer Sozialisationsinstanzen und die unterschiedlichen individuellen Sozialisationsbedingungen auch nur angedeutet werden.

Diese und auch noch andere Mängel werden schnell offenkundig, wenn wir den Bezugsrahmen auf die Schule übertragen. Als unabhängige Variablen müßten dann die Reflexion sozio-ökonomischer Faktoren durch die Familie und damit die vorschulischen Erfahrungen und – schichtspezifisch verteilten – Fähigkeiten der Schüler berücksichtigt werden, und als intervenierende Variablen auf seiten der Organisation müßten zumindest deren Macht- und Kommunikationsstrukturen sowie die institutionelle Abhängigkeit von anderen Entscheidungsinstanzen einbezogen werden. Aber selbst dann wäre die Schule immer noch weitgehend ›black box‹, weil die in ihr ablaufenden (Sozialisations-)Prozesse nicht allein von den unabhängigen und intervenierenden Variablen her erklärt werden können, sondern, dies geht bei Wheeler's Schema ganz verloren, zuallererst auf das Verhalten und die Interaktionen zwischen Lehrern und Schülern zurückzuführen sind. Einige Bedingungen dieser Interaktion sind zwar in den anderen genannten Faktoren impliziert, bleiben aber quantitativ wie qualitativ höchst unzureichend geklärt, wie der anschließende Vergleich mit einem weiteren Faktorenkatalog zeigen wird. Deshalb kann der Bezugsrahmen von Wheeler auch keine Antwort auf die Frage geben, *wie* die Sozialisationsleistung der Schule ermittelt werden kann, weil er zu wenige Determinanten dieser Leistung überhaupt enthält.

Um einiges differenzierter ist hier der Vorschlag von Weinert, der »die Sozialisationswirkung der Schule im allgemeinen und in spezieller Hinsicht abschätzen« will und dazu folgende Fragen formuliert:[10]

»(1) Wie groß ist der Varianzanteil schulischer Merkmale an definierten Sozialisationseffekten im Vergleich zu außerschulischen Sozialisationsbedingungen, und wie groß sind die Interaktionseffekte zwischen beiden Varianzquellen bei verschieden definierten Schülergruppen?
(2) Wie groß ist der Varianzanteil von Merkmalen des Schulsystems bzw. der Schulorganisation an definierten Sozialisationseffekten?
(3) ... der Lehrinhalte und der Lehrziele ...
(4) ... der Unterrichtsorganisation ...
(5) ... der Lehrerpersönlichkeit bzw. des Lehrerverhaltens ...
(6) .... schulischer peer groups ...
(7) Wie groß ist der Varianzanteil an definierten Sozialisationseffekten, der sich aus der Wechselwirkung von außerschulischen Bedingungen – Schulorganisation/Curriculum / Unterrichtsorganisation / Lehrerverhalten / peer group und Merkmalen der Schülerpersönlichkeit ergibt?«

Zu Recht macht Weinert mit der ersten Frage klar, daß bestimmte Sozialisationswirkungen immer nur *zum Teil* auf schulische Bedingungen zurückgehen, und daß zwischen schulischen und außerschulischen Bedingungskomplexen Interdependenzen und Überschneidungen vorliegen. Antworten auf diese und die anderen Fragen kann er freilich nur exemplarisch offerieren, denn »es gibt gegenwärtig keine Theorie, die diese Fragen in ein formalisiertes Netzwerk systematischer Aussagen und Hypothesen transformiert hätte« und »... keine empirischen Untersuchungen, in denen der Problemkontext umfassend thematisiert wurde.«[11]

So richtig diese Einschätzung einerseits ist, so wenig darf sie andererseits dazu verleiten, beim Fragestellen stehen zu bleiben, wie es Weinert tut, zumal diese Fragen noch ein gutes Stück vom Kern des Problems entfernt sind. Es ist nämlich garnicht möglich, den Varianzanteil etwa von Merkmalen der Unterrichtsorganisation an bestimmten Sozialisationseffekten eindeutig festzustellen, weil die Wirkungen dieses wie auch der anderen Faktoren kaum voneinander isoliert werden können, und weil vor allem die Wirkung weniger unmittelbar als vielmehr durch weitere Bedingungen *vermittelt* zur Geltung kommt. Dies muß begründet werden.

Die Fragen von Weinert lassen sich in folgendem Schema darstellen:

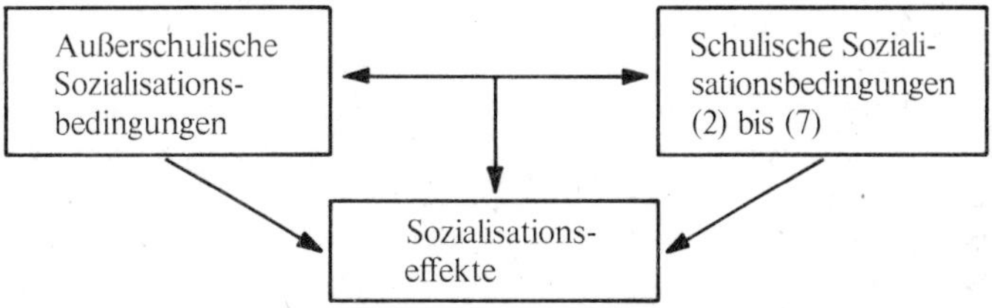

Hier wird, wie schon bei Wheeler, eine zu einfache Variablenbeziehung unterstellt, in der der eigentliche Sozialisationsvorgang keinen Platz findet. Demgegenüber muß betont werden: Alle bisher genannten Bedingungen schulischer Sozialisation wirken sich besonders in und durch *Interaktion* aus und werden durch weitere Bedingungen modifiziert, die im Interaktionsprozeß selbst liegen, was insgesamt zu einem erheblich komplexeren Schema führt:

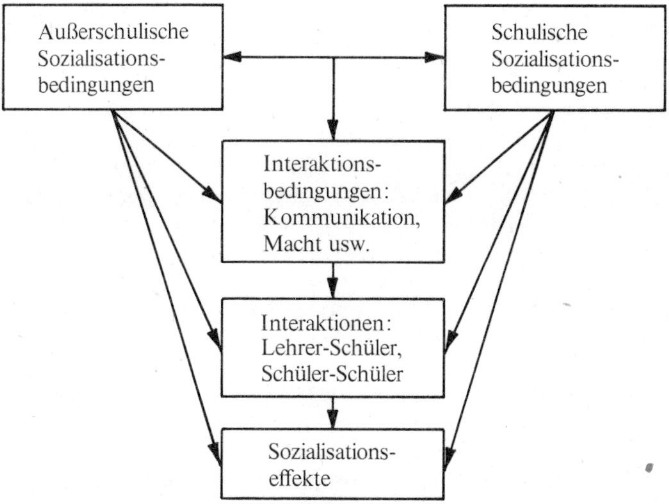

Die *inhaltliche* Beschreibung der wichtigsten Sozialisationsbedingungen – Bedingungen von Interaktion – und der Bedingungen in der Interaktion sowie ihrer jeweiligen Wirkungen ist im weiteren Verlauf dieses Kapitels noch zu leisten; dabei werden auch die meisten der von Weinert genannten Faktoren hinsichtlich ihres Stellenwertes in unserem Schema diskutiert.

Jetzt muß noch kurz auf das Problem des in seinen Fragen implizierten Erkenntnisinteresses eingegangen werden, auch wenn sich bei ihm eine explizite Formulierung dazu nicht finden läßt. Weinert erwähnt zwar, »wie das Schulsystem geändert werden muß, um intendierte Sozialisationseffekte maximieren zu können.« Aber »diese Formulierung ist methodisch gemeint; sie vernachlässigt die damit verbundenen politischen, ethischen und pädagogischen Probleme«.[12] Eine Theorie schulischer Sozialisation muß sich aber gerade *diesen* Problemen stellen, was früher schon öfters betont wurde, und deshalb wird weiter unten auch eine Auseinandersetzung mit den politischen Zielbestimmungen von Schule und Schulreform erfolgen. Wenn Weinert und viele andere sich darauf nicht einlassen, dann verbinden sie nicht *kein* Interesse mit ihrer Arbeit, sondern sie überlassen Interpretation und Verwendung ihrer Ergebnisse denjenigen, die entsprechende Entscheidungen treffen. Diese Feststellung impliziert keine Wertung oder gar Abwertung; sie soll aber aufmerksam machen auf die gesellschaftspolitische Bedeutung und Verwertbarkeit von wissenschaftlichen Aussagen im Bereich von Sozialisation und Bildung.

Nach diesen eher theoretisch-begrifflichen Vorüberlegungen möchte ich jetzt auf die *Methodologie* schulischer Sozialisationsforschung eingehen, wobei selbstverständlich einige der bisherigen Argumente wieder aufgegriffen werden müssen, um den Zusammenhang von Theorie und Methode herzustellen; der Analyse und Kritik einer empirischen Untersuchung schließt sich eine Diskussion methodischer Probleme und Alternativen an.

In einer Längsschnittstudie untersuchten Himmelweit und Swift die Sozialisationswirkung von Familie und Schule in Abhängigkeit von der sozialen Schicht und der Art der Schule; dazu wählten sie in London je eine ›secondary modern school‹ und eine ›grammar school‹ in einem Arbeiter-, einem Mittelschicht- und einem gemischten Wohnviertel aus.[13] Daten über die Schüler wurden aus Persönlichkeits-, Einstellungs- und Intelligenztests sowie – elf Jahre später bei denselben Versuchspersonen – zusätzlich aus Fragen über Schul- und Berufslaufbahn gewonnen. Das Ergebnis der Untersuchung, und deshalb habe ich sie bewußt ausgewählt, widerspricht vielen anderen Erkenntnissen aus diesem Bereich: »The results of the study were clear and pointed to the dominant influence of the school. Information about the type of school a child attends enables better prediction of his behavior, outlook, values and attainments than does information about his I. Q. or his family's social background« (S. 157). Den ›Beweis‹ hierfür sehen die Verfasserinnen vor allem in den Daten einer Tabelle (S. 167), die deshalb auszugsweise wiedergegeben werden soll (s. nächste Seite).

Die dominierende Wirkung der Schule scheint sicher belegt zu sein; während die Absolventen der ›grammar school‹ zu 87% einen Mittelschichtberuf ausüben, und die unterschiedliche soziale Herkunft hier kaum eine Rolle spielt (89% versus 84%), sind die Absolventen der ›secondary modern school‹ nur zu einem Drittel in Mittelschichtberufen tätig, wobei dies allerdings durch eine analoge Herkunft deutlich gefördert wird (51% versus 30%). Zur Begründung wird ein Vergleich zwischen den beiden Schultypen angestellt: Im Gegensatz zur ›secondary modern school‹ findet in der ›grammar school‹ eine viel intensivere Förderung und Selektion statt, so daß hier die relativ geringe Leistungsmotivation der Kinder aus der Arbeiterschicht ausgeglichen werden kann (S. 168f. und 177f.).

»Percentage distribution of occupational level of subject at age 25 by social class of father within type of school:«

Social Class of Father Within Type of School	Occupational Level of Subject at Age 25	
	Middle	Working
Grammar		
Middle Class	89	11
Working Class	84	16
Total	87	14
Secondary Modern		
Middle Class	51	49
Working Class	30	70
Total	33	67

Um zu zeigen, daß Himmelweit und Swift damit die Sozialisationsleistung der Schule weit überschätzen, möchte ich neben einem Hinweis auf viele Resultate schichtspezifischer Sozialisationsforschung, in denen die eher perpetuierende Rolle der Schule im Zirkel des Sozialisationsprozesses deutlich wird[14], drei Einwände formulieren:

1. Der verwendete *Schichtbegriff* wird an keiner Stelle näher expliziert; es bleibt offen, ob die ›social class of father‹ lediglich, wie einmal angedeutet, von der Wohngegend her bestimmt wurde, was allein keinen zuverlässigen Indikator abgibt, oder ob noch andere Faktoren wie Berufsposition, Schulbildung, Einkommen von beiden Eltern berücksichtigt wurden. Nur ein sehr komplexer Schichtindex kann nämlich grobe Verzerrungen bei der Analyse der Wirkung ›unabhängiger‹ Variablen wie der sozialen Herkunft verhindern. So müssen sich Himmelweit und Swift gerade in diesem Punkt methodologische Ungenauigkeit vorwerfen lassen.

2. Ganz vernachlässigt wird von ihnen die Frage, wie die eigentliche *Schulentscheidung* zustande kommt, welche außer- und innerschulischen Faktoren also *vor* Eintritt in die ›grammar school‹ oder die ›secondary modern school‹ die künftige Schullaufbahn beeinflussen. Im Zusammenhang mit der im ersten Punkt angesprochenen unklaren Abgrenzung der sozialen Schicht könnte sich bei einer genaueren Untersuchung herausstellen, daß der hohe Prozentsatz von ›grammar school‹-Absolventen aus der ›Arbeiterschicht‹, die einen Mittelschichtberuf ausüben, nicht das Produkt schulischer Sozialisation ist, sondern wesentlich auf Entscheidungen und Einflüsse der Eltern zurückgeht, die mit einer oberflächlichen Zuordnung zur ›working class‹ nicht erfaßt werden. So wird die einseitige Perspektive von Himmelweit und Swift zumindest dem Umstand nicht gerecht, daß Bildungsentscheidungen für höhere Schulen mehr von der Schulbildung des Vaters abhängig sind, während Entscheidungen für untere Schullaufbahnen stärker durch den Beruf des Vaters bestimmt sind.[15]

3. Am gravierendsten ist schließlich die unzulängliche Beachtung und Analyse *innerschulischer* Sozialisationsbedingungen, die doch den größten Anteil an der Erklärung der Untersuchungsergebnisse haben müßten. Gerade hier begnügen sich

die Verfasserinnen aber mit den schon erwähnten Anmerkungen über unterschiedliche Förderungs- und Selektionspraktiken in beiden Schultypen. Die Annahme, daß die größeren Anforderungen und die stärkere Motivierung in der ›grammar school‹ die in der obigen Tabelle suggerierte ›Chancengleichheit‹ gerade in dieser Schule hinreichend erklären, geht nicht nur an unseren ersten beiden Argumenten vorbei, sondern ist in sich unzulänglich begründet und wirkt deshalb beinahe zufällig. Sie wird mit der noch vageren Behauptung gestützt, »that the strong system (d. h. die ›grammar school‹, K. U.) is more effective than the weak (d. h. die ›secondary modern school‹, K. U.) in reducing the significance of those characteristics that pupils bring with them that are seen as potentially harmful to its objectives« (S. 168). Weder werden diese für die Ziele der Schule angeblich schädlichen Eigenschaften näher beschrieben noch ihre Abschwächung oder Ausschaltung, die ja letztlich eine ›Umsozialisation‹ gerade der Kinder aus der ›working class‹ bedeuten würden. Wenn also, wie Himmelweit und Swift behaupten, der Schule und insbesondere der englischen ›grammar school‹ und ihrer Sozialisation ein so großes Gewicht zukommt, dann kann dies nur durch eine intensive Untersuchung eben innerschulischer Sozialisationsfaktoren belegt werden, die hier jedenfalls nicht geleistet wurde, was die Ergebnisse insgesamt sehr fragwürdig macht.

Damit ist zugleich der entscheidende *methodologische* Einwand angedeutet: Schulische Sozialisationsforschung kann sich keinesfalls darauf beschränken, individuelle Leistungen in Schule und Beruf global auf die Wirkung der Schule zurückzuführen, ohne daß diese Wirkung im einzelnen nachgewiesen wird. Himmelweit und Swift haben sich, abgesehen von dem unspezifischen Schichtbegriff, fast ausschließlichlich auf Tests und Befragungen der Schüler, also auf Sozialisations*effekte* beschränkt; solange aber nicht zugleich erklärt wird, durch welche Sozialisations- und Interaktions*bedingungen* diese Effekte zustande kommen, bleiben derartige Untersuchungen nicht nur in ihrem Begründungszusammenhang, sondern vor allem auch in ihrer praktischen Relevanz unbefriedigend. Zunächst unabhängig von ihrer inhaltlichen Intention sind alle Bestrebungen, *andere* Sozialisationseffekte mit der Schule zu erzielen, in ihrem Erfolg davon abhängig, wie exakt die Entstehungsbedingungen der jetzigen Sozialisationswirkung der Schule erforscht sind, weil sie nur dann auch gezielt verändert werden können. Die Analyse dieser Bedingungen muß deshalb im Zentrum jeglicher Sozialisationsforschung innerhalb der Schule stehen.

Daraus ergeben sich einige methodologisch wie inhaltlich relevante Probleme für die Forschung, die kurz skizziert werden müssen. Jede Bedingungsanalyse kann formal in drei Schritte unterteilt werden: Sie muß jeweils die als unabhängig und die als abhängig angenommenen Variablen sowie den zwischen ihnen bestehenden Zusammenhang bestimmen. Einen möglichen, aber nicht ausreichenden Katalog *unabhängiger Variablen* – von Weinert – habe ich oben zitiert und dabei auch darauf hingewiesen, daß sich die Wirkung von Faktoren schulischer Sozialisation kaum isolieren läßt. In den folgenden Abschnitten dieses Kapitels müssen deshalb die einzelnen Bedingungen anders und umfassender als bisher gerade unter dem Aspekt ihrer wechselseitigen Abhängigkeit dargestellt werden. Eine strikte Trennung schulischer von außerschulischen Bedingungen ist dabei ebensowenig möglich wie eine Trennung zwischen verschiedenen Interaktionsbedingungen.

Abhängige Variable, also Sozialisationseffekte wurden im Zusammenhang mit der zuletzt diskutierten Untersuchung nur peripher angesprochen; ihre genauere Abgrenzung und inhaltliche Beschreibung ist im folgenden paradigmatisch unter der Perspektive der Entstehung und Modifikation von Einstellungen und Verhaltensweisen zu erarbeiten. Methodologisch problematisch ist hier besonders der Schluß von einer spezifischen, empirisch ermittelten Wirkung, etwa einer bestimmten Einstellungsänderung, auf die dazugehörige(n) Ursache(n). Denn es wird in den seltensten Fällen möglich sein, von experimentellen Versuchen abgesehen, eindeutige Aussagen über Ursache-Wirkungs-Beziehungen allein von der Kenntnis abhängiger Variablen her zu machen.

Dies verweist bereits auf das für Sozialisationsforschung überhaupt und speziell in der Schule gravierendste Problem des *Zusammenhanges* zwischen Bedingungen und Folgen von Sozialisation. Weinert hat dazu einige Hypothesen formuliert, die teilweise schon in unseren Überlegungen impliziert sind:

a) »Kontexthypothese: Die Wirkung schulischer Sozialisationsbedingungen hängt nach Art, Ausmaß und Richtung z. T. von synchron oder asynchron wirkenden *außerschulischen* Sozialisationsbedingungen ab (Elternhaus, peer groups, Massenmedien, Zeitgeist).«
b) »Überlappungshypothese: Die Wirkung . . . hängt . . . von der bisherigen *Sozialisationsgeschichte* des Individuums, von seinem Lebensalter und von der damit u. U. korrelierenden Veränderungs- oder Beeinflussungswahrscheinlichkeit der zu sozialisierenden Merkmale ab.«
c) »Interaktionshypothese: Die Wirkung . . . hängt . . . von der Wechselwirkung zwischen den Binnenvariablen des *Schulsystems* und den *Persönlichkeits*variablen der Schüler ab.«[16]

Genaugenommen handelt es sich dabei nicht um Hypothesen, die viel exakter ausgedrückt werden müßten, sondern um die Benennung von *intervenierenden Variablen,* die den Zusammenhang von abhängigen und unabhängigen Variablen vermitteln, modifizieren und komplizieren. Ihre systematische Berücksichtigung im Rahmen einer Theorie schulischer Sozialisation würde eine allgemein gültige Theorie der Sozialisation voraussetzen und kann deshalb hier nicht geleistet werden; so weit möglich soll ihre Wirkung später aber an Beispielen aufgezeigt werden.

Zwei weitere Probleme möchte ich nur noch erwähnen, weil sie für sozialwissenschaftliche Forschung generell gelten und in der wissenschaftstheoretisch-methodologischen Auseinandersetzung intensiv diskutiert wurden: Zum einen die Tatsache, daß zwischen Erkenntnisobjekt und Erkenntnissubjekt immer eine partielle Koinzidenz besteht, die zu einer Interdependenz zwischen theoretischen Aussagen und gesellschaftlichen Prozessen führt, und zum anderen die Gefahr, die bei der Sozialisationsforschung besonders ausgeprägt ist, daß die Sozialisation der meist aus der Mittelschicht stammenden Wissenschaftler zu einer einseitigen Auswahl von Forschungsstrategien und -methoden und zu einer manipulativen Verwertung der Ergebnisse führen kann. Beide Probleme werden besonders deutlich am Beispiel der vom Lehrer selbst betriebenen Unterrichtsforschung.[17]

Als Alternative zu all jenen methodischen Ansätzen, in denen die Beziehung zwischen Forschungssubjekt und -objekt ungeklärt bleibt und in denen nur scheinbar zweckfreie Daten erhoben werden (dies gilt für die Studie von Himmelweit und

Swift ebenso wie für den Lehrer, der z. B. seine Klasse nicht über die Möglichkeiten und den Zweck der von ihm durchgeführten soziometrischen Befragung aufklärt), bietet sich die *Aktionsforschung* an. Ihre allgemeinen Prinzipien, die auch für schulische Sozialisationsforschung Gültigkeit haben und hier stärker realisiert werden sollten, sind folgende:[18]

Aktionsforschung beschäftigt sich mit der sozialen Realität in der Absicht, sie nach ausgewiesenen Zielen zu verändern. Daraus folgt, daß sie nicht nur auf die Überprüfung und Gewinnung von Aussagen angelegt ist, sondern in soziale Zusammenhänge eingreift und ihre Probleme nach konkreten Bedürfnissen auswählt. Die erhobenen Daten und ihre soziale Situation werden als Gesamtheit angesehen, aus der nicht einzelne Faktoren herausgelöst werden können. Diese Prinzipien verlangen die Aufgabe der Distanz zwischen Forscher und Befragten bzw. Beobachteten, deren Rolle im Forschungsprozeß sich so verändern soll, daß sie an dem Prozeß selbst aktiv teilnehmen können.

Die in dem Verfahren der Aktionsforschung enthaltene Neubestimmung des Verhältnisses von Theorie und Praxis hat sich allerdings im Bereich schulischer Sozialisationsforschung noch nicht annähernd durchgesetzt. Die folgenden Abschnitte dieses Kapitels werden zeigen, daß hier methodische Verfahren dominieren, in denen theoretische Überlegungen weitgehend getrennt von praktischen Vorschlägen angestellt werden. Diese Diskrepanz kann und sollte jedoch mit Hilfe der Aktionsforschung überwunden werden; die grundsätzliche Möglichkeit, Aktionsforschung auch und gerade in der Schule zu betreiben, läßt sich jedenfalls nach ersten vorliegenden Versuchen[19] nicht bestreiten, und die Notwendigkeit dazu wird aus dem weiteren Verlauf unserer Argumentation noch öfters ersichtlich sein.

II. Sozialisation durch Interaktion in der Schulklasse

Nach den theoretischen und methodologischen Vorfragen des letzten Abschnitts wenden wir uns jetzt der schulischen Sozialisation unmittelbar zu. Dabei liegt das Hauptgewicht dieses und des folgenden Abschnitts – unter Rückgriff auf die vorne entwickelten drei Dimensionen von Sozialisation – in der interpersonalen Ebene bzw. im Zusammenhang von gesellschaftlich-institutioneller und interpersonaler Ebene; d. h., die Perspektive ist, wie öfters erwähnt, zuerst auf die Bedingungen *in* und dann auf die Bedingungen *von* schulischer Interaktion und Sozialisation gerichtet. Unter dem ersten Aspekt ist es sinnvoll, die Interaktionen zwischen Schülern zunächst abzuheben von den Beziehungen zwischen Lehrern und Schülern, obwohl sich natürlich beide z. T. gegenseitig bedingen. Die Interaktionen der Schüler untereinander spielen sich vorwiegend in der sozialen Situation der *Schulklasse* ab, deren Struktur und Sozialisationswirkung näher zu untersuchen sind.

a) Gruppenspezifische Sozialisationsbedingungen in der Klasse

Die Klasse als zentraler Ort der schulischen Sozialisation ist ähnlich wie die Schule selbst unter verschiedenen theoretischen Konzepten beschrieben worden; vor allem die Auffassungen der Schulklasse als soziales System und als Gruppe haben spezifische Konsequenzen für die Analyse der in ihr stattfindenden Sozialisationsvorgänge.

Das *soziale System* ›Schulklasse‹ ist Gegenstand einiger Ansätze auf der Basis der strukturell-funktionalen Systemtheorie, die hier nicht dargelegt werden sollen, weil das in ihnen explizit oder implizit geäußerte Sozialisationsverständnis zu eng und einseitig ausfällt: Während Parsons die Aufgaben der Schulklasse und besonders die in ihr stattfindende Sozialisation fast ausschließlich auf die Integration und die Erhaltung des Gleichgewichts des gesellschaftlichen Systems bezieht und die von hier an die Schule gestellten Forderungen nicht weiter diskutiert, kommt Gordon zwar durch die Anwendung der Dichotomie von formaler und informeller Organisation auf die Schulklasse zu einem von den Sozialisationszielen noch nicht ganz determinierten Freiraum subinstitutionellen Verhaltens, der aber dann doch wieder nur nach dem Gesichtspunkt seiner Funktionalität für die Ziele der formalen Organisation beurteilt wird.[10]

Differenzierter und fruchtbarer ist demgegenüber die Konzeption der Schulklasse als *Gruppe*, weil darin die Interaktionsdimension immer schon enthalten ist, und deshalb die Frage nach den Sozialisationsbedingungen in Interaktionsbeziehungen als Frage nach den Elementen von Gruppenstrukturen und -prozessen gestellt werden kann. Allerdings muß vorher erst einmal begründet werden, *daß* eine Schulklasse überhaupt als soziale Gruppe betrachtet und nach gruppendynamischen Aspekten analysiert werden kann.

Als ›echte‹ Gruppe müßte sie jedenfalls folgende Merkmale aufweisen: 1. Ein gemeinsames Ziel, das von außen vorgegeben und/oder aus der Gruppe heraus entstanden sein kann; 2. einen Komplex von Normen, die die sozial-emotionalen und die aufgabenorientierten Beziehungen regeln; 3. eine Struktur von differenzierten Positionen und Rollen sowie 4. eine Struktur gefühlsmäßiger Wechselbeziehungen.[21] Wenn man davon ausgeht, daß diese Merkmale nicht als absolute Größen zu verstehen sind, sondern durchaus unterschiedlich ausgeprägt und je nach Art der betreffenden Gruppe differenziert sein können, dann ist auch die Schulklasse in diesem Sinne eine Gruppe. Dabei darf jedoch eine situationsspezifische Komponente nicht übersehen werden: Der Begriff ›Gruppe‹ kennzeichnet eine interaktive Beziehungsstruktur, die in angebbaren *Situationen* aktualisiert wird, während in den anderen Situationen die Schulklasse und ihre Schüler eher als Publikum oder als lediglich Koagierende zu betrachten sind.[22]

Über die genannten allgemeinen Merkmale hinaus ist die Schulklasse als Gruppe dadurch charakterisiert, daß
- ihre Konstituierung primär aus organisatorischen Gründen erfolgt, und nicht so sehr um die Zielerreichung zu fördern;
- ihre Ziele nur insoweit als gemeinsam verstanden werden können, als sie zwar für alle Mitglieder der Klasse gleich sind, aber häufig ohne direkte Kooperation realisiert werden;
- der einzelne zwar in ihr mit anderen lernt, bei der Überprüfung des Lernerfolges aber auf sich allein gestellt ist.[23]

Einige Auswirkungen dieser Charakteristika der Schulklasse auf die in ihr stattfindenden Sozialisationsprozesse werde ich etwas später im Zusammenhang mit der Darstellung von Gruppenstrukturen ansprechen. Zuvor soll noch – nachdem

›Gruppe‹ als übergeordnetes Konzept für die Schulklasse gewählt wurde – auf die Sozialisationsbedeutung von Gruppen im allgemeinen kurz eingegangen werden. Wenn einerseits Gruppen sich durch Interaktionen konstituieren, und andererseits Sozialisation als Interaktionsprozeß verstanden wird, so ist dazu als erstes einschränkend zu sagen, daß Sozialisation nicht ausschließlich als isoliertes Gruppenphänomen erfaßt werden kann. Dagegen sprechen nämlich zwei gewichtige Argumente; erstens verlaufen Gruppenprozesse immer unter dem Einfluß institutioneller Kontingenzen und gesellschaftlicher Strukturbedingungen und können deshalb nicht *verabsolutiert* werden, und zweitens existiert eine Gruppe immer nur als Komplex von Interaktionsbeziehungen zwischen Individuen und darf deshalb nicht *hypostasiert* werden. Gerade unter diesen beiden Gesichtspunkten läßt sich die Sozialisationsfunktion von Gruppen näher klären.

Werden Gruppen und Gruppenprozesse nicht verabsolutiert, dann kann ihre Funktion in bezug auf den Kern des Sozialisationsprozesses, nämlich die Entstehung und Modifikation von Verhaltensweisen und -dispositionen, als *Vermittlung* sozialer Normen bestimmt werden. Das bedeutet im einzelnen:[24] In erster Linie vermittelt die Gruppe Wertvorstellungen und Normen, deren Entstehungszusammenhang weitgehend durch die gesamtgesellschaftlichen Verhältnisse bedingt ist. Der eigentliche Vermittlungsvorgang kann dabei in mehreren Varianten auftreten; grundlegend ist zunächst die Unterscheidung zwischen einerseits Aufklärung und Information über Normen – dies könnte man konstruktive Vermittlung nennen – und andererseits Kontrolle und Sanktionierung von Normen. Vermittlung kann weiter darin bestehen, daß die Gruppe gesellschaftliche Normen modifiziert, indem sie sie etwa für ihre besonderen Zwecke spezifiziert. Schließlich kann die Gruppe auch solche Normen vermitteln, die primär von ihr selbst erzeugt wurden und sich auf das Verhalten der Gruppenmitglieder eben *als* Mitglieder dieser Gruppe beziehen, um damit etwa ihre Eigenart nach außen zu dokumentieren. Diese verschiedenen Aspekte der Vermittlung von Normen durch Gruppen werden in der Regel bei allen Gruppen, wenn auch in unterschiedlicher Ausprägung vorhanden sein; am Beispiel der Schulklasse wird unten noch darauf zurückgegriffen.

Wenn Gruppen nicht hypostasiert werden, dann läßt sich ihre Sozialisationswirkung auf der Basis einer Kritik an einigen Gruppenbegriffen präziser fassen. Die Auseinandersetzung mit den in Sozialpsychologie und Soziologie häufig verwendeten Konzepten der Bezugsgruppe, Mitgliedschafts- und Nicht-Mitgliedschaftsgruppe sowie Eigen- und Fremdgruppe hat gezeigt, daß diese Begriffe nicht nur völlig unscharf voneinander abgegrenzt werden, sondern eine Hypostasierung geradezu fördern, weil sie zur Beschreibung von Gruppen*arten* herangezogen werden.[25] Wesentlich sinnvoller ist demgegenüber ihre Anwendung auf spezifische *Beziehungen* zwischen Individuum und Gruppe, die dann unter zwei Gesichtspunkten eine Differenzierung erlauben:

Das Individuum kann Mitglied in einer Gruppe sein bzw. eine Mitgliedschaft anstreben oder nicht, und die Gruppe kann für das Handeln des Individuums positives oder negatives oder gar kein Bezugsobjekt sein. Werden diese Beziehungsmöglichkeiten miteinander kombiniert, so ergeben sich bei Vorliegen einer Mitgliedschaftsbeziehung für die Sozialisation durch die entsprechende Gruppe drei graduell noch abstufbare Wirkungsbereiche. Wenn die Gruppe für das Individuum (noch) nicht

Bezugsobjekt ist, dann wird auch (noch) keine Sozialisation durch diese Gruppe stattfinden. Ist die Gruppe positives Bezugsobjekt, d. h. orientiert sich das Individuum zustimmend an ihren Zielen und Normen, dann wird eine aus der Sicht dieser Gruppe erfolgreiche Sozialisation stattfinden, die sich *auch* auf die Vermittlung anderer als gruppenspezifischer Normen bezieht. Ist die Gruppe hingegen negatives Bezugsobjekt, verhält sich also das betreffende Mitglied ablehnend gegenüber ihren Intentionen und Verhaltensregeln, dann wird Sozialisation durch diese Gruppe erschwert oder ganz unmöglich gemacht. – Erfolgreiche bzw. nicht erfolgreiche Sozialisation müssen gerade bei pädagogischen Gruppen, deren Sozialisationsziele zum großen Teil außerhalb der eigentlichen Gruppe liegen, daran gemessen werden, welche Teilnahmemöglichkeiten an *anderen* sozialen Feldern in Abhängigkeit von der (Nicht-)Anerkennung gruppenspezifischer Normen vermittelt werden. Auch diese etwas abstrakten Überlegungen sind später für die Schulklasse noch zu konkretisieren.

Die Frage der im Sinne der Gruppe erfolgreichen Sozialisation steht somit in engem Zusammenhang mit den skizzierten Aspekten der Normvermittlung; beides ist wiederum sehr stark von bestimmten *strukturellen Elementen* der Gruppe bzw. der Schulklasse abhängig, die jetzt ausführlicher darzustellen sind. Als strukturelle Elemente möchte ich jene *in* Gruppen gegebenen Faktoren bezeichnen, die für das Geschehen in der Gruppe, für den Gruppen- und damit auch den Sozialisationsprozeß relevant sind. Einige der dazu vorliegenden Erkenntnisse der Kleingruppenforschung[26] sollen nun in ihrer Anwendung auf die Schulklasse erörtert werden.

Ein erster wichtiger Faktor ist die *Größe* der Gruppe; mit ihren zwanzig bis vierzig Schülern als Mitgliedern kann die Schulklasse sicher nicht zu den Kleingruppen gezählt werden, in denen jeder mit jedem anderen intensiven und unmittelbaren Kontakt haben kann. Deshalb werden sich meistens Untergruppen bilden, die für ihre Mitglieder den Einfluß der Klasse filtern und modifizieren. Die Sozialisationswirkung solcher Cliquen hängt entscheidend von ihrem Konstitutionsprinzip ab (z. B. Nachbarschaft, Zugehörigkeit zur selben Sozialschicht, ähnliche außerschulische Interessen, gleiches Leistungsniveau in der Klasse u. a.), weil mit ihm zugleich über die Verstärkung oder Abschwächung der Wirkung anderer Faktoren entschieden wird. Durch die Größe der Klasse sind außerdem spezifische Einzelstrukturen wie die Kommunikations- und affektive Struktur mitbedingt, auf die hier noch einzugehen ist.

Als zweite Gruppe von Elementen sind die individuellen und sozialen *Merkmale* der Schüler und insbesondere die Zusammensetzung der Klasse in bezug auf diese Merkmale zu nennen. Über ihre Wirkung innerhalb der Schulklasse gibt es allerdings keine nennenswerten empirischen Untersuchungen, so daß wir uns hier mit einigen Thesen begnügen müssen:

Von Bedeutung ist zunächst die Variationsbreite der Merkmale, die bei den einzelnen Schultypen innerhalb der BRD sehr verschieden ausfällt. Generell läßt sich sagen, daß bei Merkmalen wie Leistungsmotivation, Intelligenz und Sprachverhalten, die sehr deutlich schichttypisch ausgeprägt sind, die Homogenität von der Grundschule über die Realschule bis zum Gymnasium zunimmt. Genau dies verstärkt freilich die schichtspezifischen Unterschiede zwischen den Absolventen der verschiedenen Schultypen und soll deshalb in einer auch sozial integrierten Gesamtschule nach dem ideologischen Leitbild der Chancengleichheit verändert werden; die Erfolglosigkeit entsprechender Bemühungen wird uns noch beschäftigen. Prinzipiell könnte gerade eine heterogen zusammengesetzte Klasse eine vielseitige Sozialisation fördern, wenn nicht durch das Verhalten des Lehrers, durch Lehrinhalte und Unterrichtsformen wieder nur Schüler mit ganz bestimmten Merkmalen, eben vorwiegend jenen, die in der Mittelschicht am häufigsten sind, gefördert würden.

Damit hängt ein weiterer Faktor zusammen, nämlich das *Ziel* oder die Aufgabe der Klasse. Es wurde bereits festgestellt, daß eine Schulklasse nur in seltenen Fällen über ein gemeinsames, d. h. kooperativ zu erreichendes Ziel verfügt, während das ›Klassenziel‹, also mindestens das Aufrücken in die nächsthöhere Klasse, zwar für alle in gleicher Weise gilt, aber doch nur von jedem *einzeln* erreicht werden kann. Von einem echten Gruppenziel kann also im Fall der Schulklasse offenbar nicht die Rede sein, sofern jedenfalls die Zieldimension entsprechend eng definiert ist; wird sie hingegen weiter gefaßt, etwa als Auseinandersetzung mit der *Situation* der Gruppe[27], dann hat auch die Schulklasse diese Aufgabe zu bewältigen.

Die wichtigsten Determinanten der Situation, in der sich eine Schulklasse befindet, sind identisch mit den Bedingungen *von* schulischer Sozialisation, die im nächsten Abschnitt untersucht werden: bildungspolitische Ziele, Schulorganisation, Unterrichtsformen und Lehrinhalte. Wie die Klasse als Gruppe die Wirkung dieser Faktoren verarbeitet, muß in engem Zusammenhang mit der Entstehung einzelner Gruppen*strukturen* gesehen werden: Einerseits beeinflussen schon existente strukturelle Beziehungen zwischen den Schülern die ›Definition‹ einer Situation, und andererseits bilden sich festere und stabilere Strukturen erst im Verlauf der Aufgabenbewältigung heraus. Diese Strukturen zählen zu den bedeutsamsten Sozialisationsbedingungen im Interaktionsprozeß der Klasse und sind deshalb genauer zu beschreiben.

Zunächst entsteht innerhalb der Klasse eine *Differenzierung* entsprechend den unterschiedlichen Beiträgen der Schüler in der Auseinandersetzung mit der Situation. Langfristig entwickelt sich daraus eine gewisse Arbeitsteilung und Spezialisierung für einzelne Aufgaben, die auf dem Wege einer Verfestigung diesbezüglicher Erwartungen zur Stabilisierung von Verhaltensmustern führt. Ob dieser Sachverhalt treffend mit dem Begriff der sozialen Rolle charakterisiert werden kann, soll hier nicht ausführlich diskutiert werden; die meisten inhaltlichen Bestimmungen des Rollenkonzepts lassen jedenfalls für die Schulklasse nur die oberflächliche Dichotomie zwischen Schülerrolle und Lehrerrolle zu, und deshalb ist der Vorschlag sinnvoll, innerhalb der Schulklasse besser von verschiedenen Verhaltenstypen anstatt von einer allgemeinen Rolle auszugehen.[28]

Solche Verhaltenstypen bilden zwar erst die Basis für die Entstehung spezifischer Gruppenstrukturen, haben aber auch für sich bereits Sozialisationskonsequenzen, denn die Zuordnung oder Zuschreibung eines Schülers zu einem bestimmten Verhaltenstyp begrenzt in gewissen Situationen seinen Verhaltensspielraum, den er dann nur unter der Gefahr von Sanktionen durch die Mitschüler wieder erweitern kann. ›Clown‹, ›Streber‹ und ›Mitläufer‹, um nur wenige der möglichen Typisierungen zu erwähnen, werden in den für sie jeweils relevanten Situationen danach beurteilt, ob und inwieweit sie ihren Typ konsequent ›spielen‹, und darin liegt zweifellos eine Einschränkung der Handlungsmöglichkeiten für die betreffenden Schüler. In der Sprache der oben skizzierten Feldtheorie der Schule impliziert Generalisierung und Typisierung von Verhalten aber immer auch Sinnkonstitution und damit Reduktion von Komplexität: Die Typisierung des einzelnen bedeutet für die Mitschüler und den Lehrer eine erhöhte Transparenz und Voraussagbarkeit des Verhaltens.

Dieselben Wirkungen haben prinzipiell auch die einzelnen Gruppenstrukturen in der Klasse, die sich als Folge der situations- und aufgabenbezogenen Interaktionen ausgehend von der anfänglichen verhaltenstypischen Differenzierung entwikkeln. In unmittelbarem Zusammenhang mit der Interpretation und Verarbeitung der Situation entsteht so eine *Autoritäts- und Statusstruktur*, d. h., die Klasse differenziert sich weiter unter den Aspekten der arbeitsteilig-fachlichen Kompetenz und ihrer Bewertung durch die Schüler. Diese Struktur wird freilich sehr stark von außerschulischen Faktoren überlagert, so daß der Status des einzelnen Schülers immer als Produkt allgemeiner sozialer *und* schulspezifischer Bewertungsbedingungen gesehen werden muß, wobei wegen der simultanen Wirkung eine Isolierung des schulischen Einflusses kaum möglich sein wird. Auch die schulinterne fachliche Autorität gründet sich z. T. auf außerschulische Umstände, die – oft ungeprüft – auf die Schulsituation übertragen werden; so kann z. B. der Beruf des Vaters, sofern in der Klasse ausreichende Vorstellungen über ihn existieren, sowohl den Status als auch das fachliche Ansehen eines Schülers positiv oder negativ beeinflussen. Dies verhindert unter Umständen sogar die Entstehung eigener Bewertungsmuster in der Klasse und reduziert so deren Sozialisationskonsequenzen bzw. verstärkt die schichttypischen Auswirkungen von Familie und/oder außerschulischen ›peer groups‹.

Ähnliches gilt für die Struktur der *Kommunikations*beziehungen, die einerseits häufig entlang der Statusstruktur verlaufen und andererseits, aber damit interdependent, von Interaktionsbeziehungen außerhalb der Schule vorstrukturiert sind. Auch hierzu gibt es jedoch, soweit ich sehe, kaum einen empirischen Ansatz, der die Auswirkungen verschiedener (Positionen in) Kommunikationsstrukturen auf die Beteiligten untersucht hätte; die pädagogische Psychologie begnügt sich in diesem Punkt meist mit einer Darstellung von Experimenten, in denen verschiedene Kommunikationsstrukturen künstlich variiert und auf die Arbeitsleistung und -zufriedenheit von Kleingruppen bezogen werden.[29] So kann als plausibel nur angenommen werden, daß der Grad der Teilnahme an und damit die Zentralität im klasseninternen Kommunikationsnetz eine wichtige Interaktions- und Sozialisationsbedingung konstituiert, deren Wirkung besonders im Hinblick auf die spätere Teilnahme an anderen Kommunikationsbeziehungen empirisch belegt und spezifiziert werden müßte.

Ganz im Gegensatz dazu wird eine weitere Dimension der Gruppenstruktur, nämlich die *affektiven* Beziehungen zwischen den Schülern, allzu oft und auch zu anspruchslos thematisiert. Ihre Erforschung durch die auf Moreno zurückgehende Soziometrie wird vor allem deshalb so intensiv betrieben, weil das Instrumentarium leicht zu handhaben, die Ergebnisse schnell auszuwerten und anzuwenden sind. Gerade darin liegt nach meiner Meinung die große Gefahr dieses Verfahrens, das wie kaum ein anderes über seinen Gegenstand dominiert und ihn modifiziert.

Es kann kein Zweifel daran bestehen, daß Interaktionen durch emotionale Prozesse der Zuneigung oder Ablehnung wesentlich beeinflußt werden, aber um dies nachzuweisen, genügt es eben nicht, lediglich die entsprechenden Beziehungen zu erfragen, ohne gleichzeitig auf ihre Gründe und Folgen einzugehen. Der soziometrische Standort eines Schülers in seiner Klasse ergibt sich zwar als Summe der Zu- und Abneigungen der Mitschüler ihm gegenüber, kann aber nur schlüssig erklärt werden, wenn seine bisherige Sozialisationsgeschichte, seine außerschulischen Interaktionspartner und Bezugsgruppen miteinbezogen werden. Da dies regelmäßig *nicht* geschieht[30], müssen auch Aussagen über die Sozialisationswirkung affektiver Beziehungen in der Schulklasse unvollständig und hypothetisch bleiben. Dies gilt um so mehr, als die Soziometrie in der Hand mancher Lehrer in einem Informations- und Kontrollinstrument reduziert wird, was zumindest der Intention ihres Begründers widerspricht, der damit soziale Beziehungen und deren Auswirkungen verbessern wollte. Immerhin läßt sich an einigen Punkten deutlich machen, wie die Anwendung soziometrischer Tests in der Schulklasse Aufschluß über ihre emotionale Struktur als Sozialisationsfaktor geben kann:[31]

Eine wichtige Vorbedingung liegt darin, daß der Lehrer – sofern er entsprechende Untersuchungen durchführt – die Schüler über den Zweck, das methodische Verfahren und die Verwertungsmöglichkeiten der Ergebnisse informiert bzw. sie im Sinne der Aktionsforschung unmittelbar daran beteiligt. So kann den Schülern ein Bewußtsein ihrer affektiven Beziehungen und anderer Gruppenstrukturen vermittelt werden, und darauf gerichtete Maßnahmen des Lehrers werden transparent und kontrollierbar. Die Konsequenzen einer derartigen ›Schulklassenforschung‹ mit und durch die Betroffenen können für schulische Sozialisation insgesamt durchaus positiv in einem emanzipatorischen Sinn ausfallen.

Darüber hinaus muß die Soziometrie innerhalb der Schulklasse genauere inhaltliche Differenzierungen vornehmen; so ist durch entsprechende Fragen zwischen den aktuell vorliegenden und den gewünschten oder gesollten Beziehungen zu unterscheiden, weil gerade das Ausmaß der Differenz bedeutsame Hinweise auf das Veränderungs- und eventuell das Konfliktpotential in der Klasse enthält. Weiter darf nicht übersehen werden, daß auf situationsbezogene Fragen (z. B.: Mit wem möchtest du am liebsten auf einem Ausflug zusammen sein?) oft auch nur situationsbezogene Antworten gegeben werden, die keine Generalisierung auf die allgemeine emotionale Beziehungsstruktur zulassen; diese wird vielmehr erst in den Antworten auf mehrere Fragen nach faktischen und potentiellen Situationen deutlich. Schließlich darf die Soziometrie keinesfalls als einzige Methode der Unterrichts- und Sozialisationsforschung verwendet werden, sondern muß durch andere Befragungs- und Beobachtungsmethoden ergänzt werden, die sowohl die Gründe für affektive Beziehungen und Wünsche wie auch die Wirkung der anderen Gruppenstrukturen erfassen können.

Die damit knapp beschriebenen strukturellen Faktoren der Schulklasse wie Größe, Zusammensetzung nach bestimmten Merkmalen und Situation der Klasse sowie die einzelnen strukturellen Beziehungen der verhaltenstypischen Differenzierung, der Autoritäts- und Statusstruktur, der Kommunikations- und der affektiven Struktur stellen in ihrer jeweiligen inhaltlichen Ausprägung jene *Bedingungen* dar, unter denen *Interaktionen* zwischen den Schülern ablaufen und entsprechende

Sozialisationseffekte entstehen. Sie führen, zunächst ungeachtet ihrer Überlagerung und Modifikation durch interaktionsexterne Bedingungen von Sozialisation, zu bestimmten Aktivitäts- und Interaktions*formen*, die sich wieder in analogen Verhaltensweisen und -dispositionen niederschlagen. Wegen des öfters angedeuteten Mangels an relevanten empirischen Untersuchungen können diese Interaktionsformen und ihre Konsequenzen nicht im Detail beschrieben werden; hier kam es deshalb vor allem darauf an, ihren theoretischen Kontext herzustellen und zu begründen. Dennoch soll abschließend ein längeres Zitat die Wirkung mancher struktureller Bedingungen andeuten:

»Die soziale Interaktion innerhalb der Schülergruppe ist meist nicht aufgabenorientiert, sondern findet im ›subinstitutionellen‹ (sozial-emotionalen) Bereich statt ... Die Grundlage der Arbeit in der Lerngruppe ist nicht ein gemeinsames Ziel, das etwa in arbeitsteiliger Produktivität erreicht werden könnte, sondern ein für alle gleicher Leistungsstand, der als Norm in prinzipiell gleicher Weise das Verhalten aller beeinflussen soll. Interaktion trägt ... (dazu) nur indirekt bei (...). Typische Interaktionsmuster in der Schulklasse sind a) im Leistungsbereich der Wettbewerb mit gelegentlichen Tendenzen zur Zusammenarbeit bzw. zum Konflikt und b) im sozialen Bereich Kompromiß und Anpassung mit einer ständigen Neigung zum Konflikt.« Die Schulklasse »wird von ständigen Konflikten zwischen Leistungsanforderungen und sozial-emotionalen Bedürfnissen ... zwischen offizieller Notenhierarchie und inoffizieller Status-Hierarchie erschüttert und von ebenso häufigen Integrationsversuchen zusammengehalten.«[32]

Diese Tendenz zu Wettbewerb und Konflikt liefert auch Lösungsmöglichkeiten für die beiden oben aufgeworfenen Probleme der Normvermittlung und der ›erfolgreichen Sozialisation‹. Die Schulklasse als Gruppe vermittelt unter dem Druck der vorgegebenen Leistungsziele eher Normen für konkurrierendes und weniger für gemeinschaftliches Handeln; dies steht im Widerspruch zu einigen gesellschaftlichen Arbeitsbereichen, in denen Kooperation und Teamarbeit zur Erreichung gemeinsamer Ziele unabdingbar sind. Als Korrelat dazu werden gruppeninterne Normen gebildet und vermittelt, die zwar z. T. die Leistungsnormen abschwächen (z. B. informelle Zusammenarbeit), insgesamt aber mehr den sozial-emotionalen Verhaltensbereich regeln.

In diesen beiden Dimensionen entscheidet sich auch die zweite Frage, in der die Sozialisationswirkung der Schulklasse in Abhängigkeit davon gesehen wird, ob sie positives oder negatives Bezugsobjekt für das Handeln des Schülers ist. Das folgende Schema versucht, entsprechende Möglichkeiten darzustellen (s. Seite 63).

Die Fälle A und B sind in ihrer Sozialisationswirkung relativ klar zu bestimmen; das Akzeptieren der Leistungs- wie auch der gruppeninternen Normen bedeutet eine vom *Resultat* her gesehen erfolgreiche Sozialisation, auch wenn die angedeuteten Konflikte zwischen beiden Arten von Normen den *Prozeß* erschweren, während die zweifache Ablehnung als Sozialisationsmißerfolg im Sinne der Schule gelten muß, der mit größter Wahrscheinlichkeit zu einem Ausscheiden aus der Klasse führt.

Die Fälle C und D sind differenzierter zu beurteilen: Bei C findet eine einseitige Sozialisation auf Leistung hin statt, und die informellen Klassennormen werden abgelehnt, weil sie der Leistungsorientierung hinderlich sind und/oder mit der bisheri-

Für den Schüler ist die Schulklasse		Vom Schüler werden Leistungsnormen	gruppeninterne Normen
positives Bezugsobjekt	A	akzeptiert	akzeptiert
negatives Bezugsobjekt	B	abgelehnt	abgelehnt
‚heterogenes' Bezugsobjekt	C	akzeptiert	abgelehnt
	D	abgelehnt	akzeptiert

gen Sozialisation nicht in Einklang stehen; Beispiele dafür könnten der fast außerhalb der Klasse stehende ›Streber‹ und der sozial aufgestiegene ›Überangepaßte‹ sein, die beide fürchten, daß die Klasse mit oft nicht auf Leistung zielenden Erwartungen ihre Bemühungen erschwert. Fall D ist dadurch gekennzeichnet, daß sich erfolgreiche Sozialisation aus der Sicht des Schülers an seiner Integration in die Klasse bemißt und nicht oder viel weniger an der Erfüllung der Leistungsnormen. Dabei kann entweder die starke Orientierung an der Klasse aus Mißerfolgen im Leistungsbereich heraus entstehen oder umgekehrt ein intensives sozial-emotionales Engagement für die Klasse zu schwach ausgeprägter Leistungsorientierung führen.

Diese vier Kategorien bedürfen freilich der empirischen Überprüfung und Differenzierung; sie sind jedoch zur Bildung von Hypothesen über den Sozialisationseinfluß der Schulklasse auf die Schüler geeignet.

In diesem Zusammenhang kann auf zwei weitere Probleme nur noch hingewiesen werden. Erstens unterliegen alle genannten gruppenspezifischen Sozialisationsbedingungen in der Schulklasse selbst wieder den Bedingungen *von* Sozialisation und werden durch diese in ihrer Wirkung abgeschwächt oder verstärkt; so ist z. B. das unterrichtsorganisatiorische Prinzip des Gruppenunterrichts von großer Bedeutung für die Interaktionen innerhalb der Klasse. Zweitens sind die sozialen Beziehungen zwischen den Schülern auch ein wichtiger Ursachenkomplex für Lern- und Verhaltensschwierigkeiten, d. h., sie sind mitverantwortlich für ein im Einzelfall genau zu spezifizierendes abweichendes Verhalten in der Klasse.[33]

b) Sozialisationsbedingungen in der Lehrer-Schüler-Interaktion

Zunächst sind einige arbeitstechnische Abgrenzungen und Hinweise notwendig. Der jetzige und der letzte Abschnitt sowie das vierte Kapitel stehen in einem engeren Zusammenhang miteinander als die hier notwendig nach- und nebeneinander entwickelten Argumente immer erkennen lassen. Einerseits unterliegt auch der Lehrer den beschriebenen gruppenspezifischen Bedingungen in der Schulklasse, andererseits hat er – ob als ›Führer‹ oder ›Leiter‹ der Klasse – die besten Möglichkeiten, diese Bedingungen zu steuern und zu verändern. Darüber hinaus sind in den Einstellungen und Verhaltensweisen des Lehrers andere Faktoren wirksam, die ihren Ursprung in der eigenen familiären Sozialisation des Lehrers sowie in seiner Ausbildung an Hochschule und Schule haben; diese Bedingungen des Lehrerverhaltens beeinflussen ebenso wie die schulklassenspezifischen Bedingungen die Interaktionen zwischen Lehrern und Schülern, deren Analyse nun im Vordergrund steht. Mit anderen Worten geht es jetzt um die *in* der Interaktion liegenden Kontingenzen, die in ihren Auswirkungen aber stets als durch schulinterne (Gruppenstruktur der Klasse u. a.) und schulexterne (Ausbildung der Lehrer u. a.) Variablen vermittelt gesehen werden müssen.

Da es zum Problem der Lehrer-Schüler-Interaktion bereits einige Arbeiten gibt, auf die im weiteren Verlauf noch Bezug genommen wird, konzentriere ich mich im folgenden auf die Frage eines Bezugsrahmens, auf die inhaltliche Charakterisierung dieser Interaktion und auf ihre wichtigsten Elemente, die in den Konzepten von Macht, Wahrnehmung und Kommunikation formuliert sind.

Systematische und inhaltlich spezifische, d. h., die Interaktionen zwischen Schülern und Lehrern nicht nur formal abbildende Vorschläge eines Bezugsrahmens sind kaum zu finden. Verkürzungen und Einseitigkeiten vor allem hinsichtlich der theoretischen Basis werden besonders in einem Entwurf von Hargreaves manifest, der von den Auffassungen der Lehrer und Schüler bezüglich ihrer jeweiligen *Rollen* ausgeht und folgendermaßen schematisch dargestellt wird:[34]

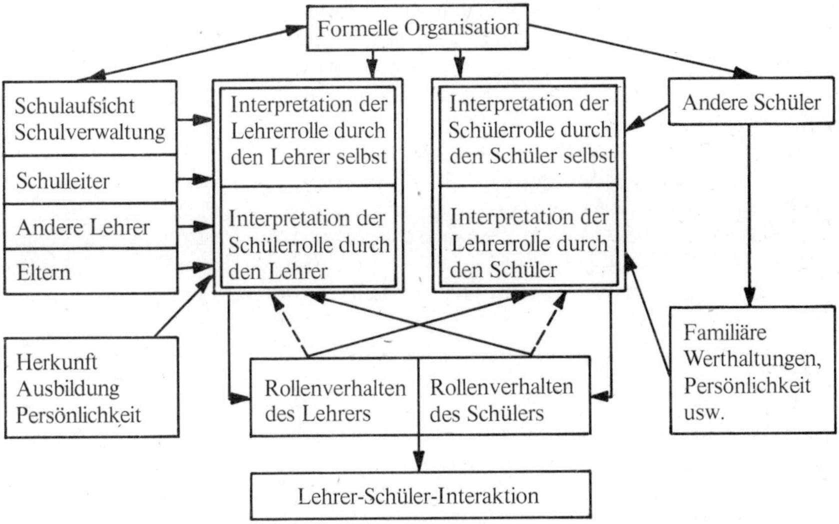

Dieses Schema führt zu einer inhaltlich stark reduzierten Perspektive, die keine Aussagen mehr über das faktische Interaktionsgeschehen und die es bestimmenden Momente zuläßt. Die grundlegende Annahme, daß nämlich die Interaktion zwischen Lehrern und Schülern ausschließlich von deren Rollenverhalten determiniert wird, greift auch dann zu kurz, wenn die Rollenauffassungen als Funktion der genannten Einflußbereiche angesehen werden. Denn diese Annahme gilt keinesfalls für jenes interaktive Verhalten, das gerade *nicht* vorgegebenen formell-normativen Richtlinien folgt, sondern von diesen abweicht bzw. überhaupt auf einer informellen Ebene abläuft.

Hierzu kommt eine weitere Verzerrung: Hargreaves vermutet, zumindest für den Beginn der Interaktionsbeziehung, bei Lehrern und Schülern *gleiche* Chancen, ihre Rollenauffassungen in die Definition der (gemeinsamen) Situation einzubringen, die schließlich zu einem »für alle akzeptablen Kompromiß oder ›Arbeitskonsens‹ (Goffman)«[35] führen soll. Auch diese Behauptung ist zwar im Sinne des hier wiedergegebenen Bezugsrahmens konsequent, aber sie geht gerade deshalb doch recht weit an der schulischen Wirklichkeit vorbei. All jene Faktoren, die tatsächlich dazu führen, daß die Möglichkeiten, eigene Rollendefinitionen durchzusetzen, zwischen Lehrern und Schülern sehr *ungleich* verteilt sind, werden bei Hargreaves nicht berücksichtigt. Über Art und Darstellung von Lehrinhalten, über Unterrichtsformen und – hier liegt die gravierendste Ungleichheit – über Leistungserbringung und Leistungsbewertung entscheidet der Lehrer in einer Klasse tendenziell so, daß die Schüler auf entsprechende Situationsdefinitionen nur noch reagieren können. Besonders die Leistungserbringung in Konkurrenz gegeneinander läßt viele persönliche und soziale Bedürfnisse der Schüler unerfüllt, was durch die Bildung informeller Gruppen kaum kompensiert werden kann.[36]

Die beiden genannten Schwächen lassen sich auf einen gemeinsamen Nenner bringen: Rollenauffassungen von Schülern und Lehrern und die Möglichkeiten ihrer Durchsetzung können erst dann adäquat beschrieben und auf Interaktionen bezogen werden, wenn sie in der bei Hargreaves vernachlässigten vertikalen Dimension der *Macht* begründet sind. Macht ist, wie unten noch näher ausgeführt wird, ein derart zentrales Element der Lehrer-Schüler-Interaktion, daß es in keinem Bezugsrahmen, der vorgibt, sie zu beschreiben, fehlen darf.

Auch in dieser Hinsicht fällt ein anderer Vorschlag um einiges besser aus, in dem versucht wird, die Bedingungen der Lehrer-Schüler-Interaktion stärker inhaltlich zu bestimmen (s. Seite 67).[37]

Vor allem zwei Aspekte sind hier gegenüber dem ersten Bezugsrahmen hervorzuheben: Einmal die zu Recht sehr viel stärkere Einbeziehung der institutionellen Dimension, die bei Hargreaves auf die formelle Organisation verkürzt wurde, und zum zweiten die Unterscheidung zwischen Beziehungsstruktur und aktueller Interaktion. Beides soll kurz ausgeführt werden, weil dies unmittelbar in die inhaltliche Beschreibung der Lehrer-Schüler-Interaktion führt.

Die Bedeutung gesellschaftlich-institutioneller Faktoren für interaktive Sozialisationsprozesse wurde öfters betont; es gilt sowohl, daß institutionelle Bedingungen nur den einzelnen (als ›Sozialisand‹) erreichen können, wenn sie durch Interaktionen vermittelt sind, als auch, daß zielgerichtete und regelmäßige Interaktionen nur in einem institutionellen Kontext stattfinden können. Die im nächsten Abschnitt zu entwickelnden Bedingungen von schulischer Sozialisation müssen in iher Entstehung und Begründung gerade auf die *Schule als Institution* zurückgeführt werden, auch wenn ihre politischen, rechtlichen und ökonomischen Konstitutionsprinzipien nicht im Detail erörtert werden können. Ein Bezugsrahmen für die Analyse der Interaktionen zwischen Schüler und Lehrer ist deshalb nur dann angemessen, wenn – wie im letzten Schema angedeutet – die Ziele und Inhalte sowie schul- und unter-

Institution Schule
Ziel: Ausbildung für benötigte Berufe
Funktion: Sozialisation, sozial-selektive ›Platzzuweisung‹
Soziale Einflußnahme:
Einführung in bestimmte Wertvorstellungen und soziale Strukturen, Vermittlung von Normen und Techniken; setzt spezifische Machtkonstellationen und Kommunikationsstrukturen voraus

Lehrer
Berufswahl, Studium, berufliche Sozialisation

Selbstbild im Hinblick auf berufliche Kompetenz, Einflußmöglichkeiten, Beliebtheit usw.
Einstellung zu Erziehungszielen, Zwecken der Schule, zu Konfliktmöglichkeiten, zum Schüler;
Definition der eigenen Rolle

Schüler
Primäre soziale Rollenfindung in der Familie (Unterordnung, Abhängigkeit, erste soziale Identitätsfindung)
Erfahrungen und Position in der Klassengruppe

Erfahrungen mit der Machthierarchie und den Kommunikationsmöglichkeiten in der Lehrer-Schüler-Interaktion
Definition der eigenen Rolle

Struktur der sozialen Beziehungen zwischen Lehrer und Schülern
Allgemeine Merkmale: Ungleichheit der Chancen, erfolgreich Einfluß auszuüben, Bedürfnisse zu äußern, Kommunikationen aufzunehmen; Irreversibilität der Machtstruktur; spezifische Modell-Situation für soziales Verhalten; spezifische soziale Umgangsformen

Aktuelle Lehrer-Schüler-Interaktion

richtsorganisatorische Prinzipien als wichtige Strukturelemente der sozialen Beziehungen in der Schule in ihm verankert sind. Schule als Institution bedingt »eine ganz besonders geartete Machtkonstellation und besondere Kommunikationsformen; die institutionellen Rahmenbedingungen sind die Voraussetzung für die Entfaltung des Einflußpotentials des Lehrers.«[38]

Institutionelle Bedingungen sowie Einstellungen, Erfahrungen und Rollendefinitionen von Lehrern und Schülern, schließlich ergänzend dazu die gruppenspezifischen Faktoren der Schulklasse lassen zusammengenommen eine bestimmte *Struktur* der Lehrer-Schüler-*Beziehungen* entstehen, die durch die genannten Merkmale weitgehend treffend gekennzeichnet ist. Diese Struktur bildet die Basis für *konkrete Interaktionen*, die zwar nie völlig strukturgemäß verlaufen – u. a. wegen situativer Einflüsse –, aber doch in der Regel den z. B. durch Macht und Informationsdifferenzen gesteckten Rahmen nicht sprengen können. Die Elemente der Beziehungsstruktur, die im einzelnen noch zu beschreiben sind, müssen deshalb als dominierende Sozialisationsbedingungen in der Interaktion zwischen Lehrern und Schülern angesehen werden.

Ein besonders enger Zusammenhang ergibt sich hier – nach der früher erwähnten Unterscheidung von Inhalts- und Beziehungsaspekt bei Interaktions- bzw. Sozialisationsprozessen – zwischen der Beziehungsstruktur und den Sozialisations*inhalten*; Gestaltung interpersonaler Beziehungen und Vermittlung spezifischer Inhalte können gerade im Bereich der Schule nicht voneinander isoliert werden. »*Indem* bestimmte interpersonelle Beziehungen gestaltet werden, werden zugleich Kenntnisse, Einstellungen und Motive vermittelt; *indem* man Wissen und Verhaltensregeln vermittelt, gestaltet man immer zugleich interpersonelle Beziehungen.«[39] Der erste Teil dieser Aussage beschreibt präzise, was jetzt noch geleistet werden muß: Die *Art* der Interaktion zwischen Schülern und Lehrern ist inhaltlich zu bestimmen und im Hinblick auf ihre Sozialisationskonsequenzen zu erörtern.

Gemeinhin wird diese Interaktion in den Begriff ›*Erziehung*‹ gefaßt, der allerdings nur dann nicht mißverständlich wirkt, wenn die *wechselseitige* Abhängigkeit und Beeinflussung des Verhaltens von Schülern und Lehrern mitgedacht wird. Ohne daß ich mich an dieser Stelle auf eine begriffshistorische Diskussion einlassen kann, sei daran erinnert, daß die Auffassung von Erziehung als Interaktionsprozeß sich erst allmählich in der Erziehungswissenschaft durchgesetzt hat und deshalb sozialpsychologisch-sozialwissenschaftliche Kategorien und Theorien auch erst nach und nach als relevant erkannt wurden. Erziehung wird heute jedenfalls meistens als spezieller Sozialisationsvorgang verstanden bzw. überhaupt mit Sozialisation gleichgesetzt, wobei allerdings die in der Einleitung vorgeschlagene Unterscheidung von Qualifikation und Sozialisation verloren geht, die sich eigentlich als sinnvoll erwiesen hat. Deswegen sollte Erziehung als Interaktion zwischen Lehrern und Schülern unter drei Aspekten differenziert werden:

1. Erziehung bedeutet Vermittlung von fach- und/oder berufsspezifischen Kenntnissen, Fähigkeiten und Einstellungen (Qualifikation).
2. Erziehung bedeutet Vermittlung von Wertvorstellungen, Handlungszielen und -normen, die schicht- und kulturspezifisch differieren (Sozialisation).
3. Erziehung bedeutet Gestaltung und Veränderung interpersonaler Beziehungen entsprechend der vorherrschenden inhaltlichen Dimension (Qualifikation oder Sozialisation).

Es muß betont werden, daß in jedem konkreten Erziehungsprozeß diese drei Momente untrennbar miteinander verwoben sind und allenfalls für analytische Zwecke je für sich betrachtet werden können. Freilich ist die *inhaltliche* Dimension von Erziehung damit nur sehr grob angesprochen, und es muß auch für das folgende erst einmal die Vermutung entkräftet werden, Erziehung sei grundsätzlich inhalts- oder wertneutral. Der Erziehungsprozeß kann im Gegenteil »seiner Natur als Interaktionsprozeß nach nicht neutral sein, da die inhaltliche Bestimmung der Interaktion vom Lehrer nur nach Maßgabe seines politischen Standpunktes erfolgen kann.«[40] Diese Formulierung ist nur scheinbar überspitzt; ihr Sinn wird in einer etwas differenzierenden Feststellung von Mollenhauer deutlich, in der zugleich ein wesentlicher Faktor der Lehrer-Schüler-Interaktion und ihrer Sozialisationswirkung beschrieben ist:

»Es ist die Annahme sinnvoll, daß jeder Erziehungsvorgang in den Merkmalen seines Vollzuges politische Implikationen enthält.« Der Erziehende kann »die Tatsache, daß er in einem durch Herrschaft strukturierten gesellschaftlichen Kontext lebt, zwar verleugnen, er kann sie aber nicht abschaffen.« »Es ist die Annahme sinnvoll, daß kein Erziehungsvorgang durch Rekurs auf seine politischen Komponenten oder Implikationen vollständig und zureichend erklärt werden kann.«[41]

Erziehung ist also weder apolitisch noch total politisch; jeder Lehrer ist in seinem (Erziehungs-)Verhalten von sozialen Erfahrungen, Zugehörigkeiten, Abhängigkeiten und Interessen beeinflußt, die er, bewußt oder unbewußt, direkt oder indirekt, auch an die Schüler vermittelt. Deshalb kann es auch keinen ›objektiven‹, d. h. von den gesellschaftlichen Bezügen des Lehrers freien und unbeeinflußten Unterricht geben. Lehrinhalte und Methoden ihrer Vermittlung unterscheiden sich darin nicht prinzipiell, sondern nur in dem Ausmaß und der Art, wie diese – im weitesten Sinn – politischen Verhaltens- und Einstellungsdimensionen des Lehrers wirksam werden.

Vor dem Hintergrund dieser grundlegenden Bestimmung kann die Lehrer-Schüler-Interaktion jetzt präziser beschrieben werden; sie ist im einzelnen dadurch charakterisiert, daß

- der Lehrer gegenüber dem Schüler eine Machtposition einnimmt,
- der Lehrer die einzelnen Schüler sehr unterschiedlich und ungenau wahrnimmt, und
- zwischen Lehrern und Schülern spezifische Kommunikationsstörungen bestehen.

Als wichtige Komponente jeder Interaktionsbeziehung wurde *Macht* schon im ersten Kapitel kurz diskutiert, und es wurde dort auf das gerade bei Sozialisationsprozessen zwischen den Beteiligten bestehende Machtgefälle hingewiesen; dies gilt für schulische Sozialisation genauso wie für familiäre Sozialisation. In der Schule, in den Beziehungen zwischen Schülern und Lehrern handelt es sich genauer um ein *kategorisches* Machtverhältnis, d. h., die Machtunterschiede gehen primär darauf zurück, daß Lehrer und Schüler verschiedenen Gruppierungen oder eben Kategorien angehören, die sich in ihrer realen Macht voneinander unterscheiden.[42] Dem Lehrer *als* Lehrer stehen andere und mehr Macht*quellen* zur Verfügung als dem Schüler *als* Schüler; eine kurze Betrachtung der möglichen Quellen von Macht kann dies gut belegen:

»1. Macht durch Belohnung, d. h. die Möglichkeit, für das erwünschte Verhalten Belohnungen vergeben zu können;
2. Macht durch Zwang, d. h. die Möglichkeit, unerwünschtes Verhalten bestrafen zu können;
3. Macht durch Beliebtheit, d. h. von anderen als Verhaltensvorbild anerkannt zu werden;
4. Macht durch Expertentum, d. h. die Fähigkeit, spezielle erwünschte Kenntnisse zur Verfügung stellen zu können; und
5. Macht durch Legitimation, d. h. von anderen Gruppenmitgliedern als legitimer Führer anerkannt zu werden.«[43]

Potentiell ist der Lehrer dem Schüler in allen fünf Machtdimensionen überlegen, faktisch ist er es meistens in bezug auf die Belohnungs-, die Zwangs- und Expertenmacht, weil er hier über *institutionell* abgesicherte Rechte und Kompetenzen verfügt. Ob die Schüler den Lehrer auch als Verhaltensvorbild und als legitimen Führer anerkennen, hängt entscheidend davon ab, wie der Lehrer von den anderen Machtquellen Gebrauch macht, ob er z. B. mehr bestraft oder mehr belohnt.

Während sich selbstverständlich die Schüler *untereinander* sehr stark in ihrer Macht unterscheiden, bleibt die Frage nach ihrer Macht gegenüber dem Lehrer noch zu beantworten. Zwar sind durchaus Beziehungsstrukturen denkbar, in denen ein Schüler etwa aufgrund ganz spezifischer Kenntnisse oder aufgrund großer Beliebtheit das Verhalten des Lehrers beeinflussen kann, doch wiegt dies keineswegs die grundsätzliche Machtdifferenz auf, zumal neben den Machtquellen als Determinanten von Macht auch noch zwei weitere Variablen die Macht des Lehrers vergrößern: die *Abhängigkeit* des Schülers von Machtquellen und die Verfügbarkeit von *Alternativen.*[44]

Der Schüler ist zumindest soweit von der Experten- und der Belohnungsmacht des Lehrers abhängig, als er Kenntnisse und gute Noten, eventuell für die Realisierung anderer Ziele braucht; ein Schüler, der darauf verzichtet, untersteht der Macht des Lehrers allerdings in viel geringerem Ausmaß. Unmittelbar damit zusammen hängt die Möglichkeit, das Angewiesensein auf den Lehrer dadurch zu reduzieren, daß der Schüler für bestimmte Bedürfnisse, deren Befriedigung in der Regel dem Lehrer zugewiesen ist, Alternativen findet. Auch diese Wahrscheinlichkeit ist aber gering zu veranschlagen, weil der Lehrer in so zentralen Bereichen wie etwa dem Prüfen und Benoten praktisch über eine Monopolstellung verfügt.

Intensität und Anzahl der Machtquellen des Lehrers, die starke Abhängigkeit des Schülers von ihnen, und schließlich die sehr geringe Möglichkeit alternativer Bedürfnisbefriedigungen machen zusammen die für die Lehrer-Schüler-Interaktion konstitutive Machtposition des Lehrers aus. Konsequenzen, die sich daraus für die schulische Erziehung ergeben, versuche ich am Ende dieses Abschnitts aufzuzeigen.

Eine zweite wichtige Sozialisationsbedingung ist die *Wahrnehmung* der Schüler durch den Lehrer. Gerade hier ist angesichts der Komplexität des Problems eine weitreichende Beschränkung notwendig; die sozialen Bedingungen dieser Wahrnehmung müssen ebenso vernachlässigt werden wie weitgehend auch die Theorie der Personwahrnehmung. Auf der anderen Seite ist es notwendig, Typisierungen und Beurteilungen von Schülern als Konsequenz der Wahrnehmungen des Lehrers zu berücksichtigen.

Die Wahrnehmung anderer Menschen ist immer mit großer *Unsicherheit* und Ungenauigkeit verbunden; wenn die Wahrnehmungen des Lehrers von den Schülern sich in diesem Punkt nicht von anderen unterscheiden, so sind sie doch in ihren Folgen im positiven wie im negativen Sinne um einiges gravierender als z. B. die Wahrnehmungen der Mitglieder eines Sportklubs untereinander, weil sie von der Beurteilungsaufgabe nicht losgelöst werden können.

Wenn ein Lehrer zum ersten Mal in einer Klasse unterrichtet, dann hat er zunächst eine Menge von Kindern oder Jugendlichen vor sich, die er nur grob nach äußerlich wahrnehmbaren Merkmalen differenzieren kann. Nach und nach werden dann auch die Verhaltensstandards der Schüler vom Lehrer – und den Mitschülern – wahrgenommen und nach eigenen Vorstellungen und Erwartungen *bewertet*, bis die Schüler schließlich nach ›gut‹, ›schlecht‹, ›faul‹, ›ordentlich‹ usw. etikettiert sind; dieser Prozeß der *Typisierung* ist sowohl Folge als auch Bedingung der Lehrer-Schüler-Interaktion.[45] Wenn der Lehrer einmal auf diese – meist wohl kaum bewußte – Weise eine Klasse in Typen kategorisiert hat, dann läuft die Interaktion mit dem einzelnen Schüler nach einem Quasiautomatismus ab: Dem Betreffenden werden jene Eigenschaften und Verhaltensweisen zugeschrieben, die in der Vorstellung des Lehrers für den jeweiligen Typ kennzeichnend sind. Auch wenn dabei durch die Selektivität der Wahrnehmung und eine entsprechende Abschwächung oder Überbetonung bestimmter Eigenschaften Fehler unterlaufen, so dienen doch solche Typisierungen gerade in der Entstehungsphase einer sozialen Beziehung der Handlungsorientierung und -sicherheit. Andererseits besteht die Gefahr einer Verfestigung und Erstarrung von Wahrnehmungen und Typisierungen besonders deshalb, weil sie in die implizite Persönlichkeitstheorie des Lehrers integriert oder schon aus ihr heraus begründet werden.[46]

Auf diesen grob umrissenen Prozeß sind die in ihrer Sozialisationswirkung kaum zu überschätzenden Urteilstendenzen des Lehrers in erster Linie zurückzuführen; die Analyse zweier spezifischer Aspekte, nämlich der Begründungsproblematik und der Schichtspezifität des Lehrerurteils, soll darüber noch weiter Aufschluß geben.

Am Beginn jeder Interaktion steht eine wechselseitige Wahrnehmung äußerlich feststellbarer Eigenschaften und Verhaltensmerkmale, die dann typisiert und in Zusammenhang mit allen anderen, nicht oder erst später feststellbaren Eigenschaften gebracht werden (Halo-Effekt[47]). Der Lehrer schreibt also einem Schüler, der durch die Merkmale A und B wahrgenommen wird, auch die möglicherweise in seiner impliziten Persönlichkeitstheorie damit gekoppelten Merkmale C und D zu; er *schließt* z. B. von ›ordentliche Kleidung‹ und ›korrekte Sprache‹ auf ›sympathisch‹ und ›intelligent‹. Gerade durch diesen Schluß, der zudem oft allgemeine Erscheinungs- oder Verhaltensmerkmale mit Leistungsbewertungen koppelt, entsteht das eigentliche Problem im Zusammenhang von Wahrnehmung, Typisierung und Beurteilung: Wahrnehmbare Eigenschaften werden mit Leistungsmerkmalen nicht nur zusammengesehen, sondern tendenziell zu deren *Begründung* herangezogen; grob vereinfacht wird ein Schüler für intelligent gehalten, *weil* er gut gekleidet ist und keinen Dialekt spricht. So werden die Schüler vom Lehrer auch leistungsmäßig typisiert, was sich, und damit kommen wir gleich zur Schichtspezifität, sozial selektiv auswirkt; eine Untersuchung, über die Popitz berichtet, hat dies bezüglich des Eignungsurteils des Lehrers für den Übertritt auf das Gymnasium eingehend nachgewiesen (z. B. dies ist bzw. ist nicht ein ›Gymnasiastentyp‹).[48] Wahrnehmung und Typisierung nach ›persönlichen‹ und nach Leistungsaspekten sind also in den Vorstellungen und Handlungen des Lehrers so miteinander kausal verbunden, daß sich gewisse Fehlurteile fast zwangsläufig als Folge der beschriebenen Prozesse einstellen.

Lehrerurteile im allgemeinen und besonders (leistungsmäßige) Fehlurteile unterliegen dem Einfluß schichtspezifischer Faktoren, die sich auf zweierlei Weise auswirken. Zum einen sind die Wahrnehmungen, Typisierungen und Urteile des Lehrers von der Tatsache mitbedingt, daß er selbst einer bestimmten Sozialschicht und zwar vorrangig der Mittelschicht angehört, in deren spezifischer Kultur er sozialisiert wurde. Von daher wird er Schüler, die ebenfalls der Mittelschicht zuzurechnen sind, als ihm selbst *ähnlicher* erleben und wahrnehmen als solche Schüler, die den unteren Sozialschichten zuzurechnen sind. Neben dieser eher globalen und eher unbewußt sich vollziehenden Differenzierung der Schüler verfügt der Lehrer aber zweitens auch über schichtspezifisch relevante ›echte‹ Informationen, sei es aus den Schülerbögen, sei es aus direkten Kontakten mit Eltern, die in seine Urteile einfließen, ja z. T. sogar zu ihrer Begründung herangezogen werden; so äußern manche Lehrer z. B. recht offen die Vermutung eines Zusammenhanges zwischen der sozialen Herkunft (›Elternhaus‹) und der Gymnasialeignung eines Schülers.[49]

Daß zwischen Schichtzugehörigkeit und Schulleistung de facto ein recht enger Zusammenhang besteht, wird damit nicht bestritten, sondern *erklärt*; Wahrnehmungen und Urteile des Lehrers sind nämlich am Zustandekommen dieses Zusammenhanges in entscheidendem Ausmaß beteiligt. Unabhängig von etwa bestehenden Unterschieden zwischen den Sozialschichten führt allein die *Annahme*, Kinder aus der Unterschicht seien weniger begabt und leistungsmotiviert, bei den Lehrern zu einer entsprechenden Erwartungsbildung, die schließlich ihr Verhalten derart bestimmt, daß solche Kinder unter bestimmten Umständen tatsächlich schlechter beurteilt werden. Gerade bei der letztlich ausschlaggebenden Stufe des Lehrerurteils, der Notengebung, sind schichtspezifische Verzerrungen in der Wahrnehmung des Lehrers und damit eine Diskriminierung von Unterschichtkindern schon öfters nachgewiesen worden: Nicht nur bei Deutschaufsätzen, sondern auch bei als objektiv geltenden Rechenaufgaben wurden in verschiedenen Untersuchungen die Leistungen von angeblich aus der Mittel- und Oberschicht stammenden Kindern signifikant besser beurteilt als *dieselben* Leistungen von angeblichen Unterschichtkindern.[50]

Einen weiteren interessanten Aspekt der Wahrnehmung in der Lehrer-Schüler-Interaktion hat Jackson untersucht; er stellte fest, daß die Einstellungen der Schüler zur Schule von den Lehrern zwar genauer wahrgenommen werden als es rein zufällig möglich wäre, aber die Genauigkeit doch nur einen bescheidenen Wert erreicht (Korrelationskoeffizient zwischen tatsächlicher und vom Lehrer wahrgenommener Einstellung = 0.35).[51] Abgesehen von geschlechtsspezifischen Unterschieden ist die Wahrnehmungsgenauigkeit des Lehrers bei zufriedenen und intelligenteren Schülern überdurchschnittlich, bei unzufriedenen und weniger intelligenten Schülern unterdurchschnittlich groß.

Am aufschlußreichsten im Sinne der dargestellten Überlegungen zur Wahrnehmung und Typisierung ist jedoch ein anderes Resultat Jacksons, das allerdings wegen der geringen Zahl der Fälle nur hypothetischen Wert hat: Die Intelligenz eines Schülers – nach der Einschätzung des Lehrers – scheint der wichtigste Bezugspunkt dafür zu sein, ob seine Einstellung zur Schule vom Lehrer für zufrieden oder unzufrieden gehalten wird, d. h., auch wenn ein weniger intelligenter Schüler eine positive Einstellung zur Schule hat, nimmt ihn der Lehrer als unzufrieden wahr, während ein intelligenter Schüler – immer in Relation zur Klasse zu sehen –, der tatsächlich negativ eingestellt ist, als zufrieden wahrgenommen wird.[52]

Geht man davon aus, daß das Verhalten des Lehrers gegenüber einem Schüler auch von dessen *wahrgenommener* (Un-)Zufriedenheit abhängt, die der Lehrer zumindest teilweise als Reaktion auf seine Arbeit interpretiert, dann ist eine Verstärkung der Interdependenz zu erwarten. Ein ›schlechter‹ (›guter‹) Schüler wird vom

Lehrer als unzufrieden (zufrieden) erlebt, auch wenn dessen Einstellung zur Schule in Wirklichkeit positiv (negativ) ist; der Lehrer interpretiert die wahrgenommene Unzufriedenheit (Zufriedenheit) in jedem Falle *auch* als Konsequenz seines eigenen Verhaltens, fühlt sich entsprechend negativ (positiv) sanktioniert und wird schließlich auf den betreffenden Schüler eher ablehnend (zustimmend) reagieren, der sich seinerseits nicht richtig eingeschätzt sieht und unter Umständen langfristig sein Verhalten in der vom Lehrer angenommenen Richtung ändert. So hypothetisch diese Aussagen zunächst auch sind, so deutlich ist hier wie bei dem Zusammenhang von Schichtzugehörigkeit und Lehrerurteil die Tendenz, daß ungenaue oder gar Fehlwahrnehmungen des Lehrers sich dennoch als richtig erweisen (›self-fulfilling-prophecy‹ nach Merton), weil sie eben urteils- bzw. verhaltensbestimmend sind. Auf die Sozialisationskonsequenzen dieser Prozesse und Mechanismen wird ebenfalls am Ende des Abschnitts eingegangen.

Als dritte Sozialisationsbedingung in der Lehrer-Schüler-Interaktion sind nun noch *Kommunikation* und Kommunikations*störungen* zu behandeln. Die Bemerkungen zur Kommunikationsstruktur der Schulklasse im letzten Abschnitt sind insoweit sehr unvollständig geblieben, als die Zentralperson der klasseninternen Kommunikation, nämlich der Lehrer, dort noch nicht berücksichtigt war. Obwohl sich je nach der Art der Unterrichtsorganisation durchaus verschiedene Kommunikationsstrukturen und -substrukturen in einer Klasse bilden können, wie etwa der Vergleich von Frontal- und Gruppenunterricht zeigt, bleibt doch die Stellung des Lehrers in jedem Fall ziemlich beherrschend; nur es kann zumindest die formelle Kommunikationsstruktur dezentralisieren, weil nur er a priori in ihrem Zentrum steht. Dies ist ebenso wie die hiermit eng zusammenhängende Machtposition des Lehrers durch institutionelle Regelungen und Normen abgesichert, z. B. derart, daß die Schüler nur sprechen dürfen, wenn sie vom Lehrer aufgerufen werden.

Für einzelne Bestimmungsmomente der Kommunikation zwischen Schülern und Lehrern gibt es hinreichende empirische Belege; sie zeigen alle auf unterschiedliche Weise die kommunikative *Dominanz des Lehrers* innerhalb der Klasse. So werden z. B. rund 80% aller Kommunikationen vom Lehrer initiiert, von dem auch nahezu alle Kommunikationen ausgehen, die sich auf Ordnung und Disziplin beziehen; bei dieser Art von Kommunikation ergeben sich ferner große geschlechtsspezifische Unterschiede, für die nicht allein das ›bravere‹ Verhalten von Schülerinnen, sondern zu einem großen Teil auch wieder entsprechende Erwartungshaltungen des Lehrers verantwortlich sind.[53]

Ein Gesichtspunkt von besonderer Wichtigkeit geht aus den Forschungen von Bernstein und Oevermann hervor[54]; es muß angenommen werden, daß sich schichttypische Unterschiede im *Sprachverhalten* in den Kommunikationsbeziehungen der Schüler untereinander und mit dem Lehrer niederschlagen, denn Sprache ist nicht nur das *Medium*, in dem Typisierungen sich vollziehen und Bewertungen formuliert werden, sondern häufig auch ein erstes wahrnehmbares Typisierungs- und Bewertungs*kriterium*.

Wenn Kommunikation allgemein als Interaktion durch sprachliche Symbole verstanden wird, dann zeichnet sich die Bedeutung ab, die ein bestimmter Sprachstil (restringierter oder elaborierter Code, Dialekt oder Hochsprache) in der Lehrer-Schüler-Interaktion hat. Gerade in Sprachstil und Wortschatz unterscheiden sich –

für den Lehrer deutlich wahrnehmbar – Kinder aus der Unterschicht von jenen aus Mittel- und Oberschicht; besonders in Schulfächern, die wie z. B. Deutsch explizit auf sprachliche Leistungen angelegt sind, werden Unterschichtkinder stark benachteiligt, weil sie nicht die formale und abstrahierende Sprache gelernt haben, in der viele schulische Lerninhalte formuliert sind. Dies gilt vor allem auch für die Kommunikation zwischen Unterschichtkindern und den meist in der (sprachlichen) Kultur der Mittelschicht sozialisierten Lehrern. Hier kann es ebenso wie in der Beziehung zwischen Eltern und Lehrern durch die unterschiedlichen Verhaltens- und Sprachmuster zu Kommunikationsproblemen und Mißverständnissen kommen: »Der Lehrer erscheint dem Kind aus nichtbürgerlichen Schichten unpersönlich, kalt, gedrechselt; das Kind dem Lehrer grob, ausdrucksarm, taktlos.«[55] Verständnisschwierigkeiten können sich zu gravierenden Kommunikationsstörungen entwickeln, die sich vom Idealfall ungestörter Kommunikation immer weiter entfernen.

In der Schule, in der Interaktion zwischen Schülern und Lehrer ist freilich dieser Idealfall ohnehin nicht gegeben; hier sind vielmehr Kommunikationsmomente wirksam, die immer schon ein nicht unerhebliches Ausmaß an Kommunikations*störung* implizieren. Typisch für schulische Kommunikation sind insbesondere:

»– Beziehungsdefinitionen, deren Geltung *nicht* in Frage gestellt wird (Eltern-Kind, Lehrer-Schüler usw.);
– Informationen, deren Verwendungssinn nur in Grenzen offen bleibt;
– ›bündige‹, d. h. nicht argumentative Antworten auf Kinderfragen;
– Beschränkung auf traditional eingespielte Handlungsziele und Handlungsmuster usw.«[56]

Diese Aspekte gestörter Kommunikation haben ihre Ursache vorwiegend in zwei interdependenten, für Schule charakteristischen Sachverhalten, die die *asymmetrische* Kommunikationsstruktur zwischen Lehrer und Schüler ausmachen. Von der Definition des Schul*zweckes* her ist eine asymmetrische Kompetenz- und Informationsverteilung zugunsten des Lehrers gegeben, die Art und Inhalt von Kommunikationen gemeinsam mit der – nicht notwendig aus dem Zweck herzuleitenden – institutionellen Machtposition des Lehrers bestimmt; der Lehrer entscheidet nicht nur darüber, *was* kommuniziert wird, sondern auch darüber, *wie* strukturell kommuniziert wird.

Kommunikationsstörungen zwischen ihm und den Schülern entstehen nun allgemein dadurch, daß Inhalts- und Beziehungsebene der Kommunikation von den Beteiligten unterschiedlich definiert und interpretiert werden.[57] Wenn der Lehrer etwa zu einem Schüler sagt: das kannst du nicht, dazu bist du zu dumm, dann kann diese Mitteilung, auch wenn sie rein inhaltlich gemeint war, vom Schüler trotzdem als Aussage über die Beziehung aufgefaßt werden und umgekehrt. Eine Störung liegt auch dann vor, wenn der Beziehungsaspekt der Kommunikation von einem der Partner überhaupt nicht gesehen oder geleugnet wird, was z. B. bei einem Lehrer der Fall ist, der meint, die Schüler ausschließlich nach ›objektiven‹ Leistungsgesichtspunkten zu beurteilen; nicht zuletzt aus der bei der Wahrnehmungsproblematik zitierten Untersuchung von Jackson wird eigentlich das Gegenteil dazu, nämlich die faktische Untrennbarkeit der Inhalts- und Beziehungsdimension von Kommunikation deutlich.

Dies war auch unser Ausgangspunkt: Gestaltung interpersonaler Beziehungen und Vermittlung von Inhalten verlaufen stets in enger Interdependenz; gerade deshalb aber ist es notwendig und legitim, den Zusammenhang unter zwei Perspektiven zu betrachten, d. h. einmal zu fragen, wie sich spezifische Beziehungen auf Inhalte auswirken, was im jetzigen Abschnitt versucht wird, und zum anderen den Einfluß inhaltlicher Bedingungen auf soziale Beziehungen zu untersuchen, was im folgenden Abschnitt geschehen soll. Die auf den letzten Seiten beschriebenen wichtigsten Faktoren der Beziehungsstruktur zwischen Lehrern und Schülern – die Machtposition des Lehrers, seine ungenaue Wahrnehmung der Schüler und Kommunikationsstörungen – müssen also jetzt noch kurz auf ihre inhaltlichen Konsequenzen hin dargestellt werden.

Die zur Machtposition des Lehrers relative Machtlosigkeit des Schülers wird im institutionellen Kontext der Schule als Modellsituation sozialer Hierarchie erlebt und deshalb auch auf andere gesellschaftliche Bereiche übertragen; da der Schüler die Verlängerung der Hierarchie nach oben, d. h. über den Direktor bis hin zur Kultusbehörde, kaum erkennen kann, werden ihm die Abhängigkeiten und Zwänge, denen der *Lehrer selbst* unterliegt, nicht bewußt. Der Schüler internalisiert so ein Abhängigkeitsverhältnis, zu dem in der familiären Sozialisation teilweise schon die Basis gelegt wurde und das sich nach Beendigung der Schulzeit in der weiteren Ausbildung oder beruflichen Tätigkeit tendenziell fortsetzt. Andererseits behält mit großer Wahrscheinlichkeit das Modell innerschulischer Machtverteilung auch für *den* Fall seine Sozialisationswirkung, daß ein früherer Schüler selbst in eine Machtposition kommt, die er dann analog der erfahrenen Beziehungen ausfüllt; dies gilt auch und gerade, wenn ein Schüler später als Lehrer in die Schule zurückkommt, woran auch die zwischenzeitliche Sozialisation an den Hochschulen bislang nichts zu ändern vermag.

Selektive Wahrnehmungen und Typisierungen bedeuten aus der Sicht des Lehrers zweifellos eine Differenzierung der Klasse, die nicht mehr als ›Ganzes‹, sondern eben nach bestimmten Gesichtspunkten kategorisiert erscheint; aus der Sicht des Schülers hingegen werden Typisierungen vor allem des Lehrers als *Generalisierung* erlebt. Der Schüler fühlt sich partiell nicht als Individuum, sondern nur unter dem Gesichtspunkt kategorialer Zugehörigkeiten behandelt und sieht sich mit daraus abgeleiteten Erwartungen konfrontiert, denen er *als* ›schlechter Schüler‹, ›Akademikerkind‹, ›Klassenclown‹, ›Streber‹ usw. nachkommen soll. Zumindest dann, wenn die Mitschüler ihn gleich oder ähnlich typisieren, werden diese Erwartungen langfristig sein Verhalten tatsächlich bestimmen. Besonders fatal wirkt sich hier die Koppelung kategorialer Zuschreibungen mit Leistungserwartungen auf seiten des Lehrers aus. Bemerkungen des Lehrers wie: das mußt du als . . . doch können, oder: das kannst du als . . . nicht besser wissen, können beim Schüler eine passive Leistungseinstellung hervorrufen, weil der Lehrer damit den Eindruck signalisiert, daß Leistungsmessung und -beurteilung nur nach seinen vorgefaßten Typisierungen entstehen. Alles in allem werden so wahrnehmbare Eigenschaften und Verhaltensweisen, die ein Schüler vielleicht nur in der Schule zeigt, generalisiert und schränken den Spielraum des individuell Bestimmbaren ein; Typisierungen gehen letztlich in die Selbstdefinition ein und können sich so bestätigen.

Die durch den Lehrer zentralisierte Kommunikationsstruktur der Klasse wird ähnlich wie die ungleiche Machtverteilung von den Schülern als Modellsituation wahrgenommen und möglicherweise auf andere Bereiche übertragen. Nicht nur deshalb ist die Position des Schülers in dieser Struktur so wichtig, sondern auch weil die Kommunikation mit dem Lehrer ein bedeutsames Mittel der Bedürfnisbefriedigung und der Selbstdarstellung ist. Dies gilt allerdings nur in einer relativ ungestörten Kommunikation, in der auch der Lehrer den Beziehungsaspekt akzeptiert. Im übrigen wirken sich die beschriebenen Kommunikationsstörungen durchwegs als *Verunsicherung* des Verhaltens der Schüler aus und führen in den Augen des Lehrers zu falschem bzw. inkompetentem Verhalten. Nur der Lehrer kann auf Grund seiner Position bewußt oder unbewußt den Inhalts- und den Beziehungsaspekt von Kommunikationen vermengen und überhaupt Beziehungen definieren, während die Schüler ihm gegenüber in der Regel allein auf Inhalte verwiesen sind; gerade *weil* diese Beziehungen zwischen Lehrern und Schülern von ihnen nicht thematisiert werden (dürfen), ist es um sie oft nicht gut bestellt.

III. Politische Ziele, Inhalte und soziale Faktoren schulischer Sozialisation

Sowohl die gruppenspezifischen Sozialisationsbedingungen in der Schulklasse als auch die Sozialisationsbedingungen in der Lehrer-Schüler-Interaktion sind in ihrem Einfluß vermittelt durch und abhängig von Zielen, Inhalten und sozialen Faktoren schulischer Sozialisation, die als Bedingungen *von* Interaktion schon öfters benannt wurden. Sie wirken aber nicht nur *indirekt* auf Verhalten und Einstellungen der Schüler, sondern auch *direkt*, was schematisch folgendermaßen dargestellt werden kann:

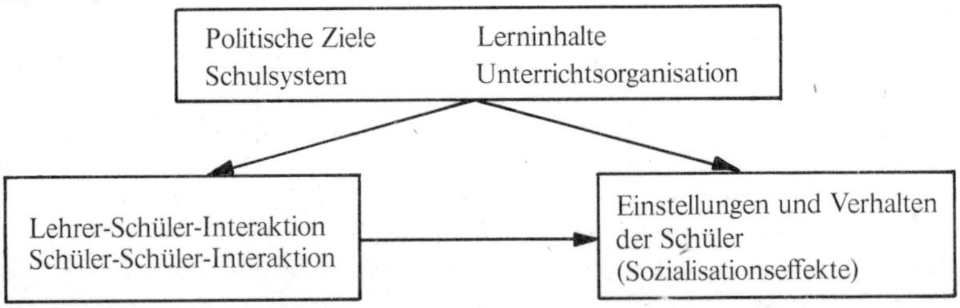

Wenn der ›feed back‹ zwischen den einzelnen Variablen und die außerhalb der Schule liegenden Sozialisationsbedingungen vernachlässigt werden, dann wird die große Bedeutung dieser schulinternen Bedingungen deutlich. Die politischen Ziele, die anschließend als erstes diskutiert werden, sind deshalb vorrangig, weil sie die *anderen* Bedingungen erst konstituieren oder zumindest inhaltlich weitgehend bestimmen; gerade deshalb wird allerdings ihre Wirkung meist nur mittelbar manifest. Die Umsetzung der Ziele in Lerninhalte und Lehrmethoden geschieht in der Curriculumforschung und -planung, deren Ergebnis fachspezifische Zielkataloge und Lehrpläne sind bzw. sein sollten. Curriculumplanung erweist sich damit inhaltlich als Sozialisationsplanung.

Lerninhalte sowie schul- und unterrichtsorganisatorische – einschließlich didaktische – Faktoren beeinflussen Interaktionen und Einstellungen von Schülern und

Lehrern unmittelbar, sind aber in ihrer Sozialisationswirkung sehr differenziert zu beurteilen. So haben etwa gesellschaftswissenschaftliche Fächer intensivere und transparentere Sozialisationsfunktionen als naturwissenschaftliche Fächer, beeinflußt eine bestimmte Unterrichtsform (z. B. Frontal- oder Gruppenunterricht) das Verhalten der Schüler mehr als die rein formelle Schulorganisation. Dabei darf aber nicht übersehen werden, daß *alle* Schulfächer und *alle* sozialen wie institutionell-organisatorischen Elemente der Schule als pädagogisches Feld das Verhalten von Schülern und Lehrern und ihre Interaktionen mitdeterminieren; es gibt in dieser Perspektive, die die Sozialisationsbedingungen in den Mittelpunkt stellt, keine prinzipiellen, sondern nur graduelle Unterschiede.

Die allgemeine Wirkung einer bestimmten Unterrichtsform oder eines spezifischen Inhaltes kann zunächst nach den analytisch unterschiedenen Aspekten von Sozialisation, Qualifikation und Gestaltung interpersonaler Beziehungen ermittelt werden. Innerhalb dieser Bereiche läßt sich dann weiter unterscheiden in intendierte und tatsächliche sowie in manifeste und latende Wirkungen. Ich möchte diese Möglichkeiten in einem Schema zusammenfassen und in einem konstruierten Beispiel erläutern, weil es im folgenden kaum möglich sein wird, jeweils all diese Wirkungsdimensionen einer Sozialisationsbedingung ausführlich darzustellen und weil das Schema dann Interpretationshilfen geben kann.

	Wirkungen:			
	intendierte	faktische	manifeste	latente
Sozialisation				
Qualifikation				
Gestaltung interpersonaler Beziehungen				

Für das Beispiel nehmen wir als Ausgangssituation an, daß im Geschichtsunterricht einer Schulklasse die Gründungsphase der BRD und besonders die Bedeutung Adenauers behandelt wird. Der Lehrer schildert die Ausgangssituation nach dem zweiten Weltkrieg, das Zustandekommen des Parlamentarischen Rats, die Verabschiedung des Grundgesetzes und schließlich die erste Wahl des Bundestages und des Bundeskanzlers. In einer zwischenzeitlichen Übungsarbeit stellt er fest, daß die Schüler die wichtigsten Entwicklungslinien und Daten verstanden haben und richtig wiedergeben können; intendierte und faktische Qualifikation stimmen also – aus der Sicht des Lehrers – überein, spezifische Sozialisationswirkungen hatte er nicht beabsichtigt. Während einer weiteren Stunde geht der Lehrer auf die Biographie von Adenauer ein und äußert dabei deutlich seine Bewunderung für den, wie er sagt, ›größten Staatsmann der Bundesrepublik‹. Dies löst bei mehreren Schülern Widerspruch aus, und es kommt zu einer intensiven Diskussion über die Bewertung der politischen Leistungen Adenauers. Während der Lehrer seine Position verteidigt, entstehen in der Klasse drei Gruppierungen: Befürworter Adenauers, Kritiker und Unentschlossene bzw. Schweigsame. Da zum ersten Mal offen und ausführlich in der Klasse eine politische Frage diskutiert wird und fast alle Schüler ihre Einstellungen dazu äußern, kann es (hier beginnt eine relativ freie Interpretation) zu Veränderungen in den sozialen Beziehungen zwischen den Schülern kommen; bei zwei befreundeten Schülern, die jetzt ganz unterschiedliche politische Meinungen vertreten, entstehen Konflikte. Der Lehrer wird von manchen Schülern positiver, von anderen negativer als vorher beurteilt. Diese Veränderungen in den Beziehungen treten ein, obwohl sie nicht intendiert waren; der Konflikt zwischen zwei Schülern wird sichtbar ausgetragen, während Einstellungsänderungen gegenüber dem Lehrer latent bleiben. Als Folge der ganzen Diskussion ergeben sich schließlich faktische Sozialisationswirkungen; die entstandene politische Differenzierung der Klasse entwickelt sich zu einem relevanten Bezugssystem für Typisierungen, die vertretenen Positionen werden festgeschrieben, und bei einigen Schülern entsteht – zunächst noch latent – ein Bewußtsein ihres politischen Standortes.

Im Unterschied zu diesem Beispiel muß ich mich für das folgende im wesentlichen auf eine Analyse der *intendierten* Sozialisationswirkungen und der Realisierung entsprechender Bedingungen beschränken. Dabei werden Ziele, Inhalte und soziale Faktoren schulischer Sozialisation gerade auch unter der Perspektive verschiedener Reformpläne in der BRD beschrieben.

a) Zieldimensionen in der Reformdiskussion

Schule als Sozialisationsinstitution der Gesellschaft ist nicht ›frei‹ von dieser Gesellschaft, sondern unterliegt im Gegenteil den Zielvorstellungen und Interessen derjenigen politischen Gruppierungen und Instanzen, die Entscheidungen in Bildungs- und Schulproblemen treffen. Dies gilt vor allem für die Zielbestimmungen schulischer Erziehung, die von Gremien wie dem Deutschen Bildungsrat oder der Bund-Länder-Kommission für Bildungsplanung vorbereitet und vorgeschlagen und schließlich von der Legislative beschlossen werden. Daß in der jüngsten Zeit solche Ziele primär die Sozialisationsdimension schulischer Erziehung betreffen, wurde in der Einleitung schon gesagt und kann jetzt noch eingehender belegt werden.

Die Anerkennung der Sozialisationsziele als grundsätzlich politische Ziele sagt freilich noch nichts über ihre Umsetzung in und ihren Zusammenhang mit *anderen* Sozialisationsbedingungen aus, über die z. T. auf ganz anderen Ebenen entschieden wird. Erkennbare Diskrepanzen zwischen den proklamierten Zielen einerseits sowie ihrer institutionellen und inhaltlichen Realisierung andererseits spiegeln zwar oft echte Differenzen zwischen den Entscheidungsträgern wider, sind aber mindestens genauso oft Folge des zwischen Zielfindung und -realisierung bestehenden ›time lags‹. Die Diskussion über die Ziele *allein* erscheint deshalb weniger konfliktträchtig, weil die meisten Zielbestimmungen vage und leerformelhaft sind; auch dafür werden im folgenden einige Belege genannt.

Der Deutsche Bildungsrat formuliert ausgehend vom Grundgesetz und den Länderverfassungen als Globalziel von Bildung »die Fähigkeit des einzelnen zu individuellem und gesellschaftlichem Leben, verstanden als seine Fähigkeit, die Freiheit und die Freiheiten zu verwirklichen, die ihm die Verfassung gewährt und auferlegt.«[58] Wenn allerdings schon die Freiheit zur *Bildung*, d. h. etwa der Zugang zur *höheren* Schulbildung in der Gesellschaft der BRD schichtspezifisch sehr unterschiedlich verteilt ist, dann ergibt sich offensichtlich eine ebensolche Verteilung in Bezug auf die Fähigkeit, andere Freiheiten zu verwirklichen.

Dies ist das *Dilemma* gerade einer sozialisationsorientierten Bildungs- und

Schulreform, in der sich sozial-strukturell bedingte Unterschiede in Verhalten und Leistungen der Schüler stärker niederschlagen als in einer um Qualifikationen zentrierten Reform, wobei es sich jedoch keinesfalls um eine grundsätzliche Differenz handelt. Spezifische Kenntnisse und Fähigkeiten werden heute nicht mehr als eigentliches oder gar letztes Ziel von Bildung aufgefaßt, sondern – zumindest verbal – den Intentionen und Zielen des Individuums soweit untergeordnet, als sie zu deren Verwirklichung beitragen. Noch deutlicher als der Bildungsrat hat dies die Bund-Länder-Kommission für Bildungsplanung ausgedrückt: Das Bildungswesen soll künftig »unter Berücksichtigung der gesamtgesellschaftlichen Entwicklung den Anspruch des einzelnen auf Förderung und Entfaltung seiner Begabungen, Neigungen und Fähigkeiten erfüllen und ihn dadurch befähigen, sein persönliches, berufliches und soziales Leben selbstverantwortlich zu gestalten«.[59]

Bildungsrat und Bund-Länder-Kommission hängen offensichtlich einem liberalen Modell an, dessen Durchsetzbarkeit, abgesehen von dem Hinweis auf die gesamtgesellschaftliche Entwicklung, nicht weiter geprüft wird. So entsteht der Eindruck, das freie, selbstverantwortliche Leben des einzelnen sei das oberste Ziel von Schule und Schulreform, aber dieser Eindruck trügt. Bereits vor einigen Jahren hat Rolff aus einem mehrdimensionalen Begründungszusammenhang heraus vier Zwecksetzungen von Bildungsplanung und -reform entwickelt, von denen sich nur eine mit dem liberalen Modell deckt:

»(I) freie Entfaltung der Persönlichkeit,
(II) Gleichheit der Bildungschancen,
(III) Deckung des Bedarfs an gebildeten Menschen,
(IV) Effizienz des Mitteleinsatzes.«[60]

Auch wenn – was Rolff zu Recht betont – Gewichtung und Begründung dieser Zwecke sehr verschieden ausfallen, so kann doch nicht übersehen werden, daß das Hauptziel des liberalen Modells durch die anderen Zwecksetzungen entscheidend *eingeschränkt* oder gar verhindert wird. Nicht nur die Effizienz der eingesetzten Mittel, sondern besonders die politisch begründete, quantitative wie qualitative *Begrenzung* der Mittel reduziert die Selbstverwirklichung durch Bildung zu einem formal-symbolischen Ziel; die Regulierung des Zuganges zu den Hochschulen der BRD durch ausgedehnte numerus-clausus-Bestimmungen macht dies mit aller Deutlichkeit sichtbar.

Die Diskussion über Schulreform ist im einzelnen durch drei interdependente Ziele gekennzeichnet, für die die Schlagworte ›Demokratisierung‹, ›Chancengleichheit‹ und ›kompensatorische Erziehung‹ sich eingebürgert haben, und die alle drei auf eine Veränderung schulischer Sozialisation hinweisen. Inwieweit diese Ziele realisierbar sind bzw. bereits zu feststellbaren Konsequenzen geführt haben, soll nun erörtert werden.

Demokratisierung der Schule ist ein sehr komplexes Ziel, das sich auf mehrere Sachverhalte und Veränderungsbereiche beziehen läßt; der folgende Katalog enthält die wichtigsten Dimensionen dieses Ziels, ohne natürlich als vollständig gelten zu können: mehr soziale Gerechtigkeit durch Neuorganisation des Schulaufbaus, Veränderung der Stellung von Lehrern und Schülern durch mehr Mitbestimmung innerhalb der Schule, Revision der Curricula, gleichlange Schulpflicht für alle Schüler, Selbstbestimmung der Schullaufbahn durch die Schüler, Abbau des Frontalunterrichts.[61] Da Schulorganisation, Curriculumreform und Unterrichtsformen in späteren Abschnitten noch ausführlicher behandelt werden, beschränke ich mich zunächst auf die anderen Dimensionen.

In der BRD gibt es immer noch keine für *alle* Schüler gleichlange Schulpflicht; ein Gymnasiast geht immer noch durchschnittlich drei bis vier Jahre länger in die Schule als ein Haupt- oder Realschüler. Dies bedeutet eine klare Diskriminierung der Schüler mit den niedrigeren Abschlußqualifikationen, die in den meisten Fällen für das ganze spätere Leben aufrechterhalten bleibt. Ist schon die Sozialisationswirkung der einzelnen Schul*arten* sehr unterschiedlich, so werden diese Unterschiede durch die verschieden lange *Dauer* des Schulbesuchs noch weiter vergrößert. Die Einführung einer gleich langen Schulpflicht würde deshalb auch mehr Chancengleichheit bedeuten.

Ähnliches gilt für die Selbstbestimmung der Schullaufbahn durch den Schüler; auch dieses Ziel ist in den Schulen der BRD noch kaum realisiert. Am gravierendsten ist, daß der Zeitpunkt von Schullaufbahnentscheidungen immer noch *zu früh* liegt, d. h. zu einem Zeitpunkt, zu dem die meisten Schüler für eine begründete, ihren Interessen entsprechende Entscheidung noch nicht befähigt worden sind. Aber selbst wenn bei einem durch das ökonomische Argument der Ausschöpfung von Begabungsreserven begründeten Hinausschieben der Schullaufbahnentscheidungen die Schüler eher über sich selbst bestimmen könnten, dann wird dies durch die vorherrschende Praxis, in der fast ausschließlich der Lehrer auf Grund einer Leistungsbewertung solche Entscheidungen trifft, faktisch verhindert.

Die soziale und rechtliche Stellung des *Lehrers* hat selbstverständlich wesentliche Konsequenzen für seine Beziehungen zu den Schülern und damit für schulische Sozialisation überhaupt. Kennzeichen dieser Stellung ist vor allem, daß der Lehrer in der Weisungs- und Entscheidungshierarchie *ganz unten* steht, wenn man von seinen Rechten gegenüber den Schülern einmal absieht; über sich hat er einen Rektor bzw. Direktor als Schulleiter, Schulaufsichtsbeamte und schließlich die Kultusbürokratie. Erfahrungen von Abhängigkeit und sozialer Kontrolle, die der Lehrer auf Grund dieser Stellung allgemein und auf Grund der dienstlichen Beurteilung durch seine Vorgesetzten speziell machen muß, wirken sich notwendig in seinem Verhalten gegenüber den Schülern aus. Einem Lehrer, der in wichtigen Angelegenheiten seiner Schule keine echte Mitbestimmungsmöglichkeit hat[62], wird es schwerer fallen, seinen Schülern in der Klasse solche Möglichkeiten einzuräumen, als einem Lehrer, der an allen schulischen Entscheidungen voll beteiligt ist. Hier wird deutlich, daß Demokratisierung der Schule langfristig nur dann verwirklicht werden kann, wenn sie sich auf *alle* genannten Bereiche erstreckt und damit auch die Stellung der *Schüler* verändert, der selbstverständlich unter dem Aspekt schulischer Sozialisation ein gewisser Vorrang zukommt, weil entsprechende institutionelle Bedingungen und rechtliche Vorschriften *unmittelbar* das Verhalten der Schüler beeinflussen.

C. W. Müller hat drei Ansätze zur Bestimmung der Stellung des Schülers beschrieben, von denen der zuletzt genannte eine Veränderung dieser Stellung durch Demokratisierung intendiert:

»1. den konservativ-institutionellen Ansatz (›Schule als besonderes Gewaltverhältnis‹),

2. den reformpädagogisch-zwischenmenschlichen Ansatz (›Demokratisierung des pädagogischen Bezugs‹),
3. den progressiv-institutionellen Ansatz (›Demokratisierung der Herrschaftsstruktur der Schule‹).«[63]

Während der erste Ansatz davon ausgeht, daß die Grundrechte der Schüler zum Schutz des Schul*zweckes* eingeschränkt werden können, wird im zweiten Ansatz angenommen, der Lehrer vertrete *als* Pädagoge auch die Interessen des Schülers, die dieser als ›Mündiger‹ selbst vertreten würde. Der erste Ansatz ist in sich nicht demokratisch und steht zudem im Widerspruch zu den in den meisten Schulgesetzen oder -verfassungen formulierten und als Schulzweck gefaßten Erziehungszielen; der zweite intendiert deswegen keine wirkliche Demokratisierung, weil er die tatsächlichen Interessen- und Macht*unterschiede* nicht berücksichtigt. An diesem Punkt setzt dann auch der progressiv-institutionelle Ansatz ein, der die Stellung des Schülers dadurch neu zu bestimmen versucht, daß

- der Interessengegensatz zwischen Schülern und Lehrern als notwendig und legitim akzeptiert und auf einer Ebene oberhalb der Klasse institutionalisiert wird,
- die Stellung des Lehrers verbessert wird, weil – wie schon angedeutet – dies den Freiheitsraum der Schüler vergrößert,
- Formen überflüssiger Herrschaft, wie sie sich z. B. in Disziplinarordnungen oder im Rauchverbot auch für ältere Schüler manifestieren, abgebaut werden,
- die Schülervertretungen entpersonalisiert werden, indem man sie vom Mandat der Klasse abhängig macht,
- die gesellschaftlichen Voraussetzungen und Bedingungen der Funktionen von Schule, Schüler und Lehrer als Gegenstand des Unterrichts thematisiert werden.[64]

Auch wenn die Sozialisationskonsequenzen dieser zur Zeit noch kaum realisierten Vorschläge nicht im Detail abgeschätzt werden können, so bleibt doch festzuhalten, daß nur der progressiv-institutionelle Ansatz über eine Veränderung der Stellung des Schülers (und des Lehrers) einen Beitrag zur Demokratisierung der Schule leisten kann, die selbst wieder Voraussetzung für das Erreichen der oben zitierten Bildungsziele ist.

Von Demokratisierung nicht zu trennen ist das Ziel der *Chancengleichheit*, von dem her auch die Intention kompensatorischer Erziehung begründet wird. ›Chancengleichheit‹ ist heute zu einem derart vielschichtigen und häufig von nahezu allen bildungspolitischen Richtungen verwendeten Schlagwort geworden, daß eine genauere Spezifizierung notwendig ist. Ein oberflächliches und quantitatives Verständnis von Chancengleichheit hat seit den Warnungen von Picht vor dem ›Bildungsnotstand‹ jahrelang die Diskussion beherrscht: Die Gleichheit der Bildungschancen wird verbessert, wenn *mehr* Schüler weiterführende Schulen besuchen und abschließen, und zwar vor allem benachteiligte Schüler aus den *unteren* Schichten. Aber selbst diese entschieden zu eng gefaßte Chancengleichheit konnte nicht annähernd verwirklicht werden. Zwar hat sich die Zahl an Abiturienten und Studenten in den letzten Jahren beträchtlich erhöht, doch davon profitierten in erster Linie Mittelschichtkinder.[65]

Im Hinblick auf die Sozialisation in der Schule sind zwei andere Auffassungen von Chancengleichheit sehr viel folgenreicher: »Chancengleichheit als Recht auf begabungsgemäßen Bildungsgang« und »Chancengleichheit als Recht auf individuelle Begabungsförderung«.[66] Bei der ersten Bestimmung wird die Begabungsverteilung als *gegeben* angenommen, der Schule entsprechend die Aufgabe der Selektion von Begabungen und der Ausschaltung von Störfaktoren zugewiesen; der hier zugrundegelegte Begabungsbegriff hat sich freilich schon seit längerem als zu statisch und damit unhaltbar erwiesen[67], was konsequenterweise auch die entsprechende Form der Chancengleichheit fragwürdig und unrealistisch werden läßt. Die zweite Bestimmung geht hingegen gerade von den Entwicklungs- und Förderungs*möglichkeiten* der Begabung aus, die die Schule realisieren soll, indem sie entsprechende inhaltliche, didaktische und organisatorische Bedingungen schafft, die sich mit den Sozialisationsbedingungen decken.

Nur dieses zuletzt genannte Verständnis von Chancengleichheit ist nach meiner Auffassung als Zielformulierung schulischer Erziehung akzeptabel; in die Praxis umgesetzt wurde es freilich noch kaum, weil die dazu notwendige umfassende Reform des Bildungswesens über das Experimentierstadium bislang nicht hinausgekommen ist. Wenn der Deutsche Bildungsrat sagt: »Gleichheit der Chancen wird in manchen Fällen nur durch die Gewährung besonderer Chancen zu erreichen sein«[68], dann muß dies ergänzt werden um die Feststellung, daß auch jene Faktoren, die innerhalb der Schule erst Ungleichheiten der Chancen schaffen, verändert oder beseitigt werden müssen.

Das Verhältnis von Chancengleichheit und *kompensatorischer Erziehung* wird in der gegenwärtigen Diskussion, auch z. B. in der eben zitierten Aussage des Bildungsrates, als eine Ziel-Mittel-Relation bestimmt: Chancengleichheit *durch* kompensatorische Erziehung. Hinter dieser einfachen Formel verbirgt sich freilich ein außerordentlich komplexes Problem, das hier nur unter wenigen Gesichtspunkten aufgegriffen werden kann. Der Intention kompensatorischer Erziehung liegt ein Begriff von Chancengleichheit zugrunde, der zeitlich an den Schuleintritt bzw. spätestens an den Übertritt in weiterführende Schulen gebunden ist, d. h., bis zu diesem Zeitpunkt sollen die schlechteren ›Startchancen‹ der Kinder aus den unteren Sozialschichten kompensiert sein. Dabei ist die Vorstellung eines *Mangels* impliziert, den diese Kinder im Unterschied zu Mittel- und Oberschichtkindern aufweisen und dessen Ursachen in der nach dieser Auffassung unzureichenden Sozialisation der Unterschichtfamilie gesehen werden; Schule und Schulsystem sind damit scheinbar exkulpiert.[69]

Kritisch ist dagegen vor allem einzuwenden, daß als Maßstab für die Feststellung und Beurteilung von ›Mängeln‹ die Mittelschichtkultur und ein von ihr gefördertes spezifisches Leistungs- und besonderes Sprachverhalten gilt, und daß dieses Verhalten eben in der kompensatorischen Erziehung von Unterschichtkindern gelernt werden soll, die so einem partiellen *De*sozialisationsprozeß unterworfen werden. Kompensation als Sozialisations*ziel* und die zu seiner Realisierung besonders in Vorschulen eingesetzten Programme können deshalb für diese Kinder zu einem starken Bruch zwischen familiärer und schulischer Sozialisation sowie zu entsprechenden Identitätsproblemen führen; die einseitige Steigerung kognitiv-sprachlicher Fähigkeiten begünstigt zudem das Entstehen von Dissonanzen in und zwischen den Einstellungen und Verhaltensweisen.

Eine mehr gesamtgesellschaftlich orientierte Kritik greift besonders die *Funktion* kompensatorischer Erziehung an, »die Unterprivilegierten vom Protest gegen ihre gesellschaftliche Position abzuhalten, indem sie individuelle Mobilität ermöglicht, nicht aber kollektive Beteilung am gesellschaftlichen Reichtum und eine damit verbundene politische Einflußnahme«.[70] Die Erwartung eines möglichen individuellen Aufstiegs, wie sie von der kompensatorischen Erziehung vermittelt wird, wirkt sich bei einzelnen Schülern in einer relativ großen Bereitschaft aus, Schule, Lehrer und Lerninhalte als Vehikel dieses Aufstiegs konformistisch zu akzeptieren. Wenn sie (deshalb) an den schulischen Leistungsanforderungen nicht scheitern und ihnen tatsächlich eine Aufwärtsmobilität gelingt, dann sind sie damit zwar in eine höhere Schicht teilweise hineinsozialisiert, aber von der eigenen Herkunftsschicht zum selben Teil entfremdet.

Diese möglichen Konsequenzen kompensatorischer Erziehung lassen noch einmal den Zusammenhang von Zieldimensionen und Sozialisationseffekten sehr deutlich werden; auf die Interdependenz der angesprochenen Ziele mit *anderen* Sozialisationsbedingungen wird im weiteren Verlauf noch öfters eingegangen werden.

b) Zur sozialpsychologischen Relevanz der Curriculumentwicklung

Die Entwicklung eines Curriculums, d. h. die Erforschung und Planung von Lernzielen, -inhalten und -methoden, stellt an sich keine eigene Sozialisationsbedingung dar, sondern ist vielmehr ein *Instrument* der Gestaltung und Veränderung solcher Bedingungen; von hier erhält dieser Abschnitt einen etwas anderen Stellenwert als der letzte und die beiden folgenden.

Im Zusammenhang einer Analyse schulischer Sozialisation liegt der wichtigste Teilbereich der Curriculumentwicklung in der Verbindung von *Zielen* und *Inhalten,* weil die Einstellungen und Motivationen, die dem durch eine bestimmte Sozialisation intendierten Verhalten zugrunde liegen, nur an spezifischen, aus den Zielen abgeleiteten Inhalten und Gegenständen entstehen und auch nur durch sie verändert werden können. Die damit angedeutete sozialpsychologische Relevanz der Curriculumentwicklung und ihr Stellenwert im Rahmen einer Theorie schulischer Sozialisation sollen jetzt genauer herausgearbeitet werden.

Das Verhältnis von Sozialisation und Curriculum näher zu bestimmen, hat kürzlich Rolff versucht:

> »Die Theorie der Sozialisation durch die Schule hat sich bisher nur mit Epiphänomenen wie informelle Schülergruppierungen, Führungsstil des Lehrers oder allenfalls mit Selektionsprozessen befaßt. Sie geht mithin am Kern des schulischen Geschehens vorbei, dessen Intention, Funktion und Organisationsstruktur konkreten Ausdruck im Curriculum finden. Wenn aber das Curriculum Unterricht und Erziehung entscheidend prädisponiert, dann muß es auch zentraler Gegenstand der Analyse und Planung schulischer Sozialisationsprozesses sein.«[71]

Zweifellos ist diese Kritik von Rolff in ihrer Stoßrichtung treffend, aber dabei schießt sie beinahe schon wieder über das Ziel hinaus; wenn er nämlich wenig später das ›didaktische Dreieck‹ (Lerngegenstände, Lehrer und Schüler) als weitgehend durch Curricula bestimmt sieht, dann geht jene Perspektive fast verloren, die Ausgangspunkt meines theoretischen Bezugsrahmens ist und in der die sozialpsychologischen Probleme der Schule erst greifbar werden: Curriculare Entscheidungen für die Schule wirken sich nur in und durch die *Interaktion* zwischen Schülern und Lehrern aus, werden durch sie verändert, abgeschwächt oder verstärkt. Hier liegt das eigentliche Problem der Curriculumentwicklung und besonders der Curriculumrealisierung in der Schule, denn die im weiteren Sinn *sozialen* Bedingungen schulischen Lernens und Lehrens sind in den Curricula bislang doch recht vernachlässigt worden. Dies findet seinen Ausdruck nicht zuletzt in dem Konzept des heimlichen Curriculums, das sich auf all jene Lerninhalte und -prozesse bezieht, die nicht in offiziellen Lehrplänen stehen und doch faktisch, häufig auch intendiert, Folge von anderen schulischen Sozialisationsbedingungen sind. Daß solche Gesichtspunkte in den meisten Curriculumkonzepten kaum berücksichtigt werden, zeigt sich auch beim Deutschen Bildungsrat, der unter Curriculum »die organisierte Anordnung auch inhaltlich bestimmter Lernvorgänge im Hinblick auf bestimmte Lernziele«[72] versteht. Darin dokumentiert sich die eigentliche Schwäche der Curriculumentwicklung, die sich immer nur auf organisiertes oder organisierbares Lernen in bezug auf weitgehend vorgegebene Lernziele erstreckt. Dagegen wurde in dem oben entwickelten Schema der Wirkungen und Wirkungsbereiche von Sozialisationsbedingungen angedeutet, daß intendierte sich nicht mit den faktischen, manifeste sich nicht mit den latenten Wirkungen (von Lernprozessen) decken müssen; Curriculumforschung bedarf deshalb der notwendigen Ergänzung um schulische Sozialisationsforschung, sofern sie nicht überhaupt nur einen Teilbereich von dieser darstellt.

Die sozialpsychologische Relevanz der Verbindung von Sozialisationszielen und -inhalten in der Curriculumentwicklung läßt sich auch von einem übergeordneten sozio-ökonomischem Aspekt begründen. Schul- und Bildungsreform müssen in engem Zusammenhang mit der gesellschaftlichen Entwicklung gesehen werden; ihre gegenwärtige Intention ist vor allem die einer Anpassung an diese Entwicklung, und das gilt auch und gerade für die Curriculumentwicklung und -reform. Von besonderer Bedeutung ist dabei die Anpassung von *Qualifikationen,* und deshalb werden in der Curriculumentwicklung »qualifikationserzeugende Lehr- und Lernprozesse ... unter dem Aspekt der ›Ziele‹, der ›Inhalte‹, der ›Methoden und Organisationsformen‹ (und) der ›Kontrollverfahren‹ untersucht und geplant.«[73] Dazu muß allerdings die sonst eher von Bildungsplanung und Bildungsökonomie verwendete Kategorie der Qualifikation derart neu bestimmt werden, »daß sie auch im Bezugsrahmen einer verhaltenswissenschaftlichen Lerntheorie beschreibbar ist«; in der Curriculumentwicklung und -revision »werden dann ›Qualifikationen‹ mit den in organisierten Lehr- und Lernprozessen erzeugten Lernergebnissen identifiziert, die selbst wieder als ›*Verhalten*‹ oder als ›Verhaltens*dispositionen*‹ begriffen werden«.[74]

Als Aufgabe der Curriculumentwicklung ist damit ein Umsetzungsverfahren angedeutet, dessen letzte Stufe in Verhaltens- und Einstellungsdimensionen hineinführt; auch ohne daß einer Reduktion der gesamten Curriculumentwicklung auf diese Dimensionen das Wort geredet werden soll, erweist sich hier Sozialpsychologie als *eine* Basiswissenschaft der Curriculumforschung, insoweit sie sich mit der Genese und Modifikation von Verhaltensweisen und -dispositionen beschäftigt. Allerdings resultieren nach meiner Ansicht viele Probleme der Curriculumrealisierung und besonders Diskrepanzen zwischen intendierten und faktischen Lernergebnissen daraus, daß eben sozialpsychologische Theoreme und empirische Erkenntnisse noch unzureichend fundiert sind und viele in Laborexperimenten gewonnene Ergebnisse nicht oder nur mit starken Einschränkungen auf die Schule übertragen werden können.

Wenn die Methoden und die Kontrollverfahren von Lehr- und Lernprozessen einmal ausgeklammert werden, dann lassen sich in der Entwicklung eines Curriculums verschiedene Umsetzungs*stufen* unterscheiden: Auf der ersten müssen aus politisch-ideologischen Bildungs- und Erziehungszielen – etwa ›Fähigkeit zur Verwirklichung von Freiheit‹ – allgemeine Lernziele abgeleitet und begründet werden – z. B. ›autonomes und selbstverantwortliches Handeln‹. Auf der zweiten Stufe sind aus den allgemeinen Lernzielen fachbezogene Lernziele zu entwickeln, die dann drittens für die Auswahl der einzelnen Fachinhalte maßgeblich sein müßten, deren Darstellung und Vermittlung schließlich die in den Lernzielen beschriebenen Verhaltensweisen der Schüler hervorrufen sollte.

Ein derart systematisch-konsistent entwickeltes Curriculum wird sich freilich deswegen kaum verwirklichen lassen, weil der Zusammenhang von Zielen, Inhalten und Verhaltensweisen kein unmittelbarer, sondern ein durch soziale Faktoren auf verschiedenen Ebenen *vermittelter* ist. Abgesehen davon, daß Entscheidungen auf den einzelnen Stufen von durchaus verschiedenen politischen und/oder wissenschaftlichen Institutionen getroffen werden, die sich – wie das Beispiel der Hessischen Rahmenrichtlinien zeigt – nicht in jedem Punkt einig sind, wirkt vor allem die *Situation* schulischen Lernens stark modifizierend. Wesentliche Determinanten dieser Situation sind sowohl Schulorganisation und Unterrichtsform als auch Aspekte der Lehrer-Schüler-Interaktion, wie sie oben ausführlich beschrieben wurden. Zu ihrem Einfluß ein Beispiel: Der Deutsche Bildungsrat spricht von ›Kooperation‹ als allgemeinem Lernziel, das nur in einem Gruppenlern- und -arbeitsprozeß realisiert werden kann[75]; wenn nun aber Lehrer und Schüler auf Grund einer spezifischen Kommunikationsstörung nicht fähig sind, kooperative Arbeitsformen zu praktizieren, wird dieses Ziel ebenso unerreichbar wie wenn z. B. eine extreme Cliquenbildung innerhalb der Klasse Kooperation verhindert.

Solche Situationsdeterminanten werden jedoch in kaum einer Curriculumkonzeption adäquat berücksichtigt; besonders paradox ist dies im Modell der Curriculumrevision von Robinsohn, in dem zwar jene Situationen, in denen sich Schulabsolventen später verhalten werden, eingehend analysiert werden, nicht hingegen die schulische Lernsituation. Dieses Modell enthält einige interessante und zugleich problematische sozialpsychologische Implikationen, die kurz diskutiert werden sollen. Es besteht im einzelnen aus drei Elementen bzw. Arbeitsschritten[76]: Ausgangspunkt ist die Bewältigung von *Lebenssituationen;* die Fähigkeit dazu wird durch *Qualifikationen* erworben, die in der Schule durch entsprechende *Curriculumelemente* vermittelt werden (Qualifikationen beschreibt auch Robinsohn mit seiner Arbeitsgruppe als Verhaltensdispositionen, als Einstellungen, die zu einem den Lebenssituationen adäquaten Handeln führen sollen).

In der ersten Stufe müssen demnach die gesellschaftlichen Situationen untersucht werden, wobei auf bereits vorliegende wissenschaftliche Informationen zurückgegriffen wird, die von Expertengruppen ergänzt, diskutiert und in die Zukunft projiziert werden. Dies soll im zweiten Schritt die Bestimmung von Qualifikationen ermöglichen, die nur grundlegend und allgemein sein können, weil sie sich notwendig an einem Konglomerat der wichtigsten Verwendungssituationen orientieren, nicht jedoch etwa an spezifischen Tätigkeiten. Schließlich werden drittens Curriculumelemente entwickelt, an denen sich die definierten Qualifikationen erwerben lassen. Dahinter steht eine Hypothese, in der angenommen wird, daß Beschäftigung und Auseinandersetzung mit den Curriculumelementen, also mit den eigentlichen Lern*inhalten,* Kompetenzen entstehen läßt, die auf die späteren Lebenssituationen *übertragbar* sind. Unter den vielen wichtigen Punkten der Kritik an diesem Modell, die sich etwa auf die schwierige Rolle der Experten beziehen, auf die implizit erkennbare Anpassung an spätere Situationen und auf die Vernachlässigung der Intentionen von Situationsbewältigung[77], möchte ich nur kurz auf das zuletzt angedeutete Transferproblem eingehen.

Zunächst ist festzustellen, daß die Behauptung, in der schulischen Lernsituation erworbene Fähigkeiten könnten auf außerschulische Situationen übertragen werden, in dieser allgemeinen Formulierung weder eindeutig falsifizierbar noch verifizierbar ist. Im Sinne der Konsistenz des beschriebenen Modells ist die Transferannahme trotzdem *notwendig,* weil ohne sie sogar der hypothetische Zusammenhang zwischen den drei Elementen verloren ginge. In der Realisierung eines Curriculums kann dieser Zusammenhang faktisch allerdings kaum hergestellt werden, weil die strukturelle Übereinstimmung von schulischen und – sowieso schwer prognostizierbaren – späteren Lebenssituationen viel zu gering ist. Zwar beabsichtigt Robinsohn mit einer Revision der Curricula gerade eine Verbesserung schulischer Qualifikation für das Bewältigen von Lebenssituationen, aber er will nicht zugleich auch die schulische Situation selbst verändern; darin liegt zweifellos ein Bruch seiner Konzeption, denn die Wirkung von Lerninhalten hängt wesentlich von der sozialen Situation ihrer Vermittlung ab. Nehmen wir zur Verdeutlichung an, aus einer Situationsanalyse werde als Qualifikation die Fähigkeit zur Rollendistanz abgeleitet und es ließen sich passende Curriculumelemente finden, die dem Schüler jedoch tatsächliche Rollendistanz innerhalb der Schule nicht ermöglichen, weil das hier verlangte Leistungsverhalten und entsprechende Kontrollen eine rigide Einhaltung der Rollenvorschriften erzwingen. In diesem Beispiel kann die angestrebte Fähigkeit sich nicht entwickeln und ein Transfer kommt überhaupt nicht zustande; es verdeutlicht deshalb noch einmal die Notwendigkeit, Curriculumentwicklung und -revision auch auf die institutionellen, gruppendynamischen und interaktionsimmanenten Bedingungen zu beziehen, die curricular intendierte Verhaltensdispositionen überhaupt erst entstehen lassen. Außerdem können nur so Problemstellungen und Erkenntnisse der Sozialpsychologie fruchtbar gemacht werden, auf deren Bedeutung für die Curriculumplanung hier mit einigen Argumenten hingewiesen werden sollte.

c) Lerninhalte, Lehrplan und soziales Lernen

Auf das Gewicht der eigentlichen Lern- und Sozialisationsinhalte wurde früher schon hingewiesen; außerordentlich problematisch, und dies muß gleich gesagt werden, ist freilich das Verhältnis zwischen dem formal festgelegten, offiziellen Lehrplan, den daraus vom Lehrer ausgewählten, modifizierten und auf bestimmte

Weise dargestellten Inhalten und den Wirkungen dieser Inhalte auf Fähigkeiten, Einstellungen und Verhaltensweisen der Schüler. Gerade in jüngster Zeit wird versucht, diesen Zusammenhang – auch unter dem Gesichtspunkt anderer Sozialisationsbedingungen – in Konzepten wie soziales Lernen und heimlicher Lehrplan aufzugreifen, die deshalb hier noch diskutiert werden sollen.

Während im zweiten Teil dieses Kapitels die Abhängigkeit schulischer Sozialisation von Art und *Form* der sozialen Beziehungen zwischen Lehrer und Schülern thematisiert wurde, geht es jetzt um die Frage, wie spezifische Lern*inhalte* schulische Sozialisation und Lehrer-Schüler-Interaktionen beeinflussen. Lerninhalte dürfen jedenfalls nicht gleichgesetzt werden mit Sozialisationseffekten oder -inhalten, sondern sie bilden wichtige Bedingungen und Voraussetzungen der Entstehung bzw. Veränderung von Verhaltensweisen und -dispositionen bei den Schülern, die erst durch das Zusammenwirken *aller* Sozialisationsbedingungen erklärt werden können.

In der eben formulierten Frage liegt nach meiner Auffassung ein Kernproblem der schulischen Sozialisationsforschung, das allerdings bisher erst in einer – relativ zu seiner Bedeutung – sehr inadäquaten Weise von Psychologen und Pädagogen untersucht wurde. Dieser Umstand geht nur zu einem geringen Teil darauf zurück, daß Lehrpläne und -inhalte meistens allgemein und vage formuliert sind und deshalb *ihre* Wirkungen *allein* schwer eingeschätzt werden können; zu einem weitaus größeren Teil ist dafür die Vernachlässigung bzw. die isolierende Betrachtung aller *anderen* Sozialisationsbedingungen maßgeblich. Vor allem das Lehrerverhalten, das ja um so wichtiger wird, je unspezifischer die Lehrinhalte bestimmt sind, ist bis heute theoretisch wie empirisch gleichermaßen unzulänglich analysiert, was im nächsten Kapitel ausführlich belegt werden soll. Auf Grund der dort über Gesellschaftsbild und Erziehungseinstellungen von Lehrern erarbeiteten Erkenntnisse kann aber immerhin bezweifelt werden, ob die durch die Allgemeinheit der Lehrpläne entstehenden Entscheidungs- und Interpretationsräume vom Lehrer im Sinne jener Ziele der Schulreform ausgefüllt werden, die weiter oben beschrieben wurden.

Neben dieser mehr grundsätzlichen Kritik sind jedoch noch andere Faktoren für die mangelhafte Klärung der Sozialisationswirkungen schulischer Lerninhalte verantwortlich zu machen. Zunächst läßt sich mit Weinert in bezug auf die empirische Ermittlung solcher Wirkungen feststellen, daß bisher fast ausschließlich mit Schulleistungstests gearbeitet wurde, die nur kurzfristige Lerneffekte erfassen, während es an Methoden und Untersuchungen, mit denen zeitlich stabile und längerfristig verwertbare Kenntnisse und Fähigkeiten nachgewiesen werden könnten, weitgehend fehlt.[78] Hier zeigt sich aber nicht nur ein methodisches, sondern in erster Linie ein *inhaltliches* Problem: Der ›output‹ der Schule wird immer noch zu sehr an Leistungs- und Qualifikationskriterien gemessen, während die ebenfalls durch die Schule vermittelten Einstellungen, sozialen Kompetenzen und Verhaltensstrategien überwiegend außer Betracht bleiben. Wenn die in der Einleitung angesprochene These einer zunehmenden Sozialisationsorientierung der schulischen Erziehung als richtig unterstellt wird, dann muß jedenfalls um so nachdrücklicher eine entsprechende inhaltliche Umorientierung von der reinen Schulleistungsmessung zu einer sozialpsychologisch fundierten schulischen Sozialisationsforschung gefordert werden.

Auf ein weiteres Manko, aber auch auf eine nachweisbare wichtige Tendenz macht Rolff aufmerksam:

»Detaillierte Untersuchungen über die schichtenspezifische Selektion durch die in den Rahmenplänen für den Unterricht formulierten Unterrichtsziele sowie durch die Inhalte des Unterrichts, wie sie sich in Lehreräußerungen, Schulbüchern oder Arbeitsmaterialien äußern, liegen bisher nicht vor – zumindest nicht hinsichtlich der Modi des Sprachgebrauchs bzw. des sozialen Bezugsrahmens der sprachlichen Topoi. Inhaltsanalysen von Lese bzw. Arbeitsbüchern . . . lassen jedoch erkennen, daß Wertvorstellungen und Normen der Ober- und Mittelschicht dominieren . . .«[79]

Daraus läßt sich zwar die plausible Vermutung ableiten, schulische Sozialisation und Selektion seien von den vermittelten Inhalten hier schichttypisch ausgeprägt, aber sichere Belege können erst gewonnen werden, wenn auch die anderen Sozialisationsbedingungen, die die Wirkung der Lerninhalte abschwächen oder verstärken, einbezogen und empirisch untersucht werden. Es muß deshalb noch einmal betont werden, daß curricular vorgegebene Inhalte nicht allein die Sozialisationswirkung der Schule ausmachen, sondern daß insbesondere die schichtspezifische Selktion innerhalb der Schule *auch* eine Folge der sozialen Beziehungen zwischen Schülern und Lehrern, der Lehrereinstellungen, der Unterrichtsformen und anderer Bedingungen ist. Die damit angedeutete Komplexität des Verhältnisses von Ursachen und Wirkungen schulischer Sozialisation darf bei dem folgenden Versuch, am Beispiel einzelner Fächer bzw. Fachinhalte Sozialisationseffekte von Lerninhalten anzugeben, auf keinen Fall aus dem Blickfeld geraten.

Der Stand der Forschung zu diesem wichtigen Problem läßt allerdings die meisten Wünsche noch offen; über die erwähnten Schulleistungstests hinaus gibt es keine nennenswerte Untersuchung, in der die sozialpsychischen Konsequenzen schulischer Lerninhalte *unmittelbar* analysiert werden. In fast allen empirischen Studien hierzu sind die Inhalte dargestellt und interpretiert, während über ihre Wirkungen nur indirekte Vermutungen angestellt werden. Dies gilt besonders für die von Rolff angesprochenen Inhaltsanalysen von Lesebüchern, die über den gesellschaftlichen Standort der jeweiligen Verfasser meist mehr aussagen als z. B. über mögliche Einstellungsänderungen bei den Schülern. Einige Tendenzen sollen vor einer eingehenderen Diskussion anderer Fächer dennoch festgehalten werden:[80]

Ein Teil der Lesebücher hinkt deutlich hinter der sozio-ökonomischen Entwicklung her und orientiert sich an einer längst überholten Wirtschaftsstruktur, etwa an Wirtschaftszweigen wie Landwirtschaft oder Eisengewinnung. Probleme der Wirtschaftsordnung werden oft personalisiert, wobei die Unternehmer deutlich besser eingeschätzt werden als die Gewerkschaften; Interessengegensätze und zwischenmenschliche Konflikte passen kaum in das harmonistische Weltbild.

Zu sehr ähnlichen Resultaten gelangt eine Analyse der Lesebuchreihen für den Deutschunterricht an bayerischen Gymnasien, in der besonders das Vorherrschen bildungshumanistischer Vorstellungen nachgewiesen wird; außerdem zeigt sich eine starke Vernachlässigung ökonomischer Probleme, die einem recht wirklichkeitsfremden, teils von feudal-patriarchalischen Zügen geprägten Bild von der Gesellschaft korrespondiert.[81] Daß diese inhaltliche Orientierung zu einer den gegenwärtigen gesellschaftlichen Strukturen unangemessenen Sozialisation führt, kann zwar als wahrscheinlich unterstellt, mit dem vorliegenden Material aber nicht hinreichend bewiesen werden.

Ein in der jüngsten Zeit auch hinsichtlich seiner Konsequenzen für die Schüler heftig diskutiertes und kritisiertes Fach ist der ›Moderne Mathematikunterricht‹, d. h. die *Mengenlehre*. Nicht nur Lehrer und Sozialwissenschaftler, sondern auch Eltern (-verbände) und Mediziner beschäftigen sich mit den pädagogischen, psychischen und physischen Folgen dieser seit ihrer Einführung vor wenigen Jahren umstrittenen Art der Schulmathematik. Freilich sind auch hier exakte und allgemein gültige Erkenntnisse noch nicht vorhanden; selbst die Schulleistungen in Mengenlehre sind etwa in Bayern bisher nur durch eine schriftliche Befragung von Grundschullehrern erfaßt, wobei das offenbar positive Ergebnis auf Grund der Antwortquote von einem Drittel stark relativiert werden muß.[82]

In dieser Situation ist es legitim und sinnvoll, sich auf einige praktische Erfahrungen mit der Mengenlehre zu beziehen und diese vor allem den mit ihr verbundenen Zielsetzungen gegenüberzustellen. So konnte etwa das von fast allen Befürwortern der Mengenlehre vertretene Lernziel des ›logisch Denkenlernens‹ nach der Meinung von Birner u. a. nicht erreicht werden; erreicht wurde lediglich, »daß die Erkenntnismöglichkeiten auf die *formale* Logik reduziert werden und ordentlich Ordnen, Sortieren und Klassifizieren gelernt wird«.[83]

Während diese kritische Feststellung durch eine Analyse von Lehrbüchern und Unterrichtspraxis recht gut belegt werden kann, sind Lernziele, die einen direkten Zusammenhang zwischen spezifischen Inhalten und *sozialen* Fähigkeiten postulieren, viel schwieriger einzuschätzen. Wenn die Mengenlehre Fähigkeiten ausbilden soll, »die nötig sind, damit das Kind seine Umwelt bewußt erkennen, sich mit ihr auseinandersetzen und in ihr zu selbständigen Entscheidungen über notwendige Handlungen kommen kann«[84], so läßt sich die Realisierung eines solchen Zieles momentan nur thesenartig beurteilen: Gerade der angedeutete und geforderte lebenspraktische Bezug fehlt der Mengenlehre eher noch als dem konventionellen Rechenunterricht, weil gerade in ihr sehr stark fach*immanent* und formalisierend vorgegangen wird, was ein selbständiges und entdeckendes Lernen weitgehend verhindert; dies verstärkt sich noch durch die aus der entsprechenden mathematischen Theorie abgeleitete abstrakte Sprache und Differenzierungsweise, die der Sprache von sechs- und siebenjährigen Kindern kaum entgegenkommt.[85]

Ähnliche Ergebnisse gewinnt Simm in seinem Vergleich verschiedener Mathematiklehrbücher für die Grundschule: Einerseits *kann* mit Hilfe der Mengenlehre die Entwicklung kognitiver Fähigkeiten besser gefördert werden als durch das ganzheitliche Rechnen, andererseits besteht die große Gefahr, daß kindliche Erfahrungen zu frühzeitig formalisiert und damit eingeengt werden.[86] Mit diesen Hinweisen sind immerhin Ansatzpunkte für eine eingehendere Untersuchung der Sozialisationswirkung des ›Modernen Mathematikunterrichts‹ gewonnen, die allerdings – wie in vielen anderen Fächern auch – erst noch geleistet werden muß.

In der Grundschule stellt neben dem Deutschunterricht und der Mengenlehre die *Sachkunde* eines der wichtigsten Lernfelder dar. Sie hat sich aus einer z. T. der gesellschaftlichen Entwicklung Rechnung tragenden Kritik der früheren Heimatkunde entwickelt und führt auch zu anderen Sozialisationswirkungen. Kennzeichnend für die Heimatkunde war, daß

- Wertvorstellungen aus den Bereichen von Natur und dörflicher Kultur gegenüber solchen aus Technik und Großstadtkultur dominierten,
- der ursprüngliche Totalitätsanspruch des Faches durch die überwiegende Orientierung an geographischen Aspekten und Inhalten verloren ging,
- vor allem gefühlsmäßige Bindungen entwickelt werden sollten, die sachliche Erfahrungen wesentlich prädisponieren,
- die soziale Umwelt des Kindes als ›Gemeinschaft‹ oder sogar – im doppelten Sinn des von Cooley eingeführten Begriffes – als Primärgruppe dargestellt wurde, die als Modell für alle anderen Sozialbeziehungen fungieren sollte.[87]

Erst im Laufe der sechziger Jahre wurden die Dysfunktionalität dieser Unterrichtskonzeption und besonders ihr offensichtlicher Modernitätsrückstand in der Forderung nach einem stärker aktuellen und sachbezogenen Unterricht aufgegriffen, der zugleich Basis einer spezifischen und später noch genauer zu schildernden politischen Bildung sein sollte. In der heutigen Sachkunde herrscht statt der emotional-primären Beziehungen der kaum hinterfragte *Sachzwang* vor, der ausgehend von Beispielen aus Natur und Technik auch auf gesellschaftliche Bereiche übertragen wird; Sachkunde wird »als Information betrieben, aber als Information, die formiert, die den Menschen im Inneren so festlegt, wie das Außen festgelegt *erscheint*«.[88] Dabei stellt sich zwangsläufig eine einseitige und kaum umkehrbare Rollenverteilung zwischen Schüler und Lehrer ein, die die früher beschriebenen Interaktionsprobleme tendenziell verstärkt: Der Lehrer gibt Informationen, stellt Sachverhalte dar; die Kinder in der Grundschule können nur aufnehmen, sich informieren lassen. Eine kritische, d. h. nach der Entstehung, nach Begründungen und Zusammenhängen von ›Sachen‹ fragende Haltung kann so schwerlich entstehen.

Fast genauso ist die teilweise auf der Sachkunde aufbauende und auch erst in den letzten Jahren für die Hauptschulen eingeführte *Arbeitslehre* zu beurteilen. Auch dieses Fach ist aus der Erkenntnis einer Dysfunktionalität heraus konzipiert worden: In der früheren Oberstufe der Volksschulen konnte nicht mehr das für einen schnellen und effizienten Einsatz im vorwiegend industriellen Arbeitsprozeß notwendige Wissen und eine entsprechende Arbeitseinstellung vermittelt werden. Auch in der Arbeitslehre und den in ihrem Rahmen durchzuführenden Betriebspraktika geht es in erster Linie um die Vermittlung von Informationen und um eine passiv-unkritische *Anpassung* an die Anforderungen der betrieblichen Arbeit; Interessengegensätze und soziale Konflikte werden, was sich schon bei der Lesebuchanalyse zeigte, ausgeblendet oder auf individuelle Probleme reduziert.[89]

Darüber hinaus ergeben sich gerade beim Unterrichtsfach Arbeitslehre spezifische Schwierigkeiten in der Lehrer-Schüler-Interaktion. Anders wie im Deutschunterricht, in der Mengenlehre und in der Sachkunde muß der Lehrer hier Inhalte, Normen und Techniken den Schülern vermitteln, die er selbst kaum oder gar nicht aus eigener Erfahrung kennt; deshalb kann er sich weniger auf seine Expertenmacht verlassen und wird sich mehr auf seine positionelle Autorität und die damit verbundene Belohnungs- und Bestrafungsmacht beziehen. Dieser Umstand könnte sich im übrigen als Beleg dafür erweisen, daß selbst die Arbeitslehre in der schulischen Erziehung überwiegend sozialisationsorientiert ausfällt und weniger auf die Aneignung spezifischer Qualifikationen abzielt.

In engem Zusammenhang mit Sachkunde und Arbeitslehre steht die *politische Bildung,* die als Unterrichtsfach entweder Sozialkunde oder noch Gemeinschaftskunde genannt wird, wobei die zweite Bezeichnung genauso überholt und ideologisch einseitig ist wie entsprechende Zielvorstellungen der Heimatkunde. Umstritten ist vor allem die politische Bildung als ›Gesellschaftslehre‹, weil damit eine inhaltliche Orientierung verknüpft ist, die – wie das Beispiel der Hessischen Rahmenrichtlinien zeigt – bei politisch Konservativen auf Widerstand stößt. Ungeachtet der verschiedenen Begriffe und der damit verbundenen Ansprüche wurde dieses Unterrichtsfach fast als einziges nicht nur in seinen Inhalten, sondern auch von seinen Wirkungen her untersucht; auf die Ergebnisse und damit auf die grundsätzliche Problematik politischer Bildung in den Schulen ist kurz einzugehen, weil dabei wichtige Sozialisationseffekte manifest werden.

Bekannt und wohl auch noch für die heutigen Verhältnisse relevant ist die von Becker, Herkommer und Bergmann bearbeitete Studie, die im Titel die Frage stellt »Erziehung zur Anpassung?« und darauf zusammenfassend antwortet:

»Die gegenwärtige Verfassung der politischen Bildung, ihre Konzeption und die Unterrichtspraxis, trägt nicht dazu bei, dem verbreiteten politischen Desinteresse entgegenzuwirken, eher erreicht sie das Gegenteil. Politische Einsichten und kritisches Denkvermögen werden sich schwerlich in einem Unterricht entwickeln, der an den entscheidenden Problemen der Politik vorbeigeht, der die spannungsreichen und konfliktbestimmten gesellschaftlichen Verhältnisse ausspart und die Sätze der demokratischen Verfassung nicht in Beziehung setzt zur Verfassungswirklichkeit. . . . Nicht abzuweisen ist die Folgerung aus unseren empirischen Befunden, daß das Unvermögen, politische und soziale Zusammenhänge zu begreifen, Lehrern und Schülern gemeinsam ist.«[90]

Im letzten Satz wird durch die Wendung ›gemeinsam‹ beinahe einer der wichtigsten Faktoren verdeckt, der – zunächst unabhängig von den spezifischen Inhalten – für die beschriebene Wirkung der politischen Bildung mitverantwortlich ist: die politischen und gesellschaftlichen Einstellungen der Lehrer selbst, die uns im nächsten Kapitel noch beschäftigen werden. Dies zeigt wieder die Notwendigkeit, auf den *Zusammenhang* der einzelnen Sozialisationsbedingungen und auf ihre sich besonders bei der politischen Bildung gegenseitig verstärkende Wirkung zu achten: Hierarchische Schulstrukturen, überwiegend frontale Unterrichtssituationen, um den Lehrer zentrierte Kommunikation in der Klasse, unpolitische bzw. oft autoritäre Lehrereinstellungen und vor allem die Lern*inhalte* führen zu einem in der Schulsituation weitgehend angepaßten und a-politischen Verhalten der meisten Schüler.

In bezug auf die Entwicklung der Inhalte politischer Bildung markieren die Hessischen Rahmenrichtlinien für Gesellschaftslehre einen vorläufigen End- und wahrscheinlich sogar einen Wendepunkt, bis zu dem hin durchaus eine Liberalisierung und eine allerdings eher formale Demokratisierung bestimmend waren; während bis etwa 1960 die politische Bildung in der BRD primär auf eine Rechtfertigung der sozio-ökonomischen Verhältnisse angelegt war, konnten sich seitdem auch einige pluralistische Konzeptionen durchsetzen, in denen gesellschaftliche Interessen und Konflikte sowie Probleme der Machtverteilung durchaus einen Platz fanden, bis schließlich in den erwähnten Richtlinien solche Inhalte – ausgehend von dem obersten Lernziel einer Befähigung zur Selbst- und Mitbestimmung – fast durchgehend verankert wurden.[91] Da diese Pläne noch nicht bzw. nicht mehr realisiert wurden, konnten auch ihre Auswirkungen nicht wissenschaftlich verfolgt und ausgewertet werden, so daß der heute maßgebliche Stand politischer Bildung und ihrer Konsequenzen für politisch-gesellschaftliche Einstellungen und Verhaltensweisen der Schüler mit der bisherigen Argumentation schon angedeutet ist.

Vor allem die *Wirksamkeit* der politischen Bildung ist außerordentlich beschränkt, selbst wenn man sie nur an ihren eigenen Intentionen mißt. Becker, Herkommer und Bergmann stellen dazu fest, daß nur in ganz seltenen Fällen die politische Gleichgültigkeit abgebaut und eine gewisse Identifizierung mit demokratischen Prinzipien erreicht wird, während – nahezu unabhängig von der Art der Schule – weder »politische Urteilsvermögen« noch »Einsicht in politisch-gesellschaftliche Zusammenhänge und in die eigene soziale Situation ausgebildet werden konnten«.[92]

Die Ursachen hierfür sind, wie eben gesagt, in der interdependenten Wirkung aller Sozialisationsbedingungen zu sehen und keineswegs nur in den Inhalten politischer Bildung. An dieser Stelle möchte ich nur auf zwei wichtige Faktoren hinweisen, von denen der eine bereits bei der Diskussion der Ziele von Schulreform erwähnt wurde: Die soziale und rechtliche Stellung von Lehrern und Schülern innerhalb der Schule läßt ein demokratisches Verhalten und Entscheiden kaum zu; die Schule kann von den Schülern nicht als Modell einer demokratisch legitimierten und geführten Institution erlebt werden. Zum zweiten ist das später noch genauer zu kennzeichnende Gesellschaftsbild vieler Lehrer auf Grund ihrer eigenen schulischen und beruflichen Sozialisation durch eine eher a-politische Haltung bestimmt, die wiederum die Auswahl und Interpretation von Lerninhalten beeinflußt.

Diese mehr exemplarische und aus Mangel an geeignetem empirischem Material nur eingeschränkt gültige Analyse der Sozialisationswirkungen einzelner Schulfächer sollte zeigen, daß schulische Sozialisationsprozesse nicht nur auf der Basis einer verengten, weil auf Fachinhalte und offizielle Lehrpläne eingeschränkten Auffassung von Lernen zu erklären sind, sondern alle *sozialen* Lerninhalte und -vorgänge und damit auch der sogenannte heimliche Lehrplan einbezogen werden müssen. Das früher konzipierte Schema der Wirkungen und Wirkungsbereiche schulischer Sozialisationsfaktoren kommt dieser Forderung mit der Unterscheidung in intendierte und faktische sowie in manifeste und latente Wirkungen bereits formal entgegen; inhaltlich-theoretisch ist sie freilich bei weitem noch nicht eingelöst, und von einer empirischen Fundierung kann derzeit keine Rede sein. Deshalb möchte ich im folgenden versuchen, den Begriff des sozialen Lernens als ein Zentralkonzept schulischer Sozialisation zu klären und Beispiele für Inhalte eines intendierten sozialen Lernens zu geben.

Soziales Lernen und heimlicher Lehrplan sind – diese Abgrenzung muß vorausgeschickt werden – in ihrer Bedeutung ähnliche, jedoch nicht identische Begriffe; die Ähnlichkeit im Ansatz wird gut sichtbar, wenn von *latentem* sozialem Lernen und von *verstecktem* Curriculum gesprochen wird: Beide implizieren die Annahme, daß in der Schule nicht nur im kognitiven Bereich gelernt wird, sondern auch in vielen anderen Bereichen, über die im offiziellen Lehrplan aber nichts steht, und beide beziehen sich vor allem auf das *faktische* und weniger auf das geplante oder gesollte

Geschehen in der Schule. Unterschiede liegen primär darin, daß das Konzept des heimlichen Lehrplans eher einen *methodischen* Ansatz kennzeichnet, während soziales Lernen mehr auf Lern*inhalte* und -vorgänge bezogen ist. Die Untersuchung des heimlichen Lehrplans wird heute als Gegenmodell zur konventionellen, d. h. von den Interessen der Kultus- und Schulbürokratie angeleiteten Unterrichtsforschung verstanden, wobei nach dem der Kulturanthropologie entlehnten Prinzip der distanzierten Beobachtung Sozialisationswirkungen von Schule und Unterricht unter Berücksichtigung situativer und institutioneller Aspekte festgestellt werden sollen.[93] Deshalb eignet sich dieses methodische Vorgehen besonders gut – man könnte auch sagen: als einziges – für die Erforschung sozialer Lernprozesse in der Schule, die mit Schulleistungstests nicht annähernd erfaßt werden können.

Für die Analyse sozialen Lernens möchte ich als erstes eine Differenzierung vorschlagen, die in der gegenwärtigen Diskussion zu wenig beachtet wird: Soziales Lernen kann einmal unmittelbar die Inhalte von schulischem Lernen bezeichnen, also das Lernen von *sozialen Inhalten,* und zum anderen können damit Bedingungen des Lernens, also Lernen unter *sozialen Bedingungen* gemeint sein. Während sich das Konzept des heimlichen Lehrplans mehr an der zweiten Bedeutung orientiert, die im übrigen ja auch für die hier entwickelte Sozialisationsauffassung maßgeblich ist, dominiert unter Praktikern wie Theoretikern des sozialen Lernens mehr der inhaltliche Gesichtspunkt; im Begriff des latenten sozialen Lernens sind beide Momente eng miteinander verbunden.

Nach diesen eher begrifflichen Klärungen ist zu fragen, was das Konzept des sozialen Lernens – jetzt vorwiegend auf soziale Inhalte bezogen – für eine sozialpsychologische Theorie der Sozialisation in der Schule leistet. Zunächst läßt sich feststellen, daß soziales Lernen oder zumindest latentes soziales Lernen und Sozialisation im Bereich der Schule kaum zu unterscheiden sind, »denn soziales Lernen – also das Lernen von Werthaltungen, Gefühlen, Einstellungen usw. – findet *in jeder sozialen Interaktion* statt, also auch im Unterricht der traditionellen Schule«.[94] Diese Formulierung stimmt fast vollständig mit der im ersten Kapitel erarbeiteten Sozialisationsperspektive überein und bringt noch nichts wesentlich Neues; weiterführen kann der Begriff des sozialen Lernens nach meiner Meinung erst dann, wenn die *Intentionalität* und damit das Problem der Ziele bzw. der bewußten Steuerung von Sozialisationsprozessen aufgegriffen wird.

Besonders in der Diskussion über den Zweck der kompensatorischen Erziehung haben sich zwei durchaus verschiedene Konzeptionen sozialen Lernens herausgeschält: eine affirmative, die – wie tendenziell auch die eben angesprochenen Unterrichtsfächer – vor allem »auf eine feste Integration in das bestehende gesellschaftliche System« zielt, und eine politisch-emanzipative, in deren Zentrum »die Erkenntnis der gesellschaftlichen Bedingtheit der individuellen Restriktion« steht.[95] Hier zeigt sich die Ambivalenz des Begriffes; soziales Lernen umfaßt zum einen die tatsächlich ablaufenden Lernprozesse und bezeichnet zum anderen die Forderung, eben diese Lernprozesse zu verändern.[96] Nur in der jeweils zweiten Bedeutung gewinnt das Konzept eine eigene Qualität gegenüber dem Sozialisationsbegriff, nur das auf Veränderungen angelegte intentionale soziale Lernen kann – in Verbindung mit Ansätzen der Schulreform – zu anderen Sozialisationseffekten führen. Ob dies tatsächlich gelingt, ob intentionales soziales Lernen als Ergänzung oder sogar als Alternative zur bisherigen Curriculumreform eingesetzt werden kann, dies hängt in erster Linie von den *Inhalten* des Lernens ab.

Soziale Inhalte schulischen Lernens sind, abgesehen von einigen in ihren Auswirkungen skizzierten Tendenzen der politischen Bildung, bis heute noch nicht systematisch und geplant entwickelt worden. Ihre Chancen sollen dennoch an einem sehr wichtigen und unmittelbar auf Schulreform hinführenden Bereich exemplarisch aufgezeigt werden.

Im Zusammenhang mit dem Reformziel einer Demokratisierung der Schule war im vorletzten Abschnitt die Rede davon, daß die Stellung des Schülers an den Schulen neu bestimmt und verbessert werden könnte, wenn die *gesellschaftlichen Bedingungen* von Schule, Schülern und Lehrern zum Gegenstand des Unterrichts gemacht würden. Damit ist ein guter Ansatz intentionalen sozialen Lernens genannt, in dem auf der Basis einer Analyse der Situation des Schülers nicht nur Erkenntnisse, sondern auch Handlungsmöglichkeiten vermittelt werden können. Elke Nyssen schlägt dazu folgendes vor:[97]

Ausgehend von den ›Hier-und-Jetzt-Problemen‹ der Schüler sollen die für ihre Situation bestimmenden drei sozialen Bereiche der Familie, der Schule und der Freizeit außerhalb von Familie und Schule in der jeweiligen Abhängigkeit von gesamtgesellschaftlichen Strukturen und Konflikten behandelt werden. Innerhalb der familiären Situation könnte etwa auf das Erziehungsverhalten der Eltern, auf die geschlechtsspezifische Erziehung, auf Wohnprobleme eingegangen werden, im Bereich der Freizeit vor allem auf ihre gesellschaftliche Funktion und auf die Problematik und Kritik einzelner Verhaltensweisen. Innerhalb der Schule – und hier muß der Vorschlag von Nyssen ergänzt werden – ist es wegen des höheren Grades an Betroffenheit von Schülern *und* Lehrern schwieriger, Thematiken zu finden, die in der Diskussion im Unterricht nicht kommunikations- und lernhemmend wirken.

Eine Möglichkeit, soziales Lernen in der Schule über die Schule zu initiieren, ist mit Schmiederer's Unterrichtsmodell für eine Einführung in die Problematik des Bildungswesens gegeben[98], das allerdings den in der Schule häufigen psychischen und sozialen Problemen zu sehr äußerlich bleibt. Ergiebiger, wenngleich in der schulischen Praxis nicht einfach zu realisieren, ist der Versuch, die sozialen *Beziehungen* zwischen Lehrern und Schülern *selbst* zu thematisieren und damit eine in Ansätzen reflexive und distanzierte Sozialisation zu ermöglichen; dabei müßten vor allem auch die weiter oben ausführlich dargestellten Macht-, Kommunikations- und Wahrnehmungsprobleme erörtert, sowie in ihrer institutionellen und organisatorischen Bedingtheit offengelegt werden. Lehrer-Schüler-Interaktionen zum Gegenstand des ›Unterrichts‹ zu machen, dies kann und soll zwar aus der Schulklasse keine Selbsterfahrungsgruppe entstehen lassen, aber es ist doch eine entscheidende Voraussetzung für ein aktives und problembewußtes soziales Lernen und zugleich auch dafür, daß die in den traditionellen Unterrichtsfächern ablaufenden latenten Lernprozesse bewußt und veränderbar werden.[99]

Eine Theorie schulischer Sozialisation muß sich also, um ein kurzes Fazit zu ziehen, sowohl auf die nach Schulart und -fächern unterschiedlich vorgegebenen Lerninhalte und auf deren psychische und soziale Konsequenzen beziehen als auch auf die eigentlich sozialen Lernprozesse, die fachgebundenes Lernen überlagern und modifizieren. Die Konzepte soziales Lernen und heimlicher Lehrplan verweisen jedenfalls auf gravierende Defizite der Unterrichts- und Sozialisationsforschung in der Schule; sie bedürfen freilich selbst noch einer eingehenderen theoretischen Klärung, als es in diesem Rahmen möglich ist, und vor allem einer breiten empirischen Fundierung. Dazu kann auch der folgende Abschnitt einen Beitrag leisten, in dem die Bedeutung von Schulorganisation und Unterrichtsformen für schulische Sozialisation untersucht werden soll.

d) Schulorganisation und Unterrichtsformen als Sozialisationsbedingungen

Im zweiten Kapitel wurde kurz auf organisationssoziologische Ansätze einer Schultheorie eingegangen, in denen Schule *als* soziale Organisation besonders unter dem Aspekt formaler Ziele und Strukturen beschrieben wird. Im Unterschied dazu steht jetzt die soziale Organisation *der* Schule im Mittelpunkt, d. h., es geht um die Auswirkungen des Aufbaus und der Organisation von Schule und Unterricht auf die Interaktionen zwischen Lehrern und Schülern, auf das Verhalten und die Einstellungen besonders der Schüler. Auch diese Problemstellung ist – von wenigen Ausnahmen abgesehen – in der pädagogisch-psychologischen Forschung nur peripher behandelt worden.[100] Dabei gilt für Schulorganisation und Unterrichtsformen fast noch mehr als für andere Sozialisationsbedingungen, daß *sie* die Realisierung von Erziehungs- und vor allem Sozialisationszielen erschweren oder gar verhindern können.[101] Die Dreigliedrigkeit des Schulsystems, die hierarchische Struktur der einzelnen Schulen und der Frontalunterricht müssen auch in dieser Hinsicht ausführlicher angesprochen werden; auf ›neue‹ Organisations- und Unterrichtsformen – etwa nach der Konzeption integrierter Gesamtschulen –, die heute immer noch eher Ausnahme als Regel sind, gehe ich erst am Ende dieses Abschnitts kurz ein.

Der Begriff ›Schulorganisation‹ wird in der sozialwissenschaftlichen Literatur sehr unterschiedlich verwendet; er kennzeichnet verschiedene *organisatorische Bedingungen* schulischer Sozialisation, die mit anderen Bedingungen wie z. B. den Lerninhalten, den Unterrichtsformen und der Lehrerausbildung eng zusammenhängen, jedoch in ihren Sozialisationswirkungen noch wenig erforscht sind. Wenn von Schulorganisation die Rede ist, kann damit im einzelnen gemeint sein:

- das Schul*system*, das unter dem Aspekt seiner gesellschaftlichen Funktionen und/oder seines vertikalen und horizontalen Aufbaus thematisiert wird,
- die Schul*formen*, insbesondere die Trennung in Hauptschule, Realschule und Gymnasium, die entscheidend den vertikalen Schulaufbau bestimmt, oder
- die *soziale Organisation* der Schule im engeren Sinne, worunter sowohl Zweckbestimmung als auch Struktur und Regelung sozialer Beziehungen innerhalb der Schule zu verstehen sind.

Diese Dimensionen der Schulorganisation beeinflussen auch die *Unterrichtsform*, d. h. die soziale und räumliche Struktur des Unterrichts und besonders der Lehrer-Schüler-Interaktion im Unterricht. Zentrale Prinzipien des Unterrichts in der traditionellen Schule sind die Jahrgangsklasse und der Frontalunterricht; beide werden, und dies zeigt den Zusammenhang zwischen Form und sozialer Organisation der Schule einerseits sowie der Unterrichtsform andererseits, in der integrierten Gesamtschule zum Teil aufgehoben, so daß hier auch andere Sozialisationseffekte zu erwarten sind. Im folgenden sollen aber zunächst die genannten Dimensionen der

Schulorganisation – auch an Hand ausgewählter empirischer Studien – untersucht werden.

Das gegenwärtig in der BRD vorherrschende Schulsystem wurde und wird vor allem wegen seines ›ständischen‹ Charakters kritisiert, was wiederum von den Befürwortern dieses Systems als ›ideologisch‹ und falsch zurückgewiesen wird; wenn auch der Ausdruck ›ständisch‹ für die heutige Situation nicht zutreffend ist, so bleibt doch die Tatsache bestehen, daß das Bildungswesen immer noch *schichtspezifisch* angelegt ist.[102] Durch die relativ stark differenzierende vertikale Gliederung des Schulsystems müssen für die Kinder aus den verschiedenen Sozialschichten – oft schon nach der vierten Klasse der Grundschule – wichtige Entscheidungen getroffen werden, von denen die Bildungsmöglichkeiten und Sozialisationsbereiche weitgehend abhängig sind. Negativ wirkt sich dies in erster Linie bei der Hauptschule aus, die ja von der Mehrzahl der Unterschichtkinder besucht wird: Im Vergleich mit Realschule und Gymnasium weist die Hauptschule nicht nur eine schlechtere Schüler-Lehrer-Relation und eine schlechtere materielle Ausstattung auf, sondern ihre Schüler sind auch durch die kürzere Schulzeit und die kürzere Ausbildungszeit der Hauptschullehrer in den Berufs- und Lebenschancen benachteiligt.[103] Schulische Sozialisation erweist sich damit, d. h., gerade von den genannten organisatorischen Bedingungen her, als nicht kompensatorisch; das bestehende Schulsystem *verstärkt* eher noch die in der familiären Sozialisation der einzelnen Schichten entstandenen Lernvoraussetzungen, Sprachgewohnheiten und Motivationsstrukturen.

Unter diesem zentralen Gesichtspunkt müssen auch alle übrigen Konsequenzen, die sich aus der Konstruktion des dreigliedrigen oder – prägnanter – des Säulen-Schulsystems ergeben, betrachtet und beurteilt werden. Besonders die zu frühe und zu enge Selektion von ›Begabungen‹ führt zu sozial diskriminierenden und zudem kaum revidierbaren Schullaufbahnentscheidungen.[104] Hier wird auch die Bedeutung des Schulsystems für die Sozialisation der Schüler unmittelbar sichtbar: Entscheidungen für weiterführende Schulen bringen stets eine zumindest partielle Auflösung sozialer Beziehungen zwischen Schülern mit sich und erfordern die Konstitution von bzw. die Anpassung an andere Beziehungsstrukturen. Während diese Leistung beim Übergang auf Realschulen und Gymnasien mit einem höheren sozialen Status gleichsam belohnt wird, bleibt den vorwiegend auf Grund ihres Alters in die Hauptschule wechselnden Grundschülern ein Aufstiegs- und Erfolgserlebnis versagt; dies verursacht sicher zu einem nicht unerheblichen Teil Erziehungsschwierigkeiten innerhalb der Hauptschule.

Im jetzigen Zusammenhang muß auch einmal grundsätzlich die Frage nach den *allgemeinen,* also den nicht an spezifische Lerninhalte gebundenen Sozialisationswirkungen der verschiedenen Schulformen gestellt werden. Zu dieser außerordentlich wichtigen Frage liegt eine vergleichende empirische Untersuchung des Zentrums I Bildungsforschung in Konstanz an über 500 Schülern aus Haupt- und Realschulen sowie aus Gymnasien und einer Gesamtschule vor:[105]

Ausgangspunkt ist die durch das dreigliedrige Schulsystem sich vollziehende Reproduktion sozialer Schichten und subkultureller Unterschiede, die durch die Annahme erläutert wird, »daß in den traditionellen unterschiedlichen Schulformen unterschiedliche schulische Erwartungen auftreten, die zur Ausbildung unterschiedlicher Wertsysteme und sozialer Einstellungen bei den Schülern beitragen«

(S. 887). Zur Charakterisierung der einzelnen Schulreformen wird dann auf die Qualifikationsfunktion des Schulsystems zurückgegriffen: »Hauptschulen, Realschulen und Gymnasien vermitteln Qualifikationen, die unterschiedlich hoch bewertet werden« und gekoppelt sind mit »unterschiedlichen überfachlichen Qualifikationen und Wertsystemen« (S. 888), also mit *schulformspezifischen* Sozialisationsinhalten. Diese Überlegungen werden näher konkretisiert und im Rahmen eines komplexen Forschungsansatzes, der hier nicht ausführlich wiedergegeben werden kann, überprüft; untersucht wurden dabei im einzelnen die schulische Erwartungsstruktur in der Wahrnehmung der Schüler, ihre normativen Orientierungen und ihre Einstellung zur Leistungsideologie, jeweils in Abhängigkeit von den genannten vier Schulformen. Folgende Ergebnisse aus den drei Untersuchungsbereichen sind besonders hervorzuheben:

1. Die *Erwartungsstruktur* wurde in drei Dimensionen differenziert, nämlich die Wahrnehmung von Leistungsdruck, von disziplinären Erwartungen sowie von Einfluß- und Mitbestimmungsmöglichkeiten, und mit Einstellungsskalen erfaßt. Am deutlichsten ergeben sich Unterschiede in diesen Dimensionen zwischen der Gesamtschule einerseits und den drei übrigen Schulformen andererseits: Gesamtschüler empfinden den geringsten Leistungsdruck, sehen sich am wenigsten disziplinären Erwartungen ausgesetzt und schätzen ihre Einflußmöglichkeiten mit Abstand am größten ein; Gymnasium, Real- und Hauptschule unterscheiden sich wesentlich nur in bezug auf den Leistungsdruck, der in der Hauptschule fast so niedrig wie in der Gesamtschule, in der Realschule hingegen am stärksten erlebt wird (S. 890ff.).

2. Aus dem Bereich *normativer Orientierungen* wurden die Dimensionen Leistungsmoral (»Vorstellungen über wünschenswertes Arbeitsverhalten«) und Berufswerte (allgemeine Zielvorstellungen über Beruf) näher dargestellt. In den Ergebnissen zeigt sich eine eindeutige Tendenz: Je höher die Schulform im hierarchischen Schulsystem steht, desto geringer sind Leistungsmoral und traditionelle Berufsstandards ausgeprägt; selbst im Gymnasium – und auch in der Gesamtschule – sind aber beide Orientierungen immer noch bemerkenswert stark. Weiterführende Interpretationen für dieses scheinbar paradoxe Ergebnis liegen noch nicht vor, sollen jedoch an Hand der These gewonnen werden, daß konforme Orientierung an sozialen Standards um so stärker wird, je niedriger die Qualifikationshöhe der jeweiligen Schulform ist (S. 895ff.).

3. Als ein Legitimationsmuster für gesellschaftliche Verhältnisse wurde exemplarisch die *Leistungsideologie* ausgewählt und die Einstellungen der Schüler zur Verwirklichung des Leistungsprinzips – individuelle Leistung entscheidet allein über schulischen Erfolg – ermittelt. Während die zusammengefaßten Skalenwerte hier wesentlich niedriger liegen als bei der Leistungsmoral – insgesamt kommt eine unentschiedene Haltung zum Ausdruck –, ist die Tendenz annähernd gleich: Je höher die Schulform, desto geringer der Glaube an die Leistungsideologie, wobei Gesamtschüler wie Realschüler eine mittlere Position einnehmen. Die Leistungsideologie hat also offensichtlich – so wird interpretiert – eine kompensatorische Funktion für den sozialen Status; das bedeutet etwa für einen Hauptschüler aus der Unterschicht, daß er seine niedrige Stellung im Schulsystem für gerecht hält, weil er sie auf seine schwachen individuellen Leistungen zurückführen kann (S. 898ff.).

Eine fundierte Kritik dieser als Voruntersuchung angelegten Studie ist im jetzigen Zusammenhang wenig angebracht, zumal die empirische Basis zu schmal ist und zur Repräsentativität keine genaueren Angaben gemacht werden. Auf einen wichtigen Einwand kann aber nicht verzichtet werden: Die Differenzierung der Schulformen nach der Höhe der Bewertung der in ihnen vermittelten Qualifikationen ist – abgesehen von der Frage nach Entstehung und Veränderbarkeit solcher Bewertungen – viel zu *unspezifisch* und zu formal; zwar wirkt die grundlegende Annahme, »daß sich im Zusammenhang mit unterschiedlichen Qualifikationshöhen – und damit im Zusammenhang mit unterschiedlichen Schulformen – auch unterschiedliche überfachliche Qualifikationen und Wertsysteme herausbilden« (S. 888), einigermaßen plausibel, aber sie ist doch für eine schlüssige Erklärung der hier empirisch nachgewiesenen schulformspezifischen Sozialisationseffekte kaum ausreichend. So läßt sich z. B. die Frage, warum gerade Realschüler den relativ stärksten Leistungsdruck empfinden, mit den untersuchten Bereichen nur hypothetisch klären. Nicht nur die Sozialisations*bedingungen* – hier nur Schulform und Qualifikationshöhe – müßten komplexer gefaßt und genauer begründet werden, etwa an Hand der für dieses Kapitel maßgebenden Faktoren schulischer Sozialisation, sondern auch die Sozialisations*effekte,* die sich ja ausschließlich auf *inner*schulische Orientierungen und Einstellungen bezogen.

Andererseits muß noch einmal betont werden, daß es sich hier um eine *Vor*untersuchung der Konstanzer Forschungsgruppe handelt, in der die Entwicklung von Fragestellungen und Thesen im Vordergrund steht. Die skizzierten Ergebnisse lassen immerhin die Relevanz der Schulform für schulische Sozialisationsprozesse erkennen, zumal auch Zusammenhänge mit anderen Sozialisationsbedingungen angedeutet werden. So heißt es z. B., daß Hauptschüler auf Leistungsdruck und disziplinäre Strenge eher mit positiven, Gymnasiasten mehr mit negativen Einstellungen gegenüber Lehrern reagieren (S. 893); inwieweit dabei z. B. die schulformbezogene Ausbildung der Lehrer eine Rolle spielt, müßte natürlich eigens untersucht werden. Insgesamt hat diese Studie jedenfalls – soweit ich sehe als bisher einzige – die Schulform als eine wichtige Sozialisationsbedingung herausgestellt und zugleich einige Argumente gegen das Säulen-Schulsystem erbracht, die durch die Resultate der Hauptuntersuchung noch abgesichert werden müssen.

Die oben genannte dritte Dimension der Schulorganisation, die soziale Organisation im engeren Sinne, umfaßt genaugenommen auch die Struktur und Regelung der sozialen Beziehungen innerhalb des *Unterrichts* und ist deshalb von Unterrichtsform und -organisation kaum abzugrenzen. Zweifellos hat der eigentliche Unterricht, in dessen Rahmen sich ja vorwiegend die Interaktionen zwischen Lehrern und Schülern konstituieren, für schulische Sozialisation das größte Gewicht; darüber darf aber der beschriebene Einfluß von Schulsystem und Schulform nicht aus dem Blickfeld geraten.

Unterrichts*organisation* – genauer: die nach bestimmten Kriterien erfolgende organisatorische Zusammenfassung der Schüler für den Unterricht – und Unterrichts*form* – genauer: die Art der Strukturierung von Interaktionen im Unterricht – werden in der gegenwärtigen Diskussion häufig als Ansatzpunkte bzw. Bereiche von Schulreform genannt. So wird etwa die Ablösung des unterrichtsorganisatorischen Prinzips der leistungsmäßig recht heterogenen Jahrgangsklasse durch eine flexible Leistungsdifferenzierung in entsprechenden Kursen gefordert, und die

Form des Frontalunterrichts wird mit dem Hinweis auf die bessere Förderung vor allem sozialer Fähigkeiten im Gruppenunterricht kritisiert. Auf die möglicherweise unterschiedlichen Sozialisationswirkungen solcher organisatorisch-didaktischer Maßnahmen soll im folgenden auch eingegangen werden, doch zunächst sind einige allgemeine Anmerkungen zur sozialen Organisation von Schule notwendig.

Im ersten Kapitel wurde bereits festgestellt, daß Schule als Herrschaftsverband aufzufassen ist, d. h., eines ihrer wesentlichen organisatorischen Merkmale liegt in der *hierarchischen* Verteilung von Anordnungsbefugnissen. Präzisiert hat diese Perspektive besonders Fürstenau, der die Schule nach der Organisationsform der Verwaltungsbürokratie charakterisiert, also als »ein System von hierarchisch einander übergeordneten Ämtern mit jeweils bestimmten fest umrissenen Befugnissen, wobei die oberen Instanzen in besonderem Maße entscheiden, anordnen und kontrollieren, während die unteren überwiegend Anordnungen ausführen und nach oben darüber berichten. Alle Arbeitsvorgänge . . . orientieren sich an *Regeln* und Verfahrensvorschriften.«[106] Wenigstens zwei Konsequenzen, die diese Organisationsstruktur für die Sozialisation der Schüler hat, lassen sich genauer ausmachen:

1. Der Lehrer gehört innerhalb der Schule eindeutig zu den ›unteren Instanzen‹. Auch wenn er in einzelnen Entscheidungsbereichen relativ autonom handeln kann, macht der Lehrer – wie früher schon angedeutet – auf Grund seiner niedrigen Stellung in der Hierarchie inner- und außerschulischer Ämter spezifische Abhängigkeitserfahrungen, die in sein Verhalten gegenüber den Schülern eingehen. Vor allem in den Erziehungseinstellungen der Lehrer zeigt sich, was noch gründlicher herausgearbeitet wird, eine überwiegend autoritäre Tendenz, die nur zu einem Teil durch die *vor*berufliche Sozialisation der Lehrer erklärt werden kann. Es ist denkbar und müßte näher geprüft werden, daß die aus der Sicht der Schüler vergleichsweise geringen disziplinären Erwartungen in Gesamtschulen, soweit jedenfalls dieses Ergebnis der eben zitierten Konstanzer Untersuchung als gültig unterstellt werden kann, *auch* auf eine andere Stellung der Lehrer an diesen Schulen zurückgeführt werden können.

2. Eine weitere und unmittelbarere Sozialisationswirkung der Organisationsstruktur der Schule wird in einer Begriffsbestimmung von Rolff sichtbar: »Soziale Organisation meint . . . die handlungsanleitende und *interaktionssteuernde* Struktur des Sozialisationsprozesses. Diese Definition . . . wird konkreter angesichts der Vielzahl von Gesetzen, Verordnungen und Verfügungen, die die soziale Organisation . . . reglementieren.«[107] Verhaltensregeln und -vorschriften können allerdings erst die Interaktionen zwischen Schülern und Lehrern steuern, wenn sie den Beteiligten *bekannt* sind und von ihnen zumindest soweit, als es die Mitgliedschaft in der Organisation erfordert, auch *anerkannt* werden. Unter diesem Gesichtspunkt sind Prozesse und Wirkungen schulischer Sozialisation in zwei Phasen zu differenzieren: Beim Eintritt in die Schule und in abgeschwächter Form auch beim Übertritt in weiterführende Schulen müssen zunächst – dies macht einen wesentlichen Inhalt des sozialen Lernens aus – die sozialen Normen der ›neuen‹ Organisation vermittelt werden; gleichzeitig werden Verhaltensweisen und -regeln aus anderen Sozialisationsbereichen negativ sanktioniert, wenn sie dem Organisationszweck aus der Sicht des Lehrers und/oder der Schüler zuwiderlaufen. Erst danach *kann* die Interaktion zwischen Lehrer und Schülern in dem Sinne erfolgreich ablaufen, daß die Erwar-

tungen beider weitgehend übereinstimmen; daß dies freilich keineswegs immer der Fall ist, dürfte aus der früheren Analyse der interaktionsimmanenten Sozialisationsbedingungen deutlich geworden sein.

Hierarchisches Prinzip und Verhaltenskontrolle nach überwiegend zweckrationalen Regeln sind zwei herausragende Elemente der sozialen Organisation von Schule, die sich im Rahmen des Säulen-Schulsystems auch in der Organisation und in den Formen des Unterrichts manifestieren. In Verbindung mit dem Leistungs- und Selektionsprinzip setzt sich seit einigen Jahren zunehmend auch eine hierarchische Unterrichtsorganisation durch: Die sogenannte *Leistungsdifferenzierung,* also die Zusammenfassung der Schüler in leistungsmäßig relativ homogenen Gruppen oder Kursen, hat einige zusätzliche soziale Differenzierungen zur Folge – etwa die unterschiedliche soziale Bewertung von A-, B- und C-Kursen oder die Veränderung bzw. Auflösung sozialer Beziehungen innerhalb der Jahrgangsklasse –, die weniger den Bedürfnissen der Schüler als vielmehr dem gesellschaftlichen Anspruch an die Schule Rechnung tragen.

Betrachtet man die *Auswirkungen* einer nach der allgemeinen oder fachspezifischen Schulleistung differenzierenden Unterrichtsorganisation, so ist sozialpsychologisch vor allem der Umstand bedeutsam, daß »eine Bezugsgruppe geschaffen (wird), die dem einzelnen Schüler die gesellschaftliche Leistungsnorm permanent vermittelt und es ihm schwieriger macht, sich dieser Norm zu entziehen. Dadurch internalisiert der einzelne Schüler den Leistungsdruck so, daß er ein Versagen als persönliches ›Verschulden‹ akzeptiert.«[108] Während diese Feststellung vorläufig noch eher als These gelten muß, sind andere Sozialisationseffekte der Leistungsdifferenzierung, so wie sie an Regelschulen gehandhabt wird, empirisch hinreichend belegt.

In einer vergleichenden Untersuchung von Hauptschulklassen mit und ohne Leistungsdifferenzierung in Nordrhein-Westfalen hat Hurrelmann die Bedeutung der Position eines Schülers in der formellen Struktur der Unterrichtsorganisation für Stereotypisierungen, Sozialkontakte und Selbsteinschätzungen der Schüler analysiert.[109] Er stellt zunächst fest, daß sich die entscheidenden Merkmale des schulischen Selektionsprozesses durch Leistungsdifferenzierung *nicht* verändern; besonders die schichtspezifische Selektion bleibt erhalten bzw. verstärkt sich sogar auf Grund der ›Versäulung‹ der Leistungskurse (S. 67ff.). Dennoch nehmen die von den Grundtypen des ›guten‹ und des ›schlechten‹ Schülers ausgehenden Typisierungen zwischen den Schülern nicht zu, sondern werden im Vergleich mit nicht leistungsdifferenzierten Klassen lediglich bestätigt (S. 111ff.). Dieses Ergebnis widerspricht der von Hurrelmann selbst angenommenen Verschärfung der Stereotypisierungstendenz und kann von ihm auch nicht näher erklärt werden. Ich halte es allerdings für wahrscheinlich, daß das allgemein positive Stereotyp des ›guten‹ Schülers und das negative des ›schlechten‹ in Leistungsgruppen durch unterschiedliche, in ihrer Wirkung sich aber neutralisierende Faktoren zustande kommt; eine solche Interpretation verbaut sich freilich Hurrelmann durch seine Annahme, die untersuchten Klassen unterschieden sich *nur* durch die Unterrichtsorganisation und nicht auch durch andere Lehrverfahren und Interaktionsprozesse zwischen Schülern und Lehrern (S. 6f.).

Auch hinsichtlich der Beziehungen zwischen den Schülern ergeben sich keine nennenswerten Veränderungen: »Die Leistungsdifferenzierung formalisiert den Zusammenhang zwischen Leistungsposition und informellem Status und bewirkt keine qualitative Verbesserung der informellen Sozialkontakte der Schüler« (S. 173). Dabei muß jedoch berücksichtigt werden, daß sich die Leistungsdifferenzierung lediglich auf zwei Fächer erstreckte; außerdem wurden die empirischen Daten nur durch eine soziometrische Befragung gewonnen. Da schließlich auch die Selbsteinschätzung und das Selbstwertgefühl der Schüler in den Leistungskursen weitgehend konstant bleiben (S. 212f.), scheint sich die Ausgangsfrage nach den Sozialisationswirkungen einer leistungsorientierten Unterrichtsorganisation als irrelevant zu erweisen. Berücksichtigt man aber den mit der Leistungsdifferenzierung verbundenen *Anspruch,* nämlich »eine bessere Förderung der intellektuellen und sozialen Entwicklung *aller* Schüler« zu erreichen (S. 22), dann wird aus der Untersuchung von Hurrelmann doch recht deutlich, wie wenig dieses Ziel realisiert werden konnte. Wenn die partielle Umorganisation der Jahrgangsklasse in Leistungskurse dieselben Folgen hat wie die traditionelle Unterrichtsorganisation, dann liegt darin zumindest für die Befürworter der Leistungsdifferenzierung ein negatives Ergebnis. Ob die Verbindung dieses Prinzips mit weiterreichenden organisatorisch-didaktischen Veränderungen etwa im Rahmen von Gesamtschulkonzeptionen andere Konsequenzen nach sich zieht, bleibt noch zu klären.

Auch bei der Frage nach den Sozialisationseffekten von Unterrichts*formen* möchte ich exemplarisch eine empirische Untersuchung heranziehen, doch zunächst ist auf die allgemeine Problematik der Interaktionsstruktur im Unterricht einzugehen, die heute überwiegend unter der Alternative Frontal- oder Gruppenunterricht diskutiert wird. Da diese beiden Varianten allerdings kaum in ›Reinform‹ auftreten, ist eine differenzierende Beschreibung notwendig, zu der die Basis bereits mit der früheren Analyse der Lehrer-Schüler-Interaktion gelegt wurde. Obwohl die dort erarbeiteten Interaktionsmerkmale prinzipiell auch in einem um Gruppenarbeit zentrierten Unterricht auftreten können, sind sie eher für die vorherrschende, von der frontalen Situation zwischen Schülern und Lehrer wesentlich geprägte Unterrichtspraxis kennzeichnend; deshalb stehen jetzt eher Grundsätze und Auswirkungen des *Gruppen*unterrichts im Vordergrund.

Prinzipien und Ziele des Gruppenunterrichts lassen sich unter zwei einander ergänzenden Perspektiven begründen: Sowohl die Kritik an den Defiziten des Frontalunterrichts als auch die von der Kleingruppenforschung gespeiste Hoffnung auf die Überlegenheit der Gruppenarbeit bzw. des Lernens in Gruppen haben Versuche mit dieser Unterrichtsform gefördert. Mängel des Frontalunterrichts, deren Ausgleich vom Gruppenunterricht erwartet wird, liegen insbesondere darin, daß

- der gesamte Unterricht ausschließlich vom Lehrer gesteuert wird, der sein Wissen direkt auf die Schüler übertragen soll;
- die Schüler zu einem passiven Aufnehmen und allenfalls unselbständigen Reagieren gezwungen sind;
- zwischen den Schülern lediglich informelle und vom Lehrer meist negativ sanktionierte Kontakte möglich sind, und
- sich insgesamt eine völlig einseitige Autoritäts- und Kommunikationsstruktur einstellt.[110]

Der – bisweilen vorschnelle – Rückgriff auf bestimmte Resultate der Kleingruppenforschung erbrachte weniger Argumente gegen diese Form des Unterrichts, sondern sollte vielmehr zur Schaffung gruppenbezogener Unterrichtsbedingungen beitragen, die zu einer besseren *Leistung* führen könnten. Gruppenunterricht ist deshalb primär nicht als Selbstzweck, sondern als didaktisches *Mittel* zur Steigerung der Leistung des einzelnen Schülers zu verstehen; Veränderungen in den Einstellungen und Verhaltensweisen der Schüler sind demnach, soweit sie eindeutig auf Gruppenunterricht zurückgehen, zunächst nicht-intendierte Nebenfolgen dieses Verfahrens.

Dietrich, auf dessen empirischen Ansatz ich gleich noch zu sprechen komme, sieht – neben dem organisatorischen Moment der Aufteilung der Klasse in kleine Lerngruppen – das pädagogisch Wesentliche am Gruppenunterricht darin, »daß in ihm die Schüler auf sämtlichen Stufen des Bildungserwerbes innerhalb und mit Hilfe der kleinen Lerngruppe selbständig lernen sollen«.[111]

Die entscheidende Voraussetzung dafür muß aber erst noch einmal explizit formuliert werden: Während im Frontalunterricht die Interaktionen vom Lehrer initiiert und gesteuert werden, sind im Gruppenunterricht die Interaktionen *innerhalb der einzelnen Gruppen* dominant; schulische Lerninhalte werden nicht mehr nur vom Lehrer dargestellt und vermittelt, sondern in einer Gruppe gleichzeitig von mehreren Schülern bearbeitet. Der gesamte Lern- und Sozialisationsprozeß wird in dieser Unterrichtsform also viel stärker – oder: überhaupt erst – von den Erfahrungen und Interessen der Schüler bestimmt, auch wenn der Lehrer dabei immer noch Aufgaben stellt, Probleme formuliert und bei Lösungen hilft.

In einer ›pilot study‹ hat Dietrich untersucht, welche Auswirkungen der Gruppenunterricht im Unterschied zum Frontalunterricht hat. In einer Versuchsklasse und drei Kontrollklassen mit jeweils 14 jährigen Schülern wurden vier Unterrichtseinheiten durchgeführt; die Versuchsklasse – in Vierer-Gruppen mit vorwiegend gleichen Themen aufgeteilt – war mit 47 Schülern erheblich größer als die Kontrollklassen mit durchschnittlich 32 Schülern. Während der ›normale‹ Unterricht eindeutig lehrerzentriert verlief, zeigte sich im Gruppenunterricht der Versuchsklasse in bezug auf Unterrichtssteuerung, inhaltliche Darbietung und andere Unterrichtsaktivitäten eine annähernd gleiche Verteilung zwischen dem Lehrer und den Schülern; insgesamt kehrte sich hier das im Frontalunterricht gefundene Verhältnis der Lehrer-Schüler-Aktivitäten von etwa 2:1 fast genau um (S. 65).

Ohne im einzelnen auf die von Dietrich verwendeten methodischen Verfahren eingehen zu können, seien kurz die wichtigsten Konsequenzen des Gruppenunterrichts genannt, die durchaus als Sozialisationswirkungen zu verstehen sind. Bezüglich der *Schulleistungen* war die Klasse mit Gruppenunterricht den übrigen Klassen beinahe in jeder Hinsicht überlegen: Die Richtigkeit von Problemlösungen erhöht sich gegenüber der Einzelarbeit um mehr als 50%, reproduzierbares Wissen ist in der Versuchsgruppe signifikant höher, und auch in bezug auf Techniken geistigen Arbeitens erweist sich der Gruppenunterricht als überlegen (S. 85ff.). Von besonderem Interesse sind Unterschiede im *Sozialverhalten* der Schüler; hier zeigen sich ebenfalls Vorteile eines gruppenzentrierten Unterrichts: Die Kontaktstruktur ist positiver und intensiver, die Kooperationsbereitschaft und der Gruppenzusammenhalt sind höher (S. 114ff.). Sozialisationseffekte im engeren Sinne – nach Dietrich die *persönlichkeitsformende Wirkung* des Gruppenunterrichts – wurden mittels eines allerdings etwas problematischen Beobachtungs- und Schätzverfahrens festgestellt; in Bereichen wie Aktivität und Produktivität der Mitarbeit, Arbeitsintelligenz, Kontaktverhalten u. a. erreichte ebenfalls die Klasse mit Gruppenunterricht durchwegs höhere Werte als die Kontrollklassen (S. 138ff.).

Selbstverständlich können diese Ergebnisse nicht allein auf das *organisatorische* Moment des Gruppenunterrichts zurückgeführt werden, sondern es ist ein Komplex von weiteren Bedingungsfaktoren heranzuziehen, der erst die Wirkungen des Gruppenunterrichts erklären kann. Dietrich verweist hier zu Recht und ganz im Sinne meines Ansatzes, der schulische Sozialisation primär von der Interaktion zwischen Lehrern und Schülern abhängig macht, vor allem auf das Verhalten bzw. den Führungsstil des Lehrers; im Unterschied zu den Lehrern der Klassen mit Frontalunterricht war das Verhalten des Lehrers in der Versuchsklasse überwiegend durch sozialintegrative Maßnahmen und durch Motivierungshilfen gekennzeichnet (S. 158ff.). Dies unterstreicht nicht nur die große Bedeutung, die das Lehrerverhalten in den beiden untersuchten Unterrichtsformen hat, sondern macht auch wieder darauf aufmerksam, daß die in diesem Kapitel analysierten Sozialisationsbedingungen keinesfalls isoliert betrachtet werden dürfen. Fraglich ist allerdings, und darauf komme ich später zurück, ob das ›durchschnittliche‹ Verhalten der Lehrer einen erfolgreichen Gruppenunterricht überhaupt ermöglicht und ob in der Lehrerausbildung ein entsprechendes Verhalten sozialisierbar ist.

Schulsystem, Schulform, Organisationsstruktur der Schule, Unterrichtsorganisation – Jahrgangsklasse versus Leistungsdifferenzierung – und Unterrichtsform – Frontal- versus Gruppenunterricht – sind die wichtigsten organisatorischen Bedingungen schulischer Sozialisation, die in eine entsprechende Theorie eingehen müssen. Die vorgenommene Analyse der Wirkungen dieser einzelnen Faktoren bleibt zwar auf Grund unzureichenden oder in seiner Gültigkeit zweifelhaften empirischen Materials etwas unbefriedigend, aber es lassen sich doch an Hand der referierten Untersuchungen Tendenzen erkennen, die – mit Ausnahme des Gruppenunterrichts – für die traditionelle Schule als typisch gelten können. Es bleibt die Frage, ob demgegenüber eine integrierte *Gesamtschule* mit veränderten Organisationsstrukturen und Unterrichtsformen auch *andere Sozialisationseffekte* bewirkt; dabei gehe ich davon aus, daß die in der Gesamtschulkonzeption implizierten Reformziele sich vorrangig, wenngleich nicht ausschließlich in organisatorischen Entscheidungen manifestieren, die wiederum als Bedingung einer möglicherweise veränderten Sozialisation relevant werden.

Greift man noch einmal kurz auf die zitierte Konstanzer Studie zurück, dann scheint die Gesamtschule in der Tat durch ein gänzlich anderes Schulklima ausgezeichnet zu sein: »Unsere Gesamtschule repräsentiert in fast reiner Form den Typ der emanzipationsorientierten Schule. Hier empfinden die Schüler den geringsten Leistungs- und disziplinären Druck, während die Einflußmöglichkeiten als sehr hoch beurteilt werden.«[112] Freilich kann diese Aussage keineswegs allgemeine Gültigkeit beanspruchen, da sie sich nur auf *eine* Gesamtschule bezieht, deren Population außerdem, wie Fend u. a. wenige Seiten vorher konstatieren, in mehrfacher Hinsicht verzerrt ist. Um die eventuell bestehenden Unterschiede zwischen traditioneller und Gesamtschule herauszufinden, ist es jedenfalls besser, zunächst eine Null-Hypothese anzunehmen, die eine identische Sozialisation in beiden Schultypen behauptet, und dann erst nach Falsifikationsmöglichkeiten zu suchen.

Wichtige Unterschiede vor allem bezüglich der Lern- und Lehrbedingungen lassen sich freilich recht schnell eruieren: Die Gesamtschule verfolgt *anspruchsvollere,* weil vorwiegend aus der Kritik der herkömmlichen Schule abgeleitete *Ziele;* ihre Schülerpopulation ist insgesamt *heterogener* und der Unterricht wesentlich stärker *differenziert.*[113] Diese Bedingungen tragen zumindest intentional zwei Haupteinwänden gegen das Säulen-Schulsystem Rechnung, das zu stark sozial selektiert und (deshalb) zu wenig qualifizierte Abschlüsse hervorbringt. Die soziale Integration einer schichtenspezifisch heterogenen Schülerschaft und die Leistungsdifferenzierung vorwiegend durch unterrichtsorganisatorische Maßnahmen haben jedoch nicht in dem erhofften Ausmaß zu mehr Chancengleichheit und größerer Durchlässigkeit geführt. Kurseinteilungen und Fächerwahlen erweisen sich in der Gesamtschule in einer gegenüber den Schullaufbahnentscheidungen des dreigliedrigen Schulsystems nur wenig abgeschwächten Form als irreversibel, und besonders Schüler aus der Unterschicht verbleiben weitgehend in den schwächeren Leistungskursen.[114] Hier schält sich das Grunddilemma der Gesamtschule heraus: Soziale Integration, d. h. Ausgleich bzw. Abbau schichttypischer Erfahrungs- und Verhaltensmuster, und Leistungsdifferenzierung, d. h. individuelle Förderung von Begabungen, stehen in einem *konkurrierenden* Verhältnis zueinander; je stärker die Leistungsdifferenzierung, desto weniger kann soziale Integration erreicht werden und umgekehrt. Auf Grund der gegenwärtig an den Gesamtschulen vorherrschenden Praxis, in den gewichtigeren Schulfächern wie Deutsch, Mathematik und Fremdsprachen nach Leistungskursen zu differenzieren, während der gemeinsame Kernunterricht in musischen Fächern und in Sozialkunde stattfindet, kann zweifellos angenommen werden, daß die Leistungsdifferenzierung zum dominierenden, die soziale Integration hingegen zum zweitrangigen Ziel geworden ist. Daraus ergeben sich für den einzelnen Schüler und für die Beziehungen der Schüler untereinander gravierende sozialpsychologische Probleme, die genauer dargestellt werden sollen.

In der Gesamtschule werden die früher beschriebenen Sozialisationsbedingungen innerhalb der Schulklasse zwar nicht total aufgehoben, aber doch in entscheidender Weise modifiziert. Da das Kern-Kurs-System die Klassengruppe weitgehend *auflöst,* verliert der Schüler eine wichtige und zudem relativ konstante Bezugsgruppe, die ihm stabile Beziehungen und einen recht gesicherten Status verschaffte. Die Unterrichtsorganisation der Gesamtschule verlangt demgegenüber eine Anpassung an – im Extremfall von Fach zu Fach – variierende und *flexible* Beziehungsstrukturen und stellt den Schüler vor das Problem, in den verschiedenen Kursen und in der Kerngruppe seine Statuskonsistenz zu erhalten; dies wird gerade bei Schülern mit sehr unterschiedlichen Fachleistungen zu Identitätsschwierigkeiten führen. Auf der anderen Seite wird eine intensive *Leistungsorientierung* gefordert und gefördert, was nur auf Kosten der weniger leistungsbezogenen Ziele möglich ist. So stellen Bernhardt u. a. im Anschluß an die Begleituntersuchung eines Gesamtschulversuchs fest:

»Das Kern-Fachleistungskurs-System strukturiert grundlegende Kommunikationsbedingungen, die ihrerseits die Realisierung *normativer* Ziele der integrierten Gesamtschule erschweren, wenn nicht gar verhindern können. Es führt einerseits zu einem ständigen Situationswechsel für den einzelnen Schüler, sorgt jedoch gleichzeitig für eine relative Konstanz des sozialen Milieus im Bereich der differenzierten Leistungsfächer. Die Kursdifferenzierung stellt eine organisatorische *Bekräftigung* der schulischen Leistungserwartungen dar und schreibt jedem Schüler einen formellen Status in der schulischen Sozialstruktur zu, der allerdings in der organisatorischen Definition des Kernunterrichts bzw. der Kerngruppe keine Bestätigung findet.«[115]

Daraus lassen sich auch, obwohl eine empirische Bestätigung noch fehlt, einige Schlüsse für die Interaktion zwischen Lehrern und Schülern ableiten. In den Leistungskursen dürfte sich die Macht des Lehrers, insbesondere soweit sie auf sein Expertentum zurückgeht, festigen; durch die Möglichkeit einer *fachspezifischen* ›Versetzung‹ nach oben oder unten vergrößert sich die Abhängigkeit der Schüler gegenüber jedem einzelnen Lehrer, der in der traditionellen Schule ja nie alleine Versetzungsentscheidungen treffen kann. Die Wahrnehmung des Lehrers wird in den leistungsmäßig relativ homogenen Kursen eher noch ungenauer als in der Jahrgangsklasse: Da auch *innerhalb* der Kurse differenziert werden muß, die geringen Leistungsunterschiede jedoch dafür nicht ausreichen, ist es denkbar, daß die – wie sich im folgenden Kapitel zeigen wird – ohnehin nicht nur an der Schulleistung orientierten Lehrerurteile noch mehr von ›sachfremden‹ Wahrnehmungsinhalten beeinflußt werden.

Der Kernunterricht ist unter diesen Aspekten schwieriger einzuschätzen. Einerseits ist hier die Position des Lehrers schwächer, die Abhängigkeit von ihm wegen der fachspezifisch niedrigen oder fehlenden Leistungsforderungen geringer; andererseits ist es möglich, daß die in den Leistungskursen erzeugte hohe Leistungsorientierung auch in den Kernunterricht übertragen wird, wo dann allerdings entsprechende Erwartungen von den angebotenen Lerninhalten und/oder vom Verhalten des Lehrers her kaum erfüllt werden. Außerdem muß bezweifelt werden, ob soziale Integration in der heterogenen Kerngruppe überhaupt möglich ist, ob soziale Lernziele hier überhaupt verwirklicht werden können, denn es »könnte sogar eine Verfestigung sozialer Vorurteile die Folge sein, wenn die Vorherrschaft der Leistungskurse eine leistungsspezifische Gruppenbildung auslöst und die Kerngruppe parzelliert«.[116]

Alles in allem ist die Sozialisation in der Gesamtschule im Unterschied zu derjenigen in den traditionellen Schulformen dadurch gekennzeichnet, daß dauerhafte Beziehungen und Orientierungen sowie eine stabile soziale Identität *erschwert* werden, während das Leistungsprinzip sich in Interaktion und Einstellungen zusehends durchsetzt. Für den Bereich der im engeren Sinne politischen Sozialisation nehmen Butschkau und Tillmann darüber hinaus eine *Verstärkung* der bei Mittel- *und* Unterschichtkindern nachweisbaren negativen Stereotypisierung der Unterschicht an, die der proklamierten Zielsetzung der Gesamtschule eindeutig widerspricht.[117]

Da ich eine ausführliche, abschließende Zusammenfassung dieses dritten und zentralen Kapitels erst am Schluß der ganzen Arbeit geben möchte, soll als Überleitung zum folgenden noch kurz die Situation der *Lehrer* an der Gesamtschule geschildert werden. Zumindest von seiner Ausbildung her ist ja bislang kaum ein Lehrer auf die Anforderungen und Probleme der Gesamtschule einigermaßen vorbereitet; auch wenn in einigen Ländern der BRD die Lehrer bereits als Primar- bzw. Sekundarstufenlehrer I oder II ausgebildet werden, verbirgt sich hinter diesen neuen Bezeichnungen de facto meistens noch die alte Dreiteilung in Volksschul-, Realschul- und Gymnasiallehrer. Von daher besteht die Gefahr, daß es wegen qualitativer und quantitativer Ausbildungsunterschiede zwischen den verschiedenen Lehrerkategorien zu Kooperationsschwierigkeiten kommt, und daß sich ein Zusammenhang zwischen Lehrerqualifikation und Leistungskurs herstellt, indem etwa Gymnasiallehrer vorwiegend in A- und B-Kursen, Realschullehrer dagegen in B- und C-Kursen unterrichten. Auch dies würde nicht gerade zur sozialen Integration von Schülern und Lehrern beitragen.

Vor diesem Hintergrund halte ich die Annahme von Hänsel, »die Arbeit des Gesamtschullehrers entspricht . . . eher professionellen Standards, als dies bei Lehrern an traditionellen Schulen der Fall ist«[118], für nicht ganz zutreffend. Zwar sind die Aufgaben des Gesamtschullehrers durchaus stärker spezialisiert und die Lernprozesse vielleicht auch objektivierter, aber die von der »Organisationsstruktur der Gesamtschule erfordert(e) intensivere Kommunikation und Kooperation von Lehrern« (ebd.) ist nach den eben angedeuteten Problemen doch wohl mehr Desiderat als Wirklichkeit.

Im übrigen läßt sich die Frage, wie sich die Struktur der Gesamtschule in Verbindung mit einer veränderten Lehrerausbildung auf den Lehrer unmittelbar auswirken wird, zur Zeit noch kaum beantworten; die Gesamtschule ist weit davon entfernt, zur Regelschule in der BRD zu werden, und an den erziehungswissenschaftlichen Hochschulen bzw. Universitäten werden die Lehrer nach kaum veränderten Prinzipien und Methoden ausgebildet. Deshalb bezieht sich die Argumentation des nächsten Kapitels auch vorwiegend auf das Verhalten des Lehrers an traditionellen Schulen, wobei freilich an mehreren Stellen nach der Schulform und der ihr korrespondierenden Art der Lehrerausbildung zu differenzieren sein wird.

Anmerkungen:

1 K. Mollenhauer, Theorien zum Erziehungsprozeß. München 1972, S. 18.
2 Vgl. zum weiteren ebd., S. 28ff.; im folgenden werden nur die Seitenzahlen zitiert. Mollenhauer bezieht seine z. T. an die Systemtheorie von N. Luhmann angelehnte Analyse des pädagogischen Feldes nicht explizit auf die Schule, sondern verwendet das Feldkonzept als allgemeinen Grundbegriff der Erziehungswissenschaft (S. 28).
3 Vgl. etwa C. Hagemann-White und R. Wolff, Gesellschaftliche Entwicklung und Sozialisationsforschung. In: Erziehung und Klassenkampf 9 (1973), S. 5–26; F. H. Tenbruck, Jugend und Gesellschaft. Freiburg 1962, S. 74f.
4 H.-J. Gamm, Kritische Schule. München 1970, S. 23.
5 So F. H. Tenbruck, a.a.O., S. 75.
6 H. Giesecke, Bildungsreform und Emanzipation. München 1973, S. 52.
7 K. Mollenhauer, Sozialisation und Schulerfolg. In: H. Roth (Hrsg.): Begabung und Lernen. Stuttgart 1968, S. 270.
8 S. Wheeler, The Structure of Formally Organized Socialization Settings. In: O. G. Brim und S. Wheeler: Socialization after Childhood. New York 1966, S. 112.
9 Ebd.
10 F. E. Weinert, Schule und Beruf als institutionelle Sozialisationsbedingungen. In: C. F.

Graumann (Hrsg.): Handbuch der Psychologie. Bd. 7/II: Sozialpsychologie – Forschungsbereiche. Göttingen 1972, S. 837.

11 Ebd.

12 Ebd.

13 H. T. Himmelweit und B. Swift, A Model for the Understanding of School as a Socializing Agent. In: O. H. Mussen u. a. (Hrsg.): Trends and Issues in Developmental Psychologie. New York 1969; im folgenden nur mit Seitenzahlen zitiert.
Weil die englische ›grammar school‹ und die ›secondary modern school‹ nur bedingt mit dem deutschen Gymnasium bzw. der Hauptschule verglichen werden können, und weil das Konzept der ›social class‹ weder mit dem Klassen- noch mit dem Schichtbegriff identisch ist, behalte ich die englischen Ausdrücke weitgehend bei.

14 Vgl. zusammenfassend H.-G. Rolff, Sozialisation und Auslese durch die Schule. Heidelberg 1972.
Neuere empirische Daten hierzu liefert die unter dem etwas irreführenden Titel ›Aufstiegsschulen im sozialen Wettbewerb‹ veröffentlichte Untersuchung von A. O. Schorb und M. Schmidbauer (Stuttgart 1973); informativer ist der Untertitel: Entwicklung und Hintergründe unterschiedlicher Bildungsbeteiligung in Bayern.

15 Vgl. H. Daheim, Soziale Herkunft, Schule und Rekrutierung der Berufe. In: D. V. Glass und R. König (Hrsg.): Soziale Schichtung und Mobilität. Köln und Opladen 1961, S. 211.

16 F. E. Weinert, a.a.O., S. 842f. (Hervorhebungen von mir, K. U.).

17 Vgl. dazu T. Dannwolf und W. Fuchs, Unterrichtsforschung als Unterricht? In: Gesellschaft und Schule 1 (1971), S. 2–7. Auf eine Darstellung und Analyse der Unterrichtsforschung, die unter theoretischen wie methodologischen Gesichtspunkten gleichermaßen zu kritisieren wäre, muß ich in diesem Rahmen verzichten. Vgl. dafür J. Zinnecker, Die Parteilichkeit der Unterrichtsforschung. In: betrifft: erziehung 7 (1974), 9, S. 26–36, sowie K. Hurrelmann, Unterrichtsforschung als angewandte Sozialisationsforschung, ebd., S. 47–50. Hurrelmann schlägt eine bereits im Titel seines Aufsatzes angedeutete Umorientierung der Unterrichtsforschung vor, deren Kern eine Verbindung gesellschafts-, organisations- und interaktionstheoretischer Ebenen intendiert und damit meinem Ansatz recht gut korrespondiert.

18 Vgl. J. Klüver und H. Krüger, Aktionsforschung und soziologische Theorien. In: F. Haag u. a. (Hrsg.): Aktionsforschung. München 1972, S. 76f.

19 Vgl. z. B. C. Cremer u. a., Bericht über ein Aktionsforschungsprojekt zur politischen Bildung an der Hauptschule. In: F. Haag u. a. (Hrsg.): Aktionsforschung. München 1972; W. Klafki, Handlungsforschung im Schulfeld. In: Zeitschrift für Pädagogik 19 (1973), S. 487–516.

20 Vgl. T. Parsons, The School Class as a Social System: Some of its Functions in American Society. In: A. H. Halsey u. a. (Hrsg.): Economy, Education and Society. New York 1959; C. W. Gordon, Die Schulklasse als ein soziales System. In: P. Heintz (Hrsg.): Soziologie der Schule. Köln und Opladen 1959.
Zur Kritik an beiden Ansätzen siehe D. Ulich, Gruppendynamik in der Schulklasse. München 1974, S. 36ff.

21 Vgl. H. Anger, Kleingruppenforschung heute. In: G. Lüschen (Hrsg.): Kleingruppenforschung und Gruppe im Sport. Köln und Opladen 1966, S. 20.

22 Zu diesen Begriffen siehe C. F. Graumann, Die Klasse als Gruppe. In: Funkkolleg Pädagogische Psychologie, 13. Sendung. Tübingen 1972 (hektogr. Manuskript), S. 2.

23 Vgl. D. Ulich, a.a.O., S. 63.

24 Vgl. zum folgenden etwa E. Hahn, Historischer Materialismus und marxistische Soziologie. Berlin 1968, S. 147ff.

25 Vgl. – auch für das weitere – K. Ulich, Soziale Systeme als Bezugssysteme für soziales Handeln. Frankfurt 1972, S. 83ff.
26 Vgl. besonders H. Anger, a.a.O., A. P. Hare, Handbook of Small Group Research. New York 1962.
27 A. P. Hare, a.a.O., S. 248.
28 Vgl. D. Ulich, a.a.O., S. 77ff. unter Bezug auf H. Popitz, Der Begriff der sozialen Rolle als Element der soziologischen Theorie. Tübingen 1967, S. 12f.
29 Als Beispiel hierzu siehe C. F. Graumann, a.a.O., S. 10ff.
30 Vgl. etwa C. W. Backman und P. F. Secord, Sozialpsychologie der Schule. Weinheim 1972, S. 106ff. sowie die dort genannten Quellen.
31 Vgl. zum folgenden T. Dannwolf und W. Fuchs, a.a.O.; D. Ulich, a.a.O., S. 57f.
32 D. Ulich, a.a.O., S. 90ff.
33 Ausführlicher dazu siehe den theoretischen Bezugsrahmen und auch die empirischen Ergebnisse von M. Brusten und K. Hurrelmann, Abweichendes Verhalten in der Schule. München 1973.
34 D. H. Hargreaves, Interpersonale Beziehungen und das soziale System der Schule. In: J. F. Morris und E. A. Lunzer (Hrsg.): Das Lernen in der Schule. Stuttgart 1972, S. 279.
35 Ebd., S. 278.
36 Vgl. K. Hurrelmann, Schulische Sozialisation und abweichendes Verhalten. In: H. Walter (Hrsg.): Sozialisationsforschung. Bd. II: Sozialisationsinstanzen – Sozialisationseffekte. Stuttgart 1973, S. 151ff.
37 D. Ulich, Soziale Beziehungen und Probleme der Macht in pädagogischen Interaktionen. In: H. Halbfas, F. Maurer und W. Popp (Hrsg.): Lernen und soziale Erfahrung. Stuttgart 1974, S. 118.
38 Ebd., S. 117.
39 D. Ulich, Gruppendynamik in der Schulklasse, a.a.O., S. 95.
40 H. Ortmann, Politische Ökonomie und Pädagogik. In: Erziehung und Klassenkampf 9 (1973), S. 39–54, Zitat S. 51.
41 K. Mollenhauer, Theorien zum Erziehungsprozeß, a.a.O., S. 12f.
42 Das Konzept des kategorischen Machtverhältnisses geht zurück auf T. Geiger; vgl. H. Mey, Soziales Verhalten zwischen Herrschaft, Macht und Öffentlichkeit. In: Soziale Welt 21/22 (1970/71), S. 18–32, besonders S. 27f.
43 J.R. P. French und B. Raven, The Bases of Social Power. In: D. Cartwright und A. Zander (Hrsg.): Group Dynamics – Research and Theory. Evanston 1960; zitiert nach A. E. Guskin und S. L. Guskin, Sozialpsychologie in Schule und Unterricht. Ulm 1973, S. 77.
44 Vgl. hierfür P. F. Secord und C. W. Backman, Social Psychology. New York 1960, S. 274ff.
45 M. Brusten und K. Hurrelmann, a.a.O., S. 25ff.
46 Zur impliziten Persönlichkeitstheorie des Lehrers siehe D. Ulich und W. Mertens, Urteile über Schüler. Weinheim 1973, S. 98ff.
47 Vgl. ebd., S. 84ff.
48 H. Popitz, Die Ungleichheit der Chancen im Zugang zur höheren Schulbildung. In: L. v. Friedeburg (Hrsg.): Jugend in der modernen Gesellschaft. Köln/Berlin 1965, besonders S. 396.
49 Vgl. F. Hess, F. Latscha und E. Schneider, Die Ungleichheit der Bildungschancen. Freiburg 1966, S. 238f.
50 Vgl. A. Combe, Zur Kritik der Lehrerrolle. München 1971, S. 198ff.
51 P. W. Jackson, Theacher's Perceptions of Pupil's Attitudes towards School. In: A. Morrison und D. McIntyre (Hrsg.): Social Psychology of Teaching. London 1972, besonders S. 315.
52 Ebd., S. 321.

53 P. W. Jackson und H. M. Lahaderne, Inequalities of Teacher-Pupil Contacts. In: A. Morrison und D. McIntyre (Hrsg.): Social Psychology of Teaching. London 1972, S. 270ff.

54 B. Bernstein, Studien zur sprachlichen Sozialisation. Düsseldorf 1972; U. Oevermann, Sprache und soziale Herkunft. Frankfurt 1972.

55 H. Popitz, a.a.O., S. 398.

56 K. Mollenhauer, Theorien zum Erziehungsprozeß, a.a.O., S. 68. Solche Bedingungen sind auch dafür verantwortlich, daß den Schülern – und den Lehrern – durch die Schule kaum eine stabile Identitätsbalance ermöglicht wird; vgl. F. Wellendorf, Schulische Sozialisation und Identität. Weinheim 1972.

57 Vgl. allgemein dazu P. Watzlawick, J. H. Beavin und D. D. Jackson, Menschliche Kommunikation. Bern 1969, S. 79ff.; zu den folgenden Beispielen K. Mollenhauer, Theorien zum Erziehungsprozeß, a.a.O., S. 73.

58 Deutscher Bildungsrat – Empfehlungen der Bildungskommission: Strukturplan für das Bildungswesen. Stuttgart 1970, S. 29.

59 Bund-Länder-Kommission für Bildungsplanung: Bildungsgesamtplan. Stuttgart 1973, S. 8.

60 H.-G. Rolff, Bildungsplanung als rollende Reform. Frankfurt 1970, S. 11.

61 Vgl. dazu V. Lenhart (Hrsg.): Demokratisierung der Schule. Frankfurt 1972, besonders die Einleitung des Herausgebers; S. Arvidson, Demokratisierung des Schulsystems. In: E. Meyer (Hrsg.): Gruppenpädagogik zwischen Moskau und New York. Heidelberg 1972; H. Kupffer, Die ›Demokratisierung‹ der Schule unter erzieherischem Aspekt. In: Die Deutsche Schule 60 (1968), S. 719–726.

62 So sieht etwa die Allgemeine Schulordnung Bayerns vor, daß die Lehrerkonferenz zwar über wichtige Angelegenheiten der Schule Beschlüsse fassen kann, die aber für den Schulleiter lediglich Empfehlungen darstellen.

63 C. W. Müller, Die Stellung des Schülers an unseren Schulen. In: P. Fürstenau u. a., Zur Theorie der Schule. Weinheim 1969, S. 67ff., Zitat S. 70.

64 Ebd., S. 81ff.

65 Vgl. etwa H. Giesecke, Bildungsreform und Emanzipation, a.a.O., S. 50.
In Bayern z. B. erhöhten sich die Anteile der aus den verschiedenen Sozialschichten in das Gymnasium übergetretenen Schüler zwischen 1962 und 1969 für die
- obere Mittelschicht um 5,2%
- untere Mittelschicht um 13,2%
- obere Unterschicht um 6,6%
- untere Unterschicht um 2,0%

(A. O. Schorb und M. Schmidbauer, a.a.O., S. 36).

66 G. Nunner-Winkler, Chancengleichheit und individuelle Förderung. Stuttgart 1971, S. 11f. Siehe zu diesem ganzen Problem insbesondere auch die umfassende Analyse von C. Jencks u. a., Chancengleichheit. Reinbek bei Hamburg 1973.

67 Vgl. H. Roth (Hrsg.): Begabung und Lernen. Stuttgart 1969.

68 Deutscher Bildungsrat, a.a.O., S. 30.

69 Vgl. B. Bernstein, a.a.O., S. 282; K. Ehlich u. a., Spätkapitalismus – Soziolinguistik – Kompensatorische Spracherziehung. In: Kursbuch 24 (1971), S. 33–60, besonders S. 53.

70 M. du Bois-Reymond, Strategien kompensatorischer Erziehung. Frankfurt 1971, S. 149.

71 H. G. Rolff, Sozialisationsorientierte Curriculumentwicklung und curriculumorientierte Sozialisationsforschung. In: H. Walter (Hrsg.): Sozialisationsforschung. Bd. II: Sozialisationsinstanzen – Sozialisationseffekte. Stuttgart 1973, S. 89.
Für den Bereich der Hochschule wird ebenfalls zu Recht auf die notwendige Verbindung von Curriculum- und Sozialisationsforschung hingewiesen; vgl. E. Schott und U. Schott, Studienreformkongresse als organisatorischer Rahmen für die Diskussion eines projekt-

orientierten Studiums auf dem Hintergrund emanzipatorischer Hochschuldidaktik. In: K. Ulich (Hrsg.): Aktuelle Konzeptionen der Hochschuldidaktik. München 1974, S. 133f.

72 Deutscher Bildungsrat, a.a.O., S. 58.

73 E. Becker und G. Jungblut, Strategien der Bildungsproduktion. Frankfurt am Main 1972, S. 131.

74 Ebd., S. 160 (Hervorhebungen von mir, K. U.).

75 Deutscher Bildungsrat, a.a.O., S. 86.

76 Vgl. zum folgenden S. B. Robinsohn, Bildungsreform als Reform des Curriculum. Neuwied 1967; J. Zimmer, Curruculumforschung: Chance zur Demokratisierung der Schule. Frankfurt 1972.

77 Ausführlicher dazu siehe A. Bammé und E. Holling, Zur Kritik der Curriculumtheorie. In: Das Argument 80 (1973), S. 107–119, besonders S. 110ff.; F. Huisken, Zur Kritik bürgerlicher Didaktik und Bildungsökonomie. München 1972, S. 109ff.

78 F. E. Weinert, a.a.O., S. 854f.

79 H.-G. Rolff, Sozialisation und Auslese durch die Schule, a.a.O., S. 124f.

80 Vgl. zum folgenden ebd., S. 127ff.

81 M. Pieper, Bildungshumanismus in der industriellen Gesellschaft, untersucht anhand von Lehrplan und Lesebüchern für den gymnasialen Deutschunterricht in Bayern. München 1969 (unveröff. Diplomarbeit).

82 Vgl. die Süddeutsche Zeitung vom 9. 2. 74, S. 22.

83 A. Birner u. a., Mengenlehre oder Die Erziehung zur Gleichgültigkeit gegen Inhalte. In: paed. extra 1974, 1, S. 13–24, Zitat S. 24 (Hervorhebung von mir, K. U.).

84 Zitiert bei G. Simm, Neue Mathematik in den Schulbüchern der Primarstufe. In: betrifft: erziehung 7 (1974), 11, S. 33–35, Zitat S. 34.

85 Vgl. B. Burchardt und S. Zumpe, Zur Notwendigkeit eines praxisorientierten Mathematikunterrichts. In: betrifft: erziehung 7 (1974), 11, S. 39–42 und A. Birner u. a., a.a.O., besonders S. 24.

86 G. Simm, a.a.O., S. 35.

87 Vgl. dazu W.-D. Engelhardt, Heimatkunde als Sachunterricht in der Grundschule? In: J. Beck und L. Schmidt (Hrsg.): Schulreform oder der sogenannte Fortschritt. Frankfurt 1970, S. 132f; H. Müller, Affirmative Erziehung: Heimat- und Sachkunde. In: J. Beck u.a., Erziehung in der Klassengesellschaft. München 1970, S. 204ff.

88 H. Müller, ebd., S. 215ff., Zitat S. 217 (Hervorhebung von mir, K. U.).

89 Vgl. H.-G. Rolff, Sozialisation und Auslese durch die Schule, a.a.O., S. 125ff. Siehe dazu auch B. Busch, Zur politischen Problematik der Arbeitslehre. In: F. Nyssen (Hrsg.): Schulkritik als Kapitalismuskritik. Göttingen 1971.

90 E. Becker, S. Herkommer und J. Bergmann, Erziehung zur Anpassung? Schwalbach bei Frankfurt 1967, S. 149. Zu recht ähnlichen Einschätzungen kommen M. Teschner, Politik und Gesellschaft im Unterricht. Frankfurt 1968 und R. Schmiederer, Politische Bildung zwischen Gemeinschaftsideologie und Nationalismus. In: Das Argument 54 (1969), S. 431–465.

91 Vgl. dazu F. Heinisch, Politische Bildung – Integration oder Emanzipation? In: J. Beck u. a., Erziehung in der Klassengesellschaft. München 1970, besonders S. 163ff.; Der Hessische Kultusminister, Rahmenrichtlinien: Sekundarstufe I – Gesellschaftslehre. Wiesbaden 1972; Hessisches Institut für Lehrerfortbildung, Interpretationshilfen II für die Rahmenrichtlinien Gesellschaftslehre – Sekundarstufe I. Kassel 1973.
Ansätze einer Kritik an den Rahmenrichtlinien für die Gesellschaftslehre in der Primarstufe finden sich bei G. Schefer, Gesellschaftslehre und Primarstufe. In: Das Argument 80 (1973), S. 120–131; Schefer wendet sich besonders gegen die Subsumierung der Gesellschaftslehre unter die Sachkunde, weil über die Gleichsetzung von ›Sachen‹ und

menschlichem Verhalten letztlich nur eine affirmative politische Sozialisation zustande kommt (ebd. S. 122).

92 E. Becker, S. Herkommer und J. Bergmann, a.a.O., S. 118.

93 Vgl. auch zu den Schwächen dieses Ansatzes J. Zinnecker, a.a.O., S. 30ff.

94 H.-G. Rolff und K.-J. Tillmann, Strategisches Lernen durch gesellschaftsverändernde Praxis. In: H.-G. Rolff u. a., Strategisches Lernen in der Gesamtschule. Reinbek bei Hamburg 1974, S. 73.
Die Untersuchung sozialen Lernens wurde offensichtlich durch die Entwicklung von Gesamtschulen besonders gefördert und neuerdings in mehreren Studien dokumentiert; vgl. statt anderer M. Bernhardt u. a., Soziales Lernen in der Gesamtschule. München 1974; U. Butschkau und K.-J. Tillmann, Politische Sozialisation in der Gesamtschule. München 1972.

95 F. Hager, H. Haberland und R. Paris, Soziologie und Linguistik. Stuttgart 1973, S. 317.

96 H.-G. Rolff und K.-J. Tillmann, a.a.O., S. 74.

97 E. Nyssen, Curriculare Perspektiven für den Deutschunterricht. In: H.-G. Rolff u. a., Strategisches Lernen in der Gesamtschule. Reinbek bei Hamburg 1974, S. 149ff.

98 R. Schmiederer, Bildungskrise und Schulreform. Frankfurt 1971.

99 Halbfas weist zu Recht darauf hin, daß in allen Unterrichtsfächern Felder sozialen Lernens vorhanden sind; schon in der Primarstufe können – besonders im Deutschunterricht – Sozialisationserfahrungen und soziale Realität dargestellt bzw. erlebt werden, was eine erste Kritik von scheinbar Vorgegebenem ermöglicht; vgl. H. Halbfas, Soziales Lernen im schulischen Konkurrenzsystem. In: H. Halbfas, F. Maurer und W. Popp (Hrsg.) Lernen und soziale Erfahrung. Stuttgart 1974, besonders S. 200f.

100 Vgl. H. Speichert, Organisation – der wichtigste Inhalt. In: paed. extra 1974, 14/15, S. 27–32.

101 Besonders Kamper weist darauf hin, daß »eine kritische Theorie der Sozialisation berücksichtigen (muß), daß die sozialen Bedingungen erzieherischen Handelns eine Vereitelung jeder pädagogischen Absicht bewirken können«; D. Kamper, Stichwort Sozialisation. In: C. Wulf (Hrsg.): Wörterbuch der Erziehung. München 1974, S. 71ff.

102 Vgl. K. Mollenhauer, Jugend und Schule im Spannungsfeld gesellschaftlicher Widersprüche. In: Erziehung und Emanzipation. München 1968, S. 105ff.; siehe dazu auch die zusammenfassende Darstellung von N. Weber, Privilegien zur Bildung. Frankfurt 1973, S. 71ff.

103 Vgl. auch für neuere Daten K. Himmelstein, Hauptschule – Sackgasse unseres Bildungssystems. In: Demokratische Erziehung 1975, 1, S. 15–24, besonders S. 19f; zur Zusammensetzung der Hauptschüler nach der Schichtzugehörigkeit siehe A. O. Schorb und M. Schmidbauer, a.a.0., S. 46f.

104 Vgl. W. L. Bühl, Schule und gesellschaftlicher Wandel. Stuttgart 1968, S. 146ff.; W. L. Bühl, Schulreform – Daten, Fakten, Analysen. München 1971, S. 130ff.

105 H. Fend u. a., Sozialisationseffekte unterschiedlicher Schulformen. In: Zeitschrift für Pädagogik 19 (1973), S. 887–903; im folgenden nur mit Seitenzahl zitiert.

106 P. Fürstenau, Neuere Entwicklungen der Bürokratieforschung und das Schulwesen. In: P. Fürstenau u. a., Zur Theorie der Schule. Weinheim 1969, S. 47f. (Hervorhebung von mir, K. U.).

107 H.-G. Rolff, Widerspiegelungen gesamtgesellschaftlich bedingter Widersprüche in der Schule. In: H.-G. Rolff u. a., Strategisches Lernen in der Gesamtschule, a.a.O., S. 63 (Hervorhebung von mir, K. U.).

108 H.-D. Haller, Zur Integration sozialer und kognitiver Lernprozesse. In: H. Halbfas, F. Maurer und W. Popp (Hrsg.): Entwicklung der Lernfähigkeit. Stuttgart 1972, S. 154.

109 K. Hurrelmann, Unterrichtsorganisation und schulische Sozialisation. Weinheim 1971; im folgenden nur mit Seitenzahl zitiert. Vgl. auch die Untersuchung von S. Prell,

H. Schiefele und D. Ulich, Leistungsdifferenzierung und individuelle Förderung. München 1972.

110 Vgl. G. Dietrich, Bildungswirken des Gruppenunterrichts. München 1969, S. 36f; J. Pfeiffer, Zielvorstellungen und Unterrichtsverfahren im Sozialkundeunterricht. München 1971 (unveröff. Diplomarbeit), S. 118ff.; D. Ulich, Gruppendynamik in der Schulklasse, a.a.O., S. 32f.

111 G. Dietrich, a.a.O., S. 34f.; im folgenden nur mit Seitenzahl zitiert.

112 H. Fend u. a., a.a.O., S. 893.

113 H.-G. Rolff, Widerspiegelungen gesamtgesellschaftlich bedingter Widersprüche in der Schule, a.a.O., S. 52ff.

114 Vgl. M. Bernhardt u. a., a.a.O., S. 155ff.; W. L. Bühl, Schulreform, a.a.O., S. 136ff.

115 M. Bernhardt u. a., a.a.O., S. 31 (Hervorhebungen von mir, K. U.).

116 Ebd., S. 30. Auch Ziele wie ›Demokratisierung‹ oder Erziehung zur ›Mündigkeit‹ erscheinen auf Grund der Dominanz des Leistungsprinzips in ihrer Realisierung gefährdet oder ganz unmöglich; vgl. G. Bühlow u. a., Gesamtschule zwischen Schulversuch und Strukturreform. Weinheim 1972, S. 227ff.

117 U. Butschkau und K.-J. Tillmann, a.a.O., S. 148ff.

118 D. Hänsel, Die Widersprüchlichkeit der Lehrerrolle. In: H.-G. Rolff u. a., Strategisches Lernen in der Gesamtschule, a.a.O., S. 251.

Lehrerverhalten und Lehrerausbildung – Probleme der Sozialisation von Sozialisationsagenten

Wenn der bisher entwickelte Ansatz, daß sich nämlich die Sozialisation in der Schule in und durch Interaktionen vollzieht und von den Bedingungen dieser Interaktionen inhaltlich bestimmt ist, konsequent weiterverfolgt wird, dann müssen jetzt die wichtigsten Determinanten und Elemente des Verhaltens der *Lehrer* näher untersucht werden, weil die Lehrer Interaktionen in der Schule initiieren, strukturieren und kontrollieren. Damit ist das Problem der Sozialisation der Lehrer selbst angesprochen, das hier allerdings nur unter zwei Gesichtspunkten ausführlich thematisiert werden soll. Zum einen geht es darum, anhand entsprechender empirischer und theoretischer Aussagen das Lehrer*verhalten* darzustellen und vor allem hinsichtlich seiner Implikationen und Konsequenzen für die Sozialisation der Schüler zu analysieren. Zweitens wird versucht zu klären, wie sich die *Ausbildung* der Lehrer auf ihr Verhalten und damit wieder auf schulische Sozialisation auswirkt; diese Frage kann hinreichend nur beantwortet werden, wenn die geplanten und zum Teil bereits realisierten *Veränderungen* der Lehrerausbildung im Zusammenhang mit der Schul- und Hochschulreform einbezogen werden. Über die *Interdependenz* von Lehrerausbildung und Lehrerverhalten ist damit zunächst noch nichts ausgesagt, d. h., es muß jetzt noch offen bleiben, welchen Anteil die Ausbildung des Lehrers an seiner Gesamtsozialisation überhaupt hat; unterstellt wird freilich, *daß* Hochschulstudium, Seminarausbildung und Praxiserfahrungen im späteren Verhalten des Lehrers sich niederschlagen und deshalb auch in eine Theorie schulischer Sozialisation eingehen müssen.

Dieser Einstieg bleibt zwangsläufig unvollständig. Was im folgenden nur gestreift werden kann, soll aber wenigstens hier benannt werden. Die eigene familiäre und schulische Sozialisation eines Lehrers, die sein Verhalten in der Schule zweifellos wesentlich beeinflußt, wird nur insofern aufgegriffen, als sie von der sozialen Herkunft des Lehrers bestimmt ist und sich in seinem Gesellschaftsbild manifestiert. Ebenfalls nur peripher kann auf die Frage nach den Sozialisationseffekten der Interaktionsbeziehungen in der Lehrerausbildung selbst eingegangen werden; dies ist vorwiegend ein Problem der Sozialisation in der Hochschule und führt deshalb vom jetzigen Thema etwas zu weit weg.

Damit ist knapp angedeutet, was dieses Kapitel intendiert und was es nicht leisten kann. Um seinen Stellenwert im Kontext der bisherigen Argumentation aufzuweisen, möchte ich nun noch einige bereits angesprochene Aspekte von Lehrerausbildung und Lehrerverhalten rekapitulieren.

Unter der Perspektive einer in der Einleitung formulierten These wurde dort schon das in der BRD gängige und weithin akzeptierte Modell einer reformierten Lehrerausbildung skizziert, das den behaupteten Trend von einer qualifikationsorientierten zu einer mehr sozialisationsorientierten schulischen Erziehung widerspiegelt. Dieses Modell wird jetzt ausführlicher in seinen zunächst nur prognostizierbaren Folgen für das Lehrerverhalten dargestellt und kritisiert werden. Die ebenfalls früher geäußerte Vermutung, daß das Urteilsverhalten der Lehrer durch eine Veränderung ihrer Ausbildung nicht wesentlich modifiziert wird, muß in diesem Zusammenhang genauer begründet werden.

Im letzten Kapitel wurden eingehend die Sozialisationsbedingungen *in* der Lehrer-Schüler-Interaktion erörtert, zu denen natürlich auch einzelne Verhaltenselemente und Einstellungsmuster der Lehrer gehören, die erst im folgenden präziser gefaßt werden. Die inhaltliche Charakterisierung dieser Interaktionen durch die vorhandenen Machtdifferenzen, durch die ungenaue Wahrnehmung des Lehrers und durch die Kommunikationsstörungen zwischen Schülern und Lehrern wird unten in der Frage aufgegriffen, ob und wie sich diese Bedingungen durch eine andere Ausbildung der Lehrer – und durch Schulreform – verändern. Dieselbe Frage muß bezüglich der früher beschriebenen Stellung des Lehrers in der schulischen Hierarchie gestellt werden, weil auch mit ihr ein wichtiger Faktor schulischer Sozialisationsprozesse gegeben ist. Insgesamt gilt es, die Reform von Lehrerausbildung, Schule und Hochschule als Veränderung von Sozialisationsbedingungen zu interpretieren und auf ihre Konsequenzen zu untersuchen.

I. Empirische und theoretische Aussagen zum Lehrerverhalten

Die Diskussion über die verschiedensten Aspekte des Verhaltens von Lehrern in Schule und Unterricht nimmt in der erziehungs- und sozialwissenschaftlichen Literatur der letzten Jahre einen so breiten Raum ein, daß der Eindruck entstehen könnte, Bildungsmisere und Schulreform seien nur noch über die Person des Lehrers zu bewältigen. Selten explizit, aber doch recht häufig implizit wird dem Lehrer als personifiziertem Defizit schulischer Erziehung die Verantwortung für schulorganisatorische, curriculare und didaktische Mängel und Probleme übertragen, deren Ursachen in Wirklichkeit entweder gar nichts mit dem Lehrerverhalten zu tun haben oder sich lediglich in ihm manifestieren. Damit soll freilich die Bedeutung des Lehrers im schulischen Sozialisationsprozeß, die im übrigen ja schon mehrfach hervorgehoben wurde, nicht heruntergespielt, sondern nur zurechtgerückt werden.

Wenn im folgenden einige Aussagen zum Lehrerverhalten dargestellt und kritisch diskutiert werden, dann müssen die schulischen und außerschulischen *Bedingungen* dieses Verhaltens ebenso mitreflektiert werden wie seine *Auswirkungen* auf die Schüler; erst diese beiden Momente zusammen ermöglichen es, das Lehrerverhalten als komplexe Variable einer sozialpsychologischen Theorie schulischer Sozialisation einzubringen, was ich in vier Schritten versuchen will: Erstens muß auf das Problem eingegangen werden, inwieweit Untersuchungen über soziale Herkunft und Gesellschaftsbild von Lehrern Aufschluß über ihr Verhalten geben. Zweitens ist eben das ›Verhalten‹ genauer zu differenzieren, d. h., es sind jene Verhaltensdimensionen, Persönlichkeitsfaktoren und Einstellungen der Lehrer zu untersuchen, die für schulische Sozialisation relevant sein können; das Auslese- und Urteilsverhalten wird wegen seiner herausragenden Bedeutung im dritten Schritt eigens angesprochen. Schließlich soll viertens in der Auseinandersetzung mit der ›Lehrerrolle‹ ein theoretisches Paradigma des Lehrerverhaltens analysiert werden.

a) Soziale Herkunft und Gesellschaftsbild von Lehrern

Die wissenschaftliche Beschäftigung mit der sozialen Herkunft von Lehrern und ihrem, wie meistens vermutet wird, dadurch bedingten Gesellschaftsbild hat ein relativ klar bestimmbares Erkenntnisinteresse zur Grundlage, dessen Entstehungszusammenhang in der aktuellen Situation von Schule und Schulreform liegt. So werden einmal entsprechende Untersuchungen mit der Intention unternommen, aus der Analyse des Gesellschaftsbildes vorwiegend von Gymnasiallehrern deren Einstellungen und möglicherweise Widerstände gegenüber einer *Reform* der Schule ableiten und erklären zu können; zum zweiten werden Herkunft und Gesellschaftsbild der Lehrer – im Zusammenhang mit einer Kritik an der Selektionspraxis der Schule und mit dem Postulat nach Chancengleichheit – als Ursachen der Schichtspezifität schulischer *Auslese* angesehen.[1] Beide Aspekte sind selbstverständlich inhaltlich interdependent und werden in den meisten Studien auch so behandelt; vergleichbare oder gar identische empirische Ergebnisse sind allerdings kaum vorhanden, weil Untersuchungspopulationen und verwendete Methoden sehr stark differieren, was an einem Vergleich zweier Untersuchungen zur sozialen Herkunft demonstriert werden soll:

Schefer kommt in seiner Erhebung an knapp 400 beamteten Gymnasiallehrern zu folgendem Resultat:[2]

Von den Befragten stammen:
22,4% aus der oberen Mittelschicht,
64,0% aus der unteren Mittelschicht und
9,1% aus der unteren Unterschicht
(Rest nicht klassifiziert).

Demgegenüber sammelte Horn bei über 3000 Studenten an Pädagogischen Instituten, also angehenden Volksschullehrern, diese Daten über die zuletzt ausgeübte Berufstätigkeit der Väter:[3]

17,7% Akademiker oder höherer Beamter
31,3% gehobener Beamter, leitender Angestellter, Fachschulingenieur, Fabrikant, Großkaufmann usw.
37,6% mittlerer Beamter oder Angestellter, Handwerksmeister, Kaufmann, Landwirt
11,8% unterer Beamter oder Angestellter, unselbständiger Handwerker, Facharbeiter
1,6% Land-, Wald- oder Hilfsarbeiter

Selbst wenn man von den Unterschieden zwischen dem bei Schefer zugrundegelegten Schichtmodell von Janowitz und den von Horn verwendeten Berufskategorien einmal absieht, ist es fast unmöglich, aus solchen Ergebnissen auf ein unterschiedliches Verhalten von Volksschul- und Gymnasiallehrern und entsprechend unterschiedliche Sozialisationseffekte bei den jeweiligen Schülern zu schließen. Lediglich *eine* Tendenz ist sehr deutlich, aber auch schon hinlänglich bekannt: Die Unterschicht ist in der Rekrutierung der Lehrer ebenso klar unterrepräsentiert wie die Mittelschicht überrepräsentiert ist. Dies wirkt sich besonders in der Grundschule aus, weil hier die Klassen unter dem Aspekt der sozialen Herkunft der Schüler am heterogensten zusammengesetzt sind; entsprechend sind hier auch die Lehrerurteile und damit die Auslese für weiterführende Schulen sehr stark schichttypisch ausgeprägt, worauf später noch näher eingegangen wird.

Die Frage nach den Auswirkungen der sozialen Herkunft von Lehrern auf ihr Verhalten läßt sich auch dann kaum plausibler beantworten, wenn die These herangezogen wird, daß der Lehrerberuf ein typischer *Aufstiegsberuf* ist. Zwar versuchen Combe und Schefer diese These mit dem eben genannten Zahlenmaterial zu belegen[4], aber die *daran* anknüpfenden Vermutungen, daß die Lehrer »auf dem Hintergrund ihres eigenen Aufstiegs kaum ein kritisches Bewußtsein gegen einen vorgefundenen politischen Zustand (entwickeln)« und sich »stark mit den Normen einer ›elitären Leistungsgesellschaft‹ identifizieren«[5], sind noch zu unspezifisch für eine genauere Analyse des Lehrerverhaltens und erst recht nicht hinreichend für die Ermittlung seiner Sozialisationswirkungen bei den Schülern. Der Zusammenhang zwischen sozialer Herkunft, beschrieben in Berufs- oder Sozialschichtkategorien, und Verhalten ist insgesamt zu locker und liefert bestenfalls Anhaltspunkte für bislang unüberprüfte Thesen.

Aussagekräftiger und auch von mehr praktischer Relevanz sind demgegenüber Untersuchungen zum Gesellschaftsbild der Lehrer. Zweifellos ist die Ausprägung eines bestimmten Gesellschaftsbildes *auch* von einer bestimmten sozialen Herkunft abhängig; darüber hinaus müssen aber Faktoren wie Ausbildung und Stellung im Arbeitsprozeß sowie soziale und materielle Lebenslage herangezogen werden, um über die Genese von Gesellschaftsbildern Aufschluß zu erhalten. Unter mehr institutionellen Gesichtspunkten und speziell auf den Lehrer bezogen nennt etwa Schwonke die folgenden vier Bereiche: Elternhaus und damit verbunden Herkunftsschicht, Schule, Pädagogische Hochschule bzw. Universität und schließlich die soziale Situation des Berufes.[6] Damit sind im Grunde genommen alle Sozialisationsbereiche genannt, deren Einfluß der Lehrer sukzessive unterliegt, und konsequenterweise muß das Gesellschaftsbild als *Resultat von Sozialisationsprozessen* aufgefaßt werden. Diese Perspektive geht auch ein in die inhaltliche Bestimmung von ›Gesellschaftsbild‹, die ich in diesem Kontext nur kurz umreißen kann.

In seiner ursprünglichen Bedeutung ist der Begriff des Gesellschaftsbildes nahezu identisch mit ›Ideologie‹ im politischen Sinne: Gebunden an die Interessen je spezifischer sozialer Gruppierungen impliziert das Gesellschaftsbild eine entsprechende Vorstellung der Gesellschaft als Ganzem[7]; seine sozialpsychologische Funktion liegt in der Sicherung einer konsistenten Interpretation politisch-sozialer Probleme und Prozesse, die im Verlaufe der Sozialisation gelernt wird. Nicht zuletzt wegen der leichteren empirischen Zugänglichkeit wird heute allerdings ›Gesellschaftsbild‹ vorwiegend mit Hilfe eines anderen Konstruktes definiert, wobei sich eine Sinnverschiebung fast zwangsläufig ergibt. So schreibt z. B. Schefer: »Als Gesellschaftsbild bezeichnen wir . . . jene *Einstellungskomplexe* oder -syndrome, die zu einer ganzheitlichen Vorstellung von Gesellschaft zusammenfließen. Diejenigen gesellschaftlichen Bereiche, die ein Gesellschaftsbild konstituieren, sollen Konstituentien des Gesellschaftsbildes genannt werden.«[8]

Mit dieser Definition, insbesondere mit der Einführung des Einstellungsbegriffes, ist jedoch das Problem des Zusammenhanges von Gesellschaftsbild und Lehrerverhalten noch nicht gelöst; es stellt sich jetzt nur anders dar, nämlich als Problem des Zusammenhanges von Einstellung und Verhalten, das in vielen Einstellungsuntersuchungen auftritt. Deshalb möchte ich erst im nächsten Abschnitt ausführlicher darauf zu sprechen kommen und jetzt einzelne *Merkmale* des Gesellschaftsbildes bzw. einzelne Dimensionen der gesellschaftlichen Einstellungen der Lehrer beschreiben.

Sprondel hat auf Grund der Ergebnisse einer eigenen sowie mehrerer anderer Untersuchungen zusammengefaßt:

»Den Lehrern ist die moderne Gesellschaft
ökonomisch – eine arbeitsteilige, industrialisierte und hochtechnisierte Massenproduktionsgesellschaft, mit weitgehender Nivellierung der Einkommen und daher auch prinzipiell gleichen Konsumchancen;
politisch – ein zentralisiertes und kollektiviertes Staatsgebilde mit den bedenklichen Tendenzen zur rein quantitativ-funktionellen Demokratisierung;
sozial – ein desintegriertes, vermasstes Gebilde, dessen Strukturen nivelliert und aufgelöst sind, mit scheinsozialen, egalitären Tendenzen, durch die die traditionellen Bindungen zerstört wurden.«[9]

Es fällt zunächst noch schwer, aus diesen recht allgemeinen Komponenten des gesellschaftlichen Bildes der Lehrer Schlüsse auf ihr Verhalten – insbesondere gegenüber Schülern – zu ziehen; berücksichtigt man jedoch einige weitere Konstituentien, wie z. B. das Bild vom Schüler und besonders die Einstellung zum Lehrer-Schüler-Verhältnis, dann wird deutlich, daß die Abwehr von ›Vermassung‹ und ›Nivellierung‹ einem relativ *autoritären* Einstellungssyndrom korrespondiert und in ihm durchaus Verhaltensrelevanz gewinnt.

Zweifellos ist es ungünstig, dieses – von so unterschiedlichen Untersuchungen wie über die ›autoritäre Persönlichkeit‹ einerseits und über autoritäre Führungsstile andererseits – vorbelastete Konzept hier verwenden zu müssen, aber die Resultate empirischer Untersuchungen machen es unumgänglich, das Lehrer-Schüler-Verhältnis aus der Sicht sehr vieler Lehrer eben als ›autoritär‹ zu charakterisieren. Dies gilt vor allem für die am häufigsten untersuchten Einstellungen der Gymnasiallehrer, die übereinstimmend bei Schefer und Zeiher sich im Subordinationsanspruch des Lehrers bzw. in der autoritären Distanz zwischen Lehrer und Schüler manifestieren. So stimmten z. B. über 50% der von Schefer Befragten dem folgenden Statement zu: »Bei voller Anerkennung des demokratischen Prinzips sollte daran festgehalten werden, daß das Verhältnis Lehrer-Schüler das einer klaren Unterordnung bleiben muß.«[10] Ähnlich deutlich sind die von Zeiher an ca. 1100 Lehrern höherer Schulen erhobenen Daten, denen zufolge 61% als autoritär und – darin bereits enthalten – ein Viertel als »eindeutig autoritär distanziert und in ihrer Einstellung rücksichtslos gegen die Schüler« einzuschätzen sind.[11]

Auch wenn solche Resultate kaum Repräsentativität beanspruchen können und dies z. T. auch gar nicht wollen, so bleibt doch festzuhalten, daß diese Einstellungen einer fast durchgängig geforderten Erziehung zu Emanzipation und demokratischem Bewußtsein nicht förderlich sind, was sich in der distanzierten und unsicheren Haltung vieler Lehrer gegenüber der Schulreform noch bestätigt. Trotzdem wäre es verfehlt, dem *einzelnen* Lehrer seine spezifische Einstellung negativ anzulasten; notwendig ist vielmehr, ihre Entstehungsbedingungen in den eben genannten Sozialisationsbereichen genauer zu erforschen, als dies bislang geschehen ist, weil nur so inhaltliche und methodische Ansätze einer Veränderung gefunden werden können. Wie nach diesem Gesichtspunkt die Ausbildung von Lehrern zu beurteilen ist, bleibt später noch zu beantworten.

Im Gesellschaftsbild der Lehrer sind die Einstellungen zum Lehrer-Schüler-Verhältnis natürlich eng mit anderen Komponenten verbunden, die sich im Verhalten unterschiedlich manifestieren und nicht ohne weiteres aufeinander reduziert werden können. Dennoch dürfte *ein* Faktor von konstitutiver Bedeutung für die meisten anderen sein, ohne daß er damit das Gesellschaftsbild allein schon ausmacht: Das Verhältnis der Lehrer zur Gesellschaft an sich, das insgesamt durch eine abgewendete bzw. direkt *ablehnende Haltung* charakterisiert ist.[12] Gerade gegenüber gesellschaftlichen Bereichen wie Wirtschaft und Politik haben auch jüngere Lehrer ambivalente und unreflektierte Einstellungen, deren Ursachen – neben der eigenen familiären und schulischen Sozialisation – vor allem in der mangelnden Qualifikation zum Erkennen gesellschaftlicher Strukturen liegen[13]; dafür ist wiederum in erster Linie die Ausbildung der Lehrer verantwortlich zu machen, in der bisher ein im weitesten Sinne sozialwissenschaftlicher Schwerpunkt so gut wie ganz fehlt. Ein ausgeprägtes gesellschaftliches und damit auch politisch-demokratisches Bewußtsein der Lehrer wäre jedoch Voraussetzung dafür, daß auch das geschilderte autoritäre Syndrom in der Einstellung vieler Lehrer gegenüber ihren Schülern abgebaut und dieses Bewußtsein den Schülern selbst vermittelt werden könnte. Als Schlüssel zur Lösung dieses Problems erscheint daher auch hier wieder die Lehrerausbildung, die im zweiten Teil dieses Kapitels ausführlich zu diskutieren ist.

Wie sich die genannten Elemente des Gesellschaftsbildes der Lehrer in den schulischen Interaktionen und entsprechend in der Sozialisation der Schüler niederschlagen, ist noch nicht hinreichend untersucht und kann in diesem Zusammenhang nur angedeutet werden: Daß die zumindest bei der Mehrzahl untersuchter Gymnasiallehrer nachgewiesene autoritäre Einstellung gegenüber den Schülern sich unmittelbar im Unterrichtsverhalten manifestiert, wird durch die Arbeiten von A. und R. Tausch mit einiger Sicherheit belegt; daß durch ein überwiegend autoritäres, d. h. den Unterrichtsprozeß durch Anordnungen und Disziplinierungsmaßnahmen leitendes Verhalten des Lehrers bei den Schülern eher Unselbständigkeit als Selbständigkeit, mehr Anpassung als Kritikfähigkeit erzeugt wird, dies kann momentan nur als – freilich plausible – Vermutung gelten. Wo allerdings ein autoritäres Erziehungsverhalten innerhalb der Familie mit einem ebenso autoritären innerhalb der Schule zusammenfällt, dort kann man die Internalisierung der entsprechenden Wertvorstellungen wie Gehorsam, Ordnung, Disziplin durch die Kinder bzw. Schüler mit ziemlicher Sicherheit prognostizieren.

Die aus der unzulänglichen Fähigkeit zur Wahrnehmung sozialer Strukturen resultierende inadäquate Vermittlung dieser Strukturen durch den Lehrer wird nicht nur in der Lehrerausbildung, sondern auch durch entsprechende schulische Curricula erzeugt und verstärkt. Beides zusammen läßt schließlich *tendenziell* bei den Schülern eine ähnlich ambivalente oder gar ablehnende gesellschaftliche Einstellung entstehen, wie sie für viele Lehrer typisch ist. Wenn auch die Schonraumideologie der Schule heute kaum mehr ernsthaft vertreten wird, so verhindert doch die a-gesellschaftliche und a-politische Haltung vieler Lehrer immer noch, die Schule in ihren gesellschaftlichen Bezügen und politischen Abhängigkeiten zu sehen. Andererseits sollte aber aus diesen Bemerkungen auch deutlich werden, daß das Gesellschaftsbild der Lehrer und seine einzelnen Konstituentien in der Auswirkung nicht verabsolutiert, sondern immer nur *interdependent* mit anderen inner- wie außerschulischen Faktoren gesehen werden können, die den Einfluß des Gesellschaftsbildes vergrößern oder abschwächen.

b) Dimensionen des Lehrerverhaltens

Die Überschrift zu diesem Abschnitt ist in einem doppelten Sinn zu verstehen: ›Dimensionen‹ bezieht sich sowohl auf einzelne *inhaltliche* Aspekte des Lehrerverhaltens als auch auf verschiedene *methodische* Verfahren, das Verhalten von Lehrern zu erfassen; zu letzteren zähle ich etwa Persönlichkeitstests, Einstellungsmessungen sowie das auch methodische Problem der Erklärung des Zusammenhanges von Einstellung und Verhalten. Bevor ich auf diese Aspekte kritisch eingehe, bedarf zunächst der Begriff ›Lehrerverhalten‹ einer näheren Klärung.

Die wenigen expliziten Definitionen des Lehrerverhaltens sind für eine sozialpsychologische Theorie kaum brauchbar, weil sie zu unspezifisch abgrenzen. Wenn etwa Döring schreibt: »Verhalten meint . . . alle individuellen Verhaltensäußerungen (!), einschließlich kognitiver Prozesse, emotionaler Äußerungen und psychischer Vorgänge«, dann kann auch die folgende Eingrenzung auf den »Bereich des unmittelbaren Umgangs zwischen Lehrern und Schülern« bzw. auf den Terminus ›Erziehungsverhalten‹[14] die tautologische Vagheit solcher Formulierungen nicht aufheben. Auch dem Begriff ›Erziehungsverhalten‹ fehlt noch jene inhaltliche Spezifität, die schon früher in dieser Arbeit herausgestellt wurde: Erziehung bedeutet in der Schule Interaktion zwischen Lehrern und Schülern, die inhaltlich als Sozialisation, Qualifikation und Gestaltung interpersonaler Beziehungen gekennzeichnet ist. Auf *diese* Bestimmung muß im Rahmen einer sozialpsychologischen Perspektive das Lehrerverhalten festgelegt werden, auch wenn sich im folgenden zeigen wird, daß kaum eine Untersuchung des Lehrerverhaltens diesen Ansatz konsequent verfolgt. Es lassen sich zwar »aus sozialpsychologischen Befunden viele Hinweise auf die Rolle des Lehrers im Interaktionsgeschehen der Schule und damit auch für die Sozialisation des Schülers ableiten; doch gerade auf dem Hintergrund dieser plausiblen und scheinbar gut begründeten Vorannahmen wirken die vorliegenden Ergebnisse nach Jahrzehnten intensiver wissenschaftlicher Forschung wenig aussagekräftig.«[15]

Was heute in der erziehungswissenschaftlich-psychologischen Literatur unter der Überschrift ›Lehrerverhalten‹ abgehandelt wird, ist in der Tat wenig ermutigend; Primär- und Sekundäranalysen beharren auf jahrelang schon vertretenen und doch immer noch zu eng gefaßten Annahmen und bestätigen sich hierin weitgehend gegenseitig. Dazu ein Beispiel: A. und R. Tausch haben auf Grund eigener empirischer Untersuchungen das Lehrerverhalten auf zwei Hauptdimensionen reduziert, und zwar auf eine emotionale und eine Lenkungsdimension. Sie behaupten, daß »durch diese zwei wesentlichen Dimensionen . . . das Verhalten von Lehrern-Erziehern deutlich charakterisiert werden (kann)«.[16] Dabei wird offensichtlich übersehen, daß diese Dichotomie zunächst eine rein *klassifikatorische* Funktion hat und allenfalls als einfaches Kategorienschema bei Verhaltensbeobachtungen dienen kann. Das Verhalten von Lehrern wird jedenfalls damit weder in seiner Genese noch in seinen aktuell-gesellschaftlichen Bezügen erklärt.

In der sogenannten Sekundärliteratur finden sich zahlreiche unkritische Wiederholungen solcher Behauptungen, die im übrigen dadurch nur scheinbar bestätigt werden, daß in empirischen Untersuchungen das Lehrerverhalten *a priori* in die genannten Kategorien gefaßt wird. So referiert beispielsweise Kramp auf wenigen Seiten über »Stile und Dimensionen des Lehrerverhaltens« die wesentlichen Ergebnisse der Tauschs ohne jede tiefergreifende Kritik, wobei die Formulierung ». . . wurde bereits früher festgestellt und seither wiederholt bestätigt« symptomatisch ist.[17]

Die darin angedeutete Stagnation der Forschung über Lehrerverhalten wird klarer erkennbar, wenn man einen Blick auf die Versuche zur Bildung von *Typen*konzepten des Lehrerverhaltens im Rahmen der sogenannten Erziehungsstilforschung wirft. Hier dominieren immer noch die von Lewin u. a. in den dreißiger Jahren konzipierten Führungsstile, die anscheinend ohne Bedenken auf den Bereich der Schule übertragen und als Verhaltensstile des Lehrers umgedeutet werden. Die in Ansätzen vorliegende Kritik hierzu kann im jetzigen Zusammenhang nicht ausführlich referiert werden; entscheidend ist jedenfalls, daß die Ergebnisse der Führungsstilforschung unter *experimentellen* Bedingungen gewonnen wurden und daß das Verhältnis Erzieher-Kind bzw. Lehrer-Schüler nach einem einfachen stimulus-response-Schema begriffen wird: Das scheinbar autonome Verhalten des Lehrers löst je nach dem praktizierten Erziehungsstil verschiedene Reaktionen beim Schüler aus. In der realen Situation einer Schulklasse liegen jedoch, wie früher beschrieben, ganz andere als experimentell nachvollziehbare Leistungs- und Kommunikationsbedingungen vor, und vor allem handelt es sich hier um komplexe *Interaktionen,* d. h. Lehrer- und Schülerverhalten bedingen und beeinflussen sich wechselseitig. Deswegen muß eigentlich jeder Versuch, Lehrerverhalten ›an sich‹, d. h., ohne Bezug auf Schüler und Schulklasse erklären zu wollen, unbefriedigend bleiben.

Unter diesem Aspekt ist die Ermittlung von Verhaltens*merkmalen* des Lehrers nur wenig positiver zu beurteilen. Nickel hat einige dieser Merkmale analysiert und in drei Kategorien zusammengefaßt: »Zum ersten Merkmale, die eine weitgehende Lenkung des Verhaltens der Schüler und damit eine dominierende Rolle des Lehrers erkennen lassen, ferner Merkmale, die für ein verständnisvolles Eingehen auf den Schüler und zugleich für ein partnerschaftliches Beziehungsverhältnis kennzeichnend sind, und schließlich solche, die vor allem auf die Förderung von Selbständigkeit und Eigeninitiative abzielen.«[18] Auch dieser Ansatz stellt den Lehrer und sein isoliert betrachtetes Verhalten noch zu sehr in den Mittelpunkt; der Schüler wird nur als Objekt bestimmter Handlungsweisen des Lehrers gesehen.

Damit erweist sich hier, wie auch weitgehend bei der gleich noch anzusprechenden Forschung über ›Lehrerpersönlichkeit‹, ein reduziertes Verständnis von Erziehung als konstitutiv, das Mollenhauer an Brezinka als einem Hauptvertreter der entsprechenden erziehungswissenschaftlichen Richtung zu Recht kritisiert: Die *Intentionalität* im Erziehungsprozeß liegt nach dieser Auffassung allein beim Erzieher, dessen Handeln Erziehung schlechthin ausmacht; setzt man dagegen eine interaktionszentrierte Erziehungsperspektive bzw. den früher im Anschluß an Mollenhauer eingeführten Begriff des pädagogischen Feldes, dessen Sinnzusammenhang durch die Intentionen *aller* Interagierenden sich bildet, so wird der tatsächlichen Interdependenz von Lehrer- und Schülerverhalten entschieden besser Rechnung getragen.[19] Dies gilt gerade auch dann, wenn die vorwiegend institutionell bedingten Machtunterschiede zwischen Schülern und Lehrern einbezogen werden, weil darin ja letztlich nur verschiedene Möglichkeiten zur Realisierung der jeweiligen Handlungsintentionen zum Ausdruck kommen.

Dimensionen des Lehrerverhaltens, Erziehungsstile und besonders einzelne Verhaltensmerkmale des Lehrers werden oft in Zusammenhang gebracht mit bestimmten Merkmalen oder Faktoren der Lehrer*persönlichkeit.* In entsprechenden empirischen Untersuchungen tauchen dann Aussagen auf wie z. B.: Lehrer, die im Test A einen Punktwert N nicht erreichen, sind in ihrem Unterricht wenig erfolgreich, oder Lehrer, die im Test B mehr als x Punkte erhalten, neigen zu einem demokratischen Unterrichtsstil. In solche Ergebnisse, die hier bewußt nur formal genannt werden, um nicht den Anschein einer echten inhaltlichen Relevanz aufkommen zu lassen, gehen zumindest zwei Fehlschlüsse ein: Erstens die Annahme, Persönlichkeitsmerkmale manifestierten sich unabhängig von der jeweiligen sozialen *Situation,* und zweitens die Vermutung, Persönlichkeitstests könnten ein geeignetes Selektionsinstrument für ›gute‹ Lehrer abgeben. Beides hat sich aus einer Reihe von Gründen als nicht stichhaltig erwiesen, was kurz begründet werden soll.[20]

Der Anspruch, von der Kenntnis einiger Persönlichkeitsmerkmale auf das Verhalten des Lehrers in Schule und Unterricht zu folgern, konnte vor allem deshalb nicht eingelöst werden, weil solche Merkmale – sofern sie überhaupt zweifelsfrei feststellbar sind – unter dem Einfluß gruppenstruktureller, schülerspezifischer und curricularer Faktoren in der Schulklassensituation gegenüber der Testsituation modifiziert werden. Sicher ist die Persönlichkeit des Lehrers insgesamt eine notwendige, keinesfalls aber eine hinreichende Bedingung zur Erklärung seines Verhaltens in bezug auf die Schüler. Darüber hinaus sind die Ergebnisse der Forschungen über Lehrerpersönlichkeit – und damit auch das Vorhaben, die Eignung von Lehrern festzustellen – in ihrer Allgemeingültigkeit äußerst fragwürdig, weil

- der Begriff ›Persönlichkeit‹ sehr divergent gefaßt wird,
- die verwendeten Untersuchungsinstrumente in ihrer inhaltlichen Reichweite begrenzt und/oder nicht ausreichend standardisiert sind,
- noch kein geeignetes Kriterium für den ›guten‹ Lehrer gefunden wurde, und weil schließlich
- die Ergebnisse der meisten Untersuchungen in den USA gewonnen wurden und daher nicht auf andere Sozial- und Schulverhältnisse übertragen werden können.

All dies deutet darauf hin, daß vorläufig mit dem Konzept der Lehrerpersönlichkeit und mit der Ermittlung einzelner Persönlichkeitsmerkmale kein brauchbarer Beitrag für eine Theorie schulischer Sozialisation vorliegt. Die zweifellos große Bedeutung, die der Person des Lehrers in der Schule zukommt, kann noch einmal unterstrichen werden; die wissenschaftliche Untersuchung dieses Sozialisationsfaktors jedoch muß als unzulänglich gelten und läßt noch keine präzisen Aussagen über seine Wirkung zu.

Es stellt sich nun die Frage, mit Hilfe welcher Konzepte und methodischer Verfahren überhaupt Aufschluß über das Lehrerverhalten zu erreichen ist, nachdem sich klassifikatorische Dichotomien, Typenbildungen, Merkmale des Verhaltens und der Persönlichkeit von Lehrern als weitgehend untauglich erwiesen haben. Soweit ich sehe, bietet sich dazu nur noch eine Möglichkeit an, die schon bei der Beschreibung des Gesellschaftsbildes der Lehrer zu greifbaren Resultaten führte, nämlich der Begriff und die Erforschung von *Einstellungen.* Zwar werden Einstellungen von Lehrern häufig unter die Kategorie der Persönlichkeitsmerkmale subsumiert, aber damit verlagert sich der Gehalt des Konzepts von einem explizit sozialpsychologischen zu einem mehr statisch-individualpsychologischen; nach meiner Auffassung ist es deshalb sinnvoller, Einstellungen als eigenständige Verhaltensdimension zu begreifen, wobei allerdings das vorhin angeschnittene Problem des Zusammenhanges von Einstellung und Verhalten angegangen werden muß.

Bei weitem nicht alle durch verschiedene Befragungs- und Meßmethoden ermittelten Einstellungen von Lehrern lassen sich in die hier vertretene Perspektive integrieren. Der Ansatz einer in der Interaktion zwischen Lehrer und Schüler primär begründeten schulischen Sozialisation läßt vielmehr nur solche Einstellungen von Lehrern relevant werden, die sich auf den Schüler, auf sein Verhalten und auf die Beziehungen zwischen ihm und dem Lehrer einschließlich ihrer institutionellen Bedingungen beziehen. Vor diesem Hintergrund können die entsprechenden Lehrereinstellungen charakterisiert werden als emotionale und evaluative Verhaltensdispositionen gegenüber Schule, Schüler und Unterricht, die im Verlauf vor allem sekundärer und tertiärer Sozialisationsprozesse während der eigenen Schulzeit, während des Studiums und schließlich in der beruflichen Praxis gelernt und auch modifiziert werden.[21] Von Bedeutung sind also im jetzigen Zusammenhang – knapp ausgedrückt – die *Erziehungs*einstellungen der Lehrer, und es ist nun zu prüfen, was dieses Konzept leisten kann.

Ähnlich wie in empirischen Arbeiten über die Lehrerpersönlichkeit wird auch in Untersuchungen über Lehrereinstellungen von der meist impliziten Annahme ausgegangen, daß Lehrer sich von anderen akademischen Berufsgruppen signifikant unterscheiden, und zwar sowohl in bezug auf ihre Einstellungen *vor* als auch *nach* der eigentlichen Berufsausbildung. Dies hat sich jedoch in der inhaltlich wie methodisch gleichermaßen gut gesicherten Studie von Koch eindeutig als falsch herausgestellt: Bei den von ihm untersuchten Einstellungen, die für den Lehrerberuf relevant sind, ergaben sich *keine* nennenswerten Unterschiede einerseits zwischen Oberprimanern, die Lehrer werden wollten, und solchen, die andere akademische Berufe anstrebten, sowie andererseits zwischen Lehrern und etwa Ärzten und Juristen nach Absolvieren der Hochschule.[22] Daraus darf nun allerdings nicht der Schluß gezogen werden, die Einstellungen angehender Lehrer seien für schulische Sozialisation irrelevant, nur weil sie offensichtlich – noch – nicht berufsspezifisch ausgeprägt sind; denn die *Auswirkungen* ein- und derselben Einstellung sind beim Lehrer, der täglich mehrere Stunden Schüler unterrichtet, wesentlich tiefgreifender und auch gesellschaftlich bedeutsamer als bei anderen akademischen Berufen. Zudem ergeben sich wichtige Einstellungsänderungen bzw. -spezifizierungen im Hinblick auf das berufliche Selbstverständnis bei Lehrern erst nach dem Beginn der eigentlichen Berufspraxis, in einer Phase also, die auch in der Untersuchung von Koch nicht mehr berücksichtigt wurde.

Über die von mir für besonders wichtig gehaltenen Erziehungseinstellungen der Lehrer gibt es leider nur wenig empirische Informationen, sieht man von dem im letzten Abschnitt skizzierten und sicherlich in seinen Konsequenzen gravierenden autoritären Syndrom einmal ab. Immerhin lassen sich einige spezifische Einstellungen auf der Basis entsprechender Untersuchungen genauer beschreiben.

Ein für das Erziehungsverhalten des Lehrers unmittelbar wichtiger Einstellungskomplex bezieht sich auf den Grad der *Reformbereitschaft.* Hier kommen Schefer und Zeiher zu unterschiedlichen Ergebnissen und Interpretationen: Während Schefer eine weitgehend ablehnende Haltung der von ihm befragten Gymnasiallehrer konstatiert, sind nach Zeiher die Haltungen gegenüber der Schulreform auf den gesamten Bereich möglicher Äußerungen verteilt und daher insgesamt als ambivalent einzuschätzen, was auch aus folgendem Beispiel hervorgeht: Auf einer siebenstufigen Skala von starker Ablehnung (= 1) bis zu starker Zustimmung (= 7) erhielt das Statement »Das Gymnasium hält zu sehr an traditionellen Bildungsvorstellungen fest, so daß es seinen heutigen Aufgaben nicht genügend gerecht werden kann« einen Mittelwert von 4.7, während andererseits der Behauptung »Die Dreigliederung des Schulwesens in Volksschule, Realschule und Gymnasium ist sinnvoll, weil sie den Begabungstypen und der Struktur der Berufe entspricht« mit einem Mittelwert von 5.0 zugestimmt wurde.[23]

Die unter diesem Aspekt der Reformbereitschaft nur partiell sichtbar werdende konservative Einstellung wird bei einem spezifischen Erziehungs- und Unterrichtsziel sehr viel deutlicher: Die Vermittlung von *Stoffwissen* wird von knapp der Hälfte aller Lehrer in Zeihers Untersuchung für das *primäre* Unterrichtsziel gehalten; Behauptungen über die große Bedeutung von ›Grundwissen‹ und von ›solider Wissensbasis für komplizierte Denkvorgänge‹ erreichten Mittelwerte bis zu 6.0, und insgesamt orientieren 83% der Lehrer ihren Unterricht am Wissensstoff.[24] Über die Wirksamkeit einer derartigen Verhaltensdisposition in der Lehrer-Schüler-Interaktion dürften kaum Zweifel bestehen, zumal sie durch unterrichtsorganisatorische (z. B. überwiegend Frontalunterricht) und curriculare Faktoren gestützt wird. Verstärkend wirkt auch hier, d. h. zumindest bei den Gymnasiallehrern, die Ausbildung, in der ja bislang *fach*wissenschaftliche Elemente dominieren.

Damit sind zugleich die Möglichkeiten zu einer Veränderung dieser am Prinzip der Lernschule festhaltenden Einstellung angedeutet, die sich allerdings nur im Kontext einer Reform von Schule und Lehrerausbildung überhaupt realisieren lassen; ein einseitiges Ansetzen etwa bei den Lehrplänen oder der Unterrichts- und Schulorganisation, wie es z. B. in der Curriculumrevision oder bei der partiellen Einführung der Gesamtschule geschieht, dürfte jedenfalls kaum einen grundsätzlichen Einstellungswandel bewirken. Zuvor müßte allerdings die ambivalente Reformbereitschaft selbst durch gezielte bildungs- und gesellschaftspolitische Aufklärung über die Notwendigkeit von Reformen zu einer durchgängig positiven Einstellung und einer aktiv-konstruktiven Reformarbeit der Lehrer modifiziert werden. Ansätze hierzu wird der zweite Teil dieses Kapitels erkennen lassen.

Als Erziehungseinstellungen im engeren Sinne sind vor allem die Erwartungshaltungen von Lehrern in bezug auf das Schülerverhalten wesentlich; deshalb möchte ich noch einige Einzelresultate aus den bereits genannten Untersuchungen erwähnen. Zunächst ist mit Koch noch einmal auf den Zusammenhang der einzelnen Einstellungen des sogenannten Konservativismus-Syndroms hinzuweisen:

»Negative Haltung gegenüber schulischen und gesellschaftlichen Veränderungen sowie Betonung von Disziplin, Autoritätsgefälle zwischen Lehrern und Schülern sowie der Notwendigkeit von Druck und Strafen zur Lern- und Arbeitsmotivation gehen offenbar im Regelfalle Hand in Hand mit der Überzeugung von der Dominanz von Vererbungs- und Anlagefaktoren gegenüber solchen der Umwelt und des Lernens.«[25] Begreift man diese Aspekte im Sinne des vorgestellten Einstellungskonzeptes als *Dispositionen* zu einem entsprechenden Verhalten gegenüber Schule und Schüler, so werden sich der Autoritätsanspruch und die Arbeitserwartung der Lehrer an die Schüler am ehesten in ihrer unmittelbaren Interaktion niederschlagen; mit welcher Wahrscheinlichkeit dies tatsächlich geschieht, soll nach den folgenden Beispielen diskutiert werden. Die Einstellungen der Lehrer zum Lehrer-Schüler-Verhältnis sind jedenfalls als solche recht eindeutig erfaßt, wie sich an diesen Statements und ihren in Klammern genannten Mittelwerten zeigt: »Schüler, die nicht Pflichtbewußtsein und Bildungswillen mitbringen, eignen sich nicht für das Gymnasium.« (4.9)

»Die meisten Schüler brauchen Druck, um zu arbeiten.« (5.5)

»Unterricht kann auf die Autorität des Lehrers den Schülern gegenüber nicht verzichten.« (5.5)

»Schüler in der Unter- und Mittelstufe haben noch nicht das notwendige Maß an Reife, um Kritik am Unterricht zu äußern.« (4.0)

»Neue Unterrichtsmethoden kranken heute vielfach daran, daß sie nur noch interessant sein wollen und von den Schülern nicht mehr genügend Anstrengung und Konzentration fordern.« (5.2)[26]

Mehr als nur informativen Wert gewinnen diese Ergebnisse allerdings erst, wenn bewiesen ist, daß die überwiegende Zustimmung der Lehrer zu den ihnen vorgelegten Behauptungen eng mit ihrem *faktischen Verhalten* korreliert. Damit wird eine der Kernfragen der Einstellungsforschung und -messung berührt, die von ihrem Anspruch her eigentlich auf die Analyse und Voraussage von Verhalten angelegt ist. Insbesondere im Rahmen der durch die Rassendiskriminierung in den USA angeregten Vorurteilsforschung entstanden zahlreiche experimentelle Arbeiten zu diesem Problem, in denen jedoch meistens deutliche und kaum hinreichend erklärte Diskrepanzen zwischen Einstellung und Verhalten offenkundig wurden.[27] Da eine allgemeine, theoretisch wie empirisch fundierte Klärung des Zusammenhanges von Einstellung und Verhalten einer eigenen Arbeit bedürfte, beschränke ich mich auf die Diskussion einiger Gründe, die immerhin für eine *relative Konsistenz* zwischen Lehrereinstellungen und -verhalten sprechen.

Die in diesem und im letzten Abschnitt zitierten Beispiele für solche Einstellungen, die zusammengenommen das autoritäre Syndrom ausmachen, beziehen sich bereits inhaltlich auf spezifische Einstellungskomponenten: In die Formulierung entsprechender Statements gehen weniger kognitive und/oder affektive Bezüge zu den Einstellungsobjekten ein, sondern vielmehr solche Elemente, die eine explizite *Handlungstendenz* erkennen lassen. Wenn Lehrer Behauptungen wie ›Das Verhältnis Lehrer-Schüler muß das einer klaren Unterordnung bleiben‹ oder ›Die meisten Schüler brauchen Druck, um zu arbeiten‹ überwiegend zustimmen, dann läßt sich die Annahme schwerlich entkräften, daß *diese* Lehrer in ihrem eigenen Unterricht nach solchen Maximen verfahren. Im übrigen gibt es dafür – wie oben bereits erwähnt – auch manche empirischen Belege, obwohl die Frage der Einstellung-Verhaltens-Diskrepanz bei Lehrern noch nicht eingehend untersucht wurde. Lediglich zwei bei Koch knapp referierte Studien lassen die Folgerung zu, daß auf Grund von Einstellungstests bei Lehrern mit recht großer Sicherheit ihr Verhalten prognostiziert werden kann.[28]

Erst in den letzten Jahren hat sich ferner eine Betrachtungsweise mehr und mehr durchgesetzt, nach der die anstehende Frage meines Erachtens zu Recht anders gefaßt werden muß. Danach werden auch verbale Äußerungen in Tests als Verhalten im weitesten Sinn verstanden, und »das Problem der Verhaltensrelevanz von Einstellungen stellt sich somit als die Frage nach dem Zusammenhang zwischen zwei Verhaltensarten, nämlich dem Testverhalten und dem Realverhalten, dar«.[29] Unter dieser Perspektive liegt es zunächst sehr nahe, daß beide Verhaltensweisen nicht völlig übereinstimmen können, andererseits aber auch nicht ganz auseinanderfallen werden. Der *Grad* an Konsistenz zwischen Test- und Realverhalten oder besser zwischen verbaler Äußerung und faktischem Verhalten gegenüber Schülern hängt von einer Reihe persönlichkeits- und situationsspezifischer Faktoren ab, die bisher noch kaum thematisiert wurden. Verbales und faktisches Verhalten werden jedenfalls dann weitgehend konsistent sein, wenn die Statements des Einstellungstests so formuliert sind, daß die befragten Lehrer sie als Beschreibungen ihres eigenen Verhaltens akzeptieren können, wie es bei vielen der angeführten Beispiele bereits der Fall ist; da solche Formulierungen aber die Kenntnis gewisser Verhaltenstrends voraussetzen, kann nur in einem sukzessiven Verfahren der Verfeinerung der Einstellungsmessung einerseits und ihrer gleichzeitigen Überprüfung an der Realität andererseits der methodologisch bedingte Anteil an den partiell auftretenden Einstellung-Verhaltens-Diskrepanzen reduziert werden.

In erster Linie kommt es jedenfalls darauf an, daß mit dem Einstellungskonzept überhaupt und besonders im Unterschied zu Verhaltens- und Persönlichkeitstypologien ein für die Erforschung des Lehrerverhaltens relevanter *und* brauchbarer Einstieg vorliegt und daß in diesem Bereich die Übereinstimmung von Einstellung und Verhalten tendenziell schon gegeben ist und noch der genauen Absicherung bedarf. Eine Darstellung des Auslese- und Urteilsverhaltens der Lehrer wird diese vielleicht etwas optimistisch erscheinende Einschätzung weiter bestätigen.

c) Tendenzen des Auslese- und Urteilsverhaltens

Bei der Analyse der in der Lehrer-Schüler-Interaktion liegenden Sozialisationsbedingungen wurde bereits kurz darauf eingegangen, wie die Wahrnehmungen des Lehrers zu spezifischen Typisierungen und damit verbunden auch zu Urteilstendenzen führen. Wahrnehmungen des Lehrers von den Schülern haben freilich ihren Ursprung nicht allein in der Situation der Schulklasse, sondern sind vielmehr vor- und mitbedingt durch Gesellschaftsbild und berufliches Selbstverständnis der Lehrer, durch Faktoren also, die teilweise mit dem Einstellungskonzept erfaßt werden können.

Während am Ende des letzten Abschnittes vor allem die Handlungstendenz als Einstellungskomponente hervorgehoben wurde, stehen jetzt kognitive und evaluative Aspekte im Mittelpunkt: Wahrnehmungen und Bewertungen von Schülern sowie ihre Auswirkungen auf Schüler sind entscheidend durch *Einstellungen* der Lehrer strukturiert, deren inhaltliche Tendenz im Kontext des Gesellschaftsbildes begründet ist. Dieser Zusammenhang läßt sich schematisch verkürzt so darstellen:

Sozialisation des Lehrers → Gesellschaftsbild → Erziehungseinstellungen → Erwartungen und Annahmen über ›Leistung‹ und ›Begabung‹ → Schülerbeurteilung → Auslese.

Daß die in den Schulen vor allem durch das Lehrerurteil vollzogene Auslese wiederum das Gesellschaftsbild der Lehrer besonders in seinen elitär-konservativen Zügen bestätigt, macht die Interdependenz dieser Bedingungskette deutlich und soll nun genauer belegt werden; um die relative Konsistenz von Lehrereinstellung und -verhalten auch hier nachweisen zu können, beziehe ich mich dabei soweit wie möglich auf vorliegende empirische Untersuchungen.

Die Ergebnisse von Schefer und Zeiher über die Einstellungen der von ihnen befragten Gymnasiallehrer zu Fragen von Auslese und Begabung können trotz ihrer beschränkten Repräsentativität als richtungsweisend gelten, zumal sie recht gut übereinstimmen. Zunächst einige Detailresultate aus beiden Studien:

Folgende Behauptungen aus Schefers Einstellungstest haben die Zustimmung von etwa ¾ aller Probanden: »In unsererm höheren Schulen sind zu viele schwachbegabte Schüler, wir brauchen nicht mehr Abiturienten, sondern weniger und begabtere« – »Die Höhere Schule sollte auf allen Stufen Ausleseschule sein, denn eine nivellierte Höhere Schule kann die leistungsstarken Schüler nicht genügend fördern.«[30] Zeiher findet bei insgesamgt 78% ihrer Befragten eine *elitäre* Einstellung zur schulischen Auslese und besonders zur Funktion des Gymnasiums; dabei erreichen Behauptungen wie »Hochbegabte Schüler werden durch schwache Mitschüler in ihrer Entfaltung gehemmt« oder »Das Gymnasium muß Begabte fordern und nicht Unbegabte fördern« zustimmende Mittelwerte von 5. 8. bzw. 5. 9.[31] Die große Bedeutung, die in solchen Aussagen der schulischen Auslese beigemessen wird, entspricht recht gut einem Gesellschaftsbild, das durch Widerstand gegenüber ›Vermassung‹ und ›Nivellierung‹ gekennzeichnet ist.

Während ein damit verbundenes Elite*bewußtsein* ein Spezifikum der gesellschaftlichen Einstellungen von Gymnasiallehrern zu sein scheint, gehen, was die später zu referierenden Untersuchungen zeigen, auch Volksschullehrer von einer dem Selektionsprinzip zugrundeliegenden *statischen* Begabungsauffassung aus. Danach werden individuelle Begabung und ihre Verteilung innerhalb einer entsprechend hierarchisch gegliederten Gesellschaft als gegeben angesehen; der Schule wird folglich die Aufgabe zugewiesen, die vorhandenen Begabungen festzustellen, für die einzelnen Schularten auszuwählen und auf ihre störungsfreie Entwicklung zu achten, wie es in den zitierten Statements klar zum Ausdruck kommt. Bekannt sind in diesem Zusammenhang auch die sozialdarwinistisch geprägten Vorstellungen von K. V. Müller, die sich zwar längst als wissenschaftlich unhaltbar erwiesen haben, aber von vielen Lehrern immer noch akzeptiert werden. So stimmten in der Studie von Schefer ⅔ der interviewten Gymnasiallehrer diesen Thesen von Müller zu: »Begabte Schüler sind nicht in beliebiger Zahl vorhanden, denn Begabung unterliegt dem Gesetz der Knappheit« und »Die Begabung beruht überwiegend auf Erbanlagen, sie kann daher nicht erworben werden.«[32]

Derartige Aussagen sind, wenn man sie legitimerweise als Erziehungseinstellungen der ihnen zustimmenden Lehrer interpretiert, in ihren Konsequenzen außerordentlich gravierend. Auf ihrer Basis entstehen typologische Annahmen über die Leistung von Schülern bzw. deren Eignung für eine weiterführende Schule, die sich indirekt über den sogenannten Pygmalioneffekt und auch direkt im Urteils*verhalten* des Lehrers auswirken; letzteres soll jetzt noch ausführlicher diskutiert werden.

Untersuchungen über das konkrete Urteilsverhalten von Lehrern sind leider recht selten und wurden zudem meist an Volksschullehrern durchgeführt; wegen des großen Einflusses der Volksschul- und insbesondere der Grundschullehrer bei der ersten und wichtigsten Schullaufbahnentscheidung mag dies zwar gerechtfertigt sein, aber es erschwert Vergleiche mit den Bewertungs- und Selektionspraktiken der übrigen Lehrer. Andererseits kann, sofern sich im folgenden die Ergebnisse der Einstellungsuntersuchungen vorwiegend bei Gymnasiallehrern mit den Ergebnissen über das Urteilsverhalten von Volksschullehrern annähernd decken, mit ziemlicher Sicherheit geschlossen werden, daß Einstellungen und Verhalten *innerhalb* dieser Lehrerkategorien in noch höherem Maße konsistent sind.

Am besten geeignet ist für eine Analyse der Urteilsproblematik die Befragung von über 300 Hamburger Volksschullehrern, die Steinkamp durchführte, um festzustellen

- welche Kriterien diese Lehrer bei der Beurteilung der Oberschuleignung anlegen,
- wie eng die Beziehung zwischen dem Eignungsurteil des Lehrers und der Herkunftsschicht des Schülers ist, und
- wie sich die Herkunftsschicht des Lehrers bei der Beurteilung von Schülern aus unteren Sozialschichten auswirkt.[33]

Mit diesen Fragen sind drei sehr wichtige Problembereiche des Urteilsverhaltens angeschnitten, die sich unmittelbar in der schulischen Interaktion niederschlagen; die Ergebnisse von Steinkamp sollen deshalb kurz wiedergegeben werden.

Bei den Angaben zu den Beurteilungskriterien ergab sich, daß 78% der befragten Lehrer die meßbare schulische Leistung *nicht* als einzigen Maßstab akzeptieren, sondern darüber hinaus Charakter- und Verhaltensmerkmale sowie besonders die nach ihrer Vorstellung unabhängig von der schulischen Leistung feststellbare Begabung als Eignungsfaktoren berücksichtigen. Damit dominieren hier eindeutig – so Steinkamps zutreffende Interpretation – irrationale und subjektive Kriterien, die die ohnehin schon nicht objektive und einheitliche Bewertung weiter verzerren.

Die Richtung dieser Verzerrung wird aus den zur zweiten Frage gewonnenen Daten transparent: Von knapp 7000 Schülern, die auf ihre Eignung für eine weiterführende Schule beurteilt wurden, erhielten 19% das Prädikat ›oberschulreif‹, unter denen sich allerdings 60% aller Oberschicht- und nur 5% aller Unterschichtkinder befanden; vergleicht man diese Zahlen mit den Anteilen der Schichten an der Schülergesamtzahl, so ergibt sich bei der Oberschicht eine zehnfache Über-, bei der Unterschicht hingegen eine fünffache Unterrepräsentation, während die Mittelschicht bei den oberschulgeeigneten Kindern ungefähr adäquat vertreten ist. Die Verteilung der Mittelschulempfehlungen ist zwar sehr viel geringer schichtspezifisch ausgeprägt, entspricht aber trotzdem nicht annähernd einer gleichen Repräsentation.

Diese Ergebnisse bedeuten eine klare *Diskriminierung* der Kinder aus der Unterschicht, die dadurch zustande kommt, daß die Lehrerurteile von der reinen Schulleistung abweichen und dafür Verhaltens- und Begabungsmerkmale in sie eingehen, die am Wertsystem der oberen Sozialschichten orientiert sind und doch gleichermaßen bei der Beurteilung *aller* Kinder berücksichtigt werden; dies soll mit einer anderen Untersuchung gleich noch näher belegt werden.

Die geschilderte schichttypische Selektion verstärkt sich nach den Ergebnissen von Steinkamp gerade bei Lehrern, die selbst aus der Unterschicht stammen. Diese Lehrer empfehlen insgesamt weniger Schüler für die Oberschule, unter denen aber die Oberschicht noch mehr bevorzugt wird, und sie messen der Herkunftsschicht in bezug auf den Schulerfolg größere Bedeutung bei als die übrigen Lehrer. Gerade diese Lehrer scheinen sich also in ihrem Verhalten besonders eng an der Oberschicht zu orientieren und von der Unterschicht als ihrer Herkunftsschicht zu distanzieren. Hier handelt es sich um ein bei sozial Aufgestiegenen durchaus bekanntes Phänomen, das allerdings im Urteilsverhalten von zunächst in der Unterschicht sozialisierten Lehrern gegenüber Unterschichtkindern beinahe paradoxe Formen annimmt.

Das Urteilsverhalten aller Lehrer ist, wie eben angedeutet, vor allem für Unterschichtkinder diskriminierend, weil sie offensichtlich nach denselben ober- und mittelschichtspezifischen Normen und Verhaltensmerkmalen beurteilt werden wie die Kinder aus diesen Schichten. Dagegen könnte nun eingewendet werden, daß die Lehrer sich doch um Objektivität und Gerechtigkeit bemühen, indem sie Kinder aus verschiedenen Schichten auch nach *verschiedenen Merkmalen* bzw. ›Persönlichkeitsmodellen‹ einschätzen. Diese Annahme muß aber sogleich verworfen werden, folgt man der Auswertung von über 2.000 Schülerbeurteilungen, die Hanke, Lohmöller und Mandl kürzlich vorgenommen haben.[34] Eine genaue Faktorenanalyse dieser nach drei Sozialschichten (Arbeiter, Facharbeiter, Nicht-Arbeiter) gruppierten Urteile ergab weitgehend identische Faktorenstrukturen, d. h. die Lehrer wenden bei der Beurteilung von Schülern aus verschiedenen Sozialschichten *dieselben* Kriterien und nur *eine* implizite Persönlichkeitstheorie an.

Auch auf Grund einer mehr theoretischen Überlegung kann dieses Ergebnis gestützt werden: Implizite Persönlichkeitstheorien werden »durch interaktive Lernprozesse erworben und haben damit nicht nur persönlichkeitsspezifische Ausformungen, sondern tragen auch kultur- und gruppenspezifische Züge«.[35] Danach ist mit hoher Wahrscheinlichkeit anzunehmen, daß solche ›Theorien‹ in bestimmten Interaktionsbeziehungen, wie z. B. zwischen Lehrern und Schülern, *stabil* sind und daß unabhängig von einem spezifischen Interaktionspartner *konstante* Urteilsprinzipien zur Geltung kommen.

Ferner läßt sich aus vielen bisherigen Argumenten und aus der eben gegebenen inhaltlichen Bestimmung der impliziten Persönlichkeitstheorie ableiten, daß auch diese Orientierungs- und Beurteilungsmuster selbst Resultat eines schichttypischen Sozialisationsprozesses sind und deshalb unter dem Aspekt ihrer immanent-subjektiven Gültigkeit auch nur auf Angehörige derselben Schicht zutreffend angewendet werden können; die von Steinkamp untersuchte Beurteilungstendenz von

Lehrern, die in Unterschichtfamilien primär sozialisiert wurden, widerspricht dem keineswegs, weil diese Lehrer im Verlauf ihrer späteren schulischen und beruflichen Sozialisation von der Herkunftsschicht tendenziell entfremdet und an die Aufstiegsschicht angepaßt wurden. Ein letztes kommt hinzu: Bei Lehrern, in deren Erziehungseinstellungen das konservativ-elitäre Syndrom vorherrscht, sind in der impliziten Persönlichkeitstheorie Annahmen über ›Begabung‹ und ›Gymnasialreife‹ unmittelbar gekoppelt mit bzw. sogar legitimiert durch bestimmte Kenntnisse über soziale Herkunft, Familienverhältnisse und Berufe der Eltern eines Schülers; dadurch wird es beispielsweise dem Kind eines geschiedenen Hilfsarbeiters bei solchen Lehrern fast unmöglich sein, gute Beurteilungen zu erreichen.

Diese Bedingungen des Urteilsverhaltens, deren Konsequenzen für schulische Selektion auch durch eine weitere Untersuchung von Hanke, Lohmöller und Mandl empirisch bestätigt werden[36], entsprechen insgesamt den beschriebenen Einstellungen der Lehrer zu Begabung und Auslese recht gut. Zwar sind stringente Folgerungen von einer spezifischen Einstellung etwa zur Auslesefunktion des Gymnasiums auf ein konkretes Urteilsverhalten nicht ohne weiteres möglich, aber es zeichnet sich doch eine enge Korrespondenz zwischen einerseits *verbal geforderter* strenger Begabtenauslese und andererseits der *tatsächlich praktizierten* Beurteilung und Selektion ab; deshalb ist es nicht nur ein Wortspiel, von einer Interdependenz zwischen elitärer Einstellung und elitebildendem Verhalten zu sprechen.

Auch hier ist es notwendig zu betonen, daß die resultierende Benachteiligung der Schüler aus der Unterschicht nicht dem einzelnen Lehrer zur Last gelegt werden kann. Das elitäre Funktionsverständnis der Schule entspricht nämlich einem allgemeinen, das Leistungsprinzip zu sehr hervorhebenden Gesellschaftsverständnis, das sich institutionell in den Prinzipien des dreigliedrigen Schulsystems und des leistungsdifferenzierten Unterrichts verfestigt hat.[37]

An dieser Stelle wird zum wiederholten Male offenkundig, daß eine einseitig am Bildungswesen oder gar nur an der Schulorganisation oder der Lehrerausbildung ansetzende Reform jene sozialen Ungleichheiten kaum beseitigen könnte, die *auch* durch überholte Begabungsauffassungen der Lehrer und ihr stark selektives Urteilsverhalten entstanden sind. Wenn in der BRD gegenwärtig noch ein enger Zusammenhang zwischen der Verteilung von Schulleistungen und -abschlüssen einerseits und der sozialen Schichtung andererseits besteht, so sind dafür jedenfalls *auch* bestimmte Sozialisations- und Ausbildungsbedingungen der Lehrer verantwortlich, deren Veränderung nach später noch zu entwickelnden Prinzipien immerhin einen Beitrag zur *Auflösung* dieses Zusammenhanges leisten würde.

d) Zur Diskussion über die ›Rolle‹ des Lehrers

Anschließend an die frühere Diskussion des Rollenkonzeptes im Rahmen sozialisationstheoretischer Positionen soll in diesem Abschnitt die ›Rolle‹ des Lehrers als theoretisches Paradigma mit dem Anspruch einer Erklärung von Lehrerverhalten genauer untersucht und kritisiert werden; eine ausführlichere und grundlegende Auseinandersetzung mit den verschiedenen Varianten der Rollentheorie kann freilich hier nicht geführt werden. Es kommt vielmehr darauf an, *exemplarisch* die zentralen Schwächen rollentheoretischer Analyse in ihrer Anwendung auf den Lehrer und sein Verhalten aufzudecken, wobei ich davon ausgehe, daß dem Rollenkonzept im Kontext einer Theorie schulischer Sozialisation allenfalls ein beschränkter *heuristischer* Wert zukommen kann, während ihm eine eigenständige Erklärungskraft abgesprochen werden muß.

Der Begriff der sozialen Rolle gehört zu jenen sozialwissenschaftlich-sozialpsychologischen Paradigmata, die zwar außerodentlich häufig verwendet werden, zugleich aber in ihrer inhaltlichen Bestimmung sehr unscharf und divergent bzw. z. T. kontrovers ausfallen. Dieser Eindruck verstärkt sich noch dadurch, daß ›Rolle‹ oft *synonym* für Bedeutung, Aufgabe oder Funktion sowie für gesellschaftliches Bewußtsein von Lehrern und anderen ›Rollenträgern‹ gebraucht wird; der theoretische Anspruch des Konzeptes geht so vollkommen verloren. Das gilt für Steinkamp's oben zitierte Arbeit über »Die Rolle des Lehrers im schulischen Selektionsprozeß« – hier offensichtlich im Sinne von ›Bedeutung‹ – ebenso wie für die Beiträge des Sammelbandes »Lehrerrolle im Wandel«[38], die sich alle auf Veränderungen in der Aufgabe des Lehrers beziehen, und trifft schließlich besonders krass auf die ebenfalls schon angeführte Schrift von Combe »Zur Kritik der Lehrerrolle« zu, in der auf die Problematik des Rollenbegriffes überhaupt nicht Bezug genommen wird, sondern Faktoren des gesellschaftlichen Bewußtseins der Lehrer im Mittelpunkt stehen. Ungeachtet der Relevanz solcher Fragestellungen degeneriert das Rollenkonzept, wird es in derart unterschiedliche Zusammenhänge gestellt, zu einem unspezifischen und scheinbar beliebig verwertbaren Etikett.

Nicht viel besser ist es um eigentliche Definitionen von ›Rolle‹ und Rollentheorie bestellt, wie die folgenden Beispiele zeigen, die alle aus Analysen der ›Rolle‹ des Lehrers stammen:

> »Der Rollenbegriff weist auf die Kräfte der sozialen Umwelt eines Individuums hin, die sein Verhalten maßgeblich beeinflussen.«[39]
>
> »Bezugspersonen und -gruppen (stellen) an den Lehrer Erwartungen und definieren somit seine soziale Rolle.«[40]
>
> »Entscheidend für die Kategorie der sozialen Rolle ist zweierlei: einmal, daß sie jedem einzelnen zugesprochen wird und ihm so Verhaltensrichtlinien gibt, ihn zum Rollenträger macht, zum andern, daß sich in der sozialen Rolle gesellschaftliche Ansprüche an den Rollenträger bündeln.«[41]
>
> »Die Rollentheorie versucht, die Handlungsweise einer Person aus ihrer sozialen Position und den Verpflichtungen und Privilegien, die mit dieser Position verbunden sind, abzuleiten. ... Wichtig ist die Annahme der Rollentheorie, daß organisierte *oder* gesellschaftliche Erwartungen die Handlungsweisen eines Individuums in einer bestimmten Position ... festlegen.«[42]

Während die erste Formulierung entschieden zu weit gefaßt ist, trifft die zweite der entgegengesetzte Vorwurf: Bezugsgruppen und -personen konstituieren niemals *an sich* über die scheinbar autonome Formulierung von Erwartungen eine Rolle, sondern sie tun dies höchstens auf der Basis sozial wie rechtlich institutionalisierter Aufgabenbeschreibungen etwa des Lehrers; zudem ist es mißlich, wenn ein theoretisch doch noch recht ungeklärtes Konzept wie das der Bezugsgruppe bei der Definition eines anderen Begriffes verwendet und auf unzulässige Weise reifiziert wird. In der dritten Aussage wird ebenfalls der analytische Begriff ›Rolle‹ mit der Sache, für die er stehen soll, verwechselt; ›Rolle‹ wird gerade nicht jedem einzelnen zugesprochen, sondern einer bestimmte *Kategorie* von Menschen *zugemutet.*

Die vierte Bestimmung schließlich macht das Dilemma der Rollentheorie vollends transparent: Die soziale Position des Lehrers kann nur um den Preis einer weitgehenden Entindividualisierung und unter der Voraussetzung einer völligen Übereinstimmung zwischen den einzelnen Positionssegmenten als ›Urgrund‹ seines Verhaltens herhalten. Dies erweist sich in der Realität als falsch, ebenso die Annahme, Handlungsweisen seien durch Erwartungen festgelegt, Verhalten immer erwartungskonform. Diese Annahmen gehen auf das früher schon kritisierte traditionelle Rollenmodell zurück, das sich hier allerdings nicht wesentlich von dem interaktionistischen Modell unterscheidet. Beide beschreiben »menschliches Sozialverhalten unter dem Gesichtspunkt der sozialen Kontrolle. Das konventionelle Rollenkonzept geht dabei von den äußeren Formen, das interaktionistische Rollenkonzept von den internalisierten Formen sozialer Kontrolle aus«.[43]

Die Rede von der ›Rolle‹ des Lehrers besagt also im Grunde nichts anders, als daß sein Verhalten sozialen Zwängen und Normen unterliegt. Damit ist lediglich *eine* – wenngleich wichtige, aber insgesamt überbewertete – Dimension erfaßt, die zur Erklärung von Verhalten notwendig, jedoch keinesfalls hinreichend ist. Außerdem lassen sich daraus nur sehr allgemeine und kaum stichhaltige Folgerungen für die Lehrer-Schüler-Beziehung und schließlich für die schulische Sozialisation gewinnen, solange die ›Rolle‹ des Lehrers nicht spezifischer auch in anderen Dimensionen thematisiert wird. Einige Versuche hierzu sollen im folgenden besprochen werden, obwohl sie natürlich über den grundlegenden Ansatz und die implizierte normative Verzerrung der Rollentheorie nicht hinausreichen: der ›Rollenkonflikt‹, die ›pädagogische Selbstrolle‹ und der ›Rollenwandel‹.

Ein grundlegendes Charakteristikum der ›Rolle‹ des Lehrers wird in nahezu jeder Abhandlung über Schule und Lehrerverhalten beschrieben und selbst in zahlreichen Arbeiten zur Rollentheorie als Beispiel herangezogen: ihre ›Problematik‹, ›Widersprüchlichkeit‹ oder – scheinbar pointierter – ihre ›Konflikthaftigkeit‹. Beruf und Tätigkeit des Lehrers sind nach dieser Auffassung großen Schwierigkeiten und Problemen ausgesetzt, die unter der Bezeichnung *›Rollenkonflikt‹* sowohl wissenschaftlich untersucht als auch praktisch gelöst werden sollen. Besonders ausgeprägt findet sich diese Konfliktperspektive als Bestandteil von Rollenkonzeptionen, die von den verschiedenen *Bezugsgruppen* des Lehrers ausgehen; dabei ergeben sich dann Rollenkonflikte für den Lehrer auf Grund unterschiedlicher *Erwartungen* einzelner Bezugsgruppen an ihn. Als typisch kann in diesem Zusammenhang die Formulierung von Klose gelten:

»Auf dem Gebiet der erzieherischen Aufgabe . . . werden dem Lehrer sehr unterschiedliche Erwartungen entgegengebracht, die sich teilweise widersprechen, so daß er zwangsläufig in einen Intra-Rollenkonflikt kommen muß. Die Richtlinien für die Schulen geben ihm einen recht großen Entscheidungsspielraum, da sie meist recht allgemein und formal die Ziele, Inhalte und Methoden von Unterricht und Erziehung angeben. So muß der Lehrer dauernd entscheiden, welchen Vorstellungen er entsprechen will, bzw. muß völlig unklare Rollenerwartungen interpretieren. Intra-Rollenkonflikt und Verunsicherung sind also wesentliche Strukturmerkmale der Lehrerolle. Das wird z. B. an sich widersprechenden oder verschwommenen Erziehungszielen deutlich, die von verschiedenen Bezugsgruppen vertreten werden und teilweise auch in den Richtlinien ihren Niederschlag finden.«[44]

Selbst wenn man diese Aussage nur immanent kritisiert, d. h. ohne das Konzept des Rollenkonfliktes an sich anzugreifen, bleibt zu fragen, ob sie in ihrem inhaltlichen Kern überhaupt richtig ist. Solange jedenfalls nichts darüber ausgesagt ist, *welche* Erwartungen *welcher* Bezugsgruppen sich – für den Lehrer wahrnehmbar – widersprechen, kann diese Frage schlechterdings nicht entschieden werden, und die Zwangsläufigkeit des Rollenkonfliktes erweist sich zunächst als pure Annahme. Bei genauerer Betrachtung wird die behauptete Konsequenz – Entscheidungsspielraum einerseits und unterschiedliche Erwartungen von Bezugsgruppen andererseits führen zu Rollenkonflikt – sogar außerordentlich fragwürdig.

Überspitzt formuliert degradiert Klose den Lehrer zum Spielball unterschiedlicher Interessen bzw. zu einem entscheidungsunfähigen und hilfesuchenden Wesen. Er unterstellt, daß der Lehrer permanent widersprüchlichen Erwartungen ausgesetzt ist, die aber bei den etwa zwanzig von ihm angenommenen ›Bezugsgruppen‹ höchstens innerhalb der ›Gruppe‹ der politischen Parteien und zwischen Wirtschaft und Gewerkschaften auftreten werden und die darüber hinaus nach Maßgabe des *eigenen* (gesellschafts-) politischen Standortes des Lehrers selektiv wahrgenommen und in ihrer Wirkung gefiltert werden. Er unterstellt ferner, und hier zeigt sich auch bei ihm die Schlagseite einer normativ überladenen Rollenkonzeption, daß der Lehrer über an ihn gestellte Erwartungen *entscheiden muß,* und übersieht dabei, daß gerade Fragen bezüglich der Erziehungsziele und -methoden durch die eigene Sozialisation und Ausbildung des Lehrers schon weitgehend vorentschieden sind. Überdies konnte in empirischen Untersuchungen nachgewiesen werden, wie wenig sich tatsächlich die Erwartungen der eigentlich relevanten Bezugsgruppen des Lehrers, nämlich seiner Kollegen und Vorgesetzten sowie der Eltern und Schüler, voneinander unterscheiden, und wie groß insbesondere die Übereinstimmung ist zwischen den Lehrern und ihren Vorgesetzten, die am meisten direkte Macht über sie haben.[45]

Mit diesem zuletzt genannten Aspekt ist bereits auf einen von mehreren sozialen Mechanismen hingewiesen, die Rollenkonflikte auch und gerade beim Lehrer abschwächen oder ganz verhindern.[46] Der Lehrer wird sein Verhalten nicht nur an der mächtigsten seiner Bezugsgruppen orientieren, was den Interessen der anderen durchaus zuwiderlaufen kann, sondern er hat außerdem die Möglichkeit,

- sein Verhalten gegenüber der Beobachtung und damit auch der Kontrolle von seiten der Bezugsgruppen abzuschirmen,
- auftretende Erwartungsdivergenzen offenzulegen und ihre Lösung implizit oder explizit den Erwartungsträgern zu überlassen, wodurch er selbst zum tertius gaudens werden kann, und schließlich
- sich mit anderen Lehrern zu verbünden, entweder mehr informell und von Fall zu Fall oder auf der Basis einer organisierten Interessenvertretung.

Sofern diese eng interdependenten Mechanismen richtig funktionieren, wird *auch* durch sie die Verunsicherung, von der Klose als subjektivem Moment des Rollenkonfliktes spricht, erheblich reduziert.

Insgesamt zeigt sich, daß die Widersprüchlichkeit von Erwartungen, der Entscheidungsdruck und die Verhaltensunsicherheit keineswegs als universelle und maßgebliche Merkmale der ›Rolle‹ des Lehrers aufgefaßt werden können und daß ein durch sie konstituierter Rollenkonflikt nicht a priori anzunehmen, sondern immer erst konkret nachzuweisen ist. Gleichzeitig wird die Notwendigkeit deutlich, über diese mehr immanente Kritik hinauszugehen und die ›Rolle‹ des Lehrers in einer spezifischen, nicht mehr in einzelne Bezugsgruppen aufgelösten Gesellschaft genauer zu bestimmen. Widersprüche in der ›Rolle‹ des Lehrers erscheinen nämlich dann nicht mehr als Ausdruck »der divergierenden Erwartungen der Bezugsgruppen, sondern als Ausdruck des Widerspruchs, der zwischen den gesellschaftlichen Ansprüchen klafft, die in der spätkapitalistischen Gesellschaft an die Sozialisationsfunktion von Schule und Lehrer gestellt werden, und der Sozialisationsfunktion, die Schule und Lehrer . . . konkret erfüllen.«[47] Wenn man, wie es Hänsel zu Recht vorschlägt, den *zentralen* Anspruch an Lehrer in der Verwirklichung von Chancengleichheit sieht, andererseits aber die faktisch bestehenden Ungleichheiten einbezieht und die entstehenden Diskrepanzen – worauf ich am Ende des letzten Abschnittes hingewiesen habe – *fälschlicherweise* dem Lehrer anlastet, dann ist seine Verunsicherung in der Tat berechtigt. Hier handelt es sich aber nicht mehr um einen Rollen-, d. h. einen Erwartungs-Erwartungs-Konflikt, sondern um einen Erwartungs-Verhaltens-Konflikt, der rollentheoretisch nicht adäquat gefaßt werden kann, gerade *weil* er als Folge von gesellschaftlichen Bedingungen auftritt.

Ein anderer Versuch, die Eigenart der ›Rolle‹ des Lehrers in einem Begriff auszudrücken, stammt von Mollenhauer, der umgekehrt wie Klose Entscheidungsfreiheit und Autonomie des Lehrers positiv wertet und mit seinem Konzept der *pädagogischen Selbstrolle* verbindet. Allein gegen den Terminus ›Selbstrolle‹ müßte die konventionelle Rollentheorie schon protestieren, konstituiert sich doch bei ihr eine ›Rolle‹ immer aus den Erwartungen *anderer* und nicht etwa aus den Erwartungen z. B. der Lehrer an sich selbst. Genau dies ist aber der Kern in Mollenhauers Konzept der pädagogischen Selbstrolle, unter dem er »diejenige Konstellation von Eigenschaften, Verhaltensweisen und Meinungen (versteht), die der Erzieher . . . und die pädagogische Theorie in einem pädagogischen Gedankengang und aufgrund der mit diesem verbundenen geschichtlichen Erfahrungen entwickelt haben und die sie von sich bzw. dem Erzieher erwarten«.[48]

Diese Selbstrolle entsteht am ursprünglichen Rollenkonzept gemessen quasi als *Gegenrolle,* denn die Heterogenität von Verhaltenserwartungen und »die Divergenz der zum Teil kontrahierenden Bezugsgruppen motiviert den Lehrer, *eine eigene Rolle auszubilden,* um sie als maßgebenden oder korrigierenden Faktor ins soziale Spiel zu bringen« (S. 85); entfalten kann sich die Selbstrolle in jenen Verhaltensbereichen des Lehrers, die durch Rollenerwartungen nicht festgelegt sind (ebd.). Offen bleibt jedoch bei Mollenhauer, ob das mit der Selbstrolle letztlich gemeinte berufliche Selbstverständnis der Lehrer sich auf das ganze Tätigkeitsfeld und damit auch auf den Sektor konkurrierender Erwartungen bezieht, oder ob das Konzept lediglich eine Art common sense der Lehrer für die weniger oder nicht normierten und sanktionierten Verhaltensweisen andeuten will.

Nach allem, was oben zum Gesellschaftsbild und zu den Einstellungen der Lehrer gesagt wurde, wirkt diese Konzeption der pädagogischen Selbstrolle doch recht wirklichkeitsfremd und idealistisch, was Mollenhauer später selbst gesehen hat; sie ist keine empirisch haltbare Kategorie, sondern »sie hat etwas Münchhausenartiges: aus der Divergenz der Rollenerwartungen soll . . . als Reaktion eine neue Erwartung . . . entstehen. Woher? Der Lehrer kann allemal nur seinen eigenen Schopf packen!«[49] Deshalb gibt er konsequent dieses Konzept zugunsten der Frage nach einem widerstandsfähigen und kritischen *Selbstbild* der Lehrer auf, das sich heute allerdings noch kaum abzeichnet und auch auf theoretischer Basis erst ungenügend abgeklärt ist; die Rollentheorie wird dafür jedenfalls keinen geeigneten Rahmen abgeben.

Schließlich möchte ich noch auf eine weitere Dimension der ›Rolle‹ des Lehrers kurz eingehen. In Verbindung mit der Schulreform und vor allem mit der Veränderung der Organisationsstrukturen von Schule und Unterricht wird gerade in jüngster Zeit ein entsprechender *Wandel* in der ›Rolle‹ des Lehrers beschrieben oder postuliert, der, wie oben schon angedeutet, mit dem eigentlichen Rollenbegriff so gut wie nichts mehr zu tun hat. Auf Grund der gegenwärtig noch vorherrschenden bürokratischen Organisation der Schule lassen sich zwar einige Verhaltensprobleme und -konflikte des Lehrers, wie z. B. die Gefährdung der eigentlich pädagogischen Funktionen, einigermaßen schlüssig erklären.[50] Prognosen jedoch, in denen vom Strukturwandel des Schulsystems und der Schule auf ›neue Rollen‹ des Lehrers geschlossen wird, bleiben vorläufig *Leerformeln,* zumal wenn sie so formuliert sind: »Diese neuen Rollen sind insbesondere: Experte von Lernprozessen (Förderung), Experte der Gruppendynamik, Berater, Mitträger des Sozialisationsprozesses, Beobachter (!), Leistungsbewerter, Planer (von Lehrplänen und Curricula), Koordinator verschiedener Interessengruppen (. . . .), Student (. . .).«[51]

Ein solcher Katalog enthält zumindest zwei unrichtige Annahmen. Erstens sind die genannten Aufgaben des Lehrers *nicht neu* in dem Sinne, daß es sie bislang nicht gegeben hätte; ›neu‹ oder besser modern sind allenfalls manche Formulierungen, hinter denen sich kaum echte Veränderungen verbergen. Zweitens handelt es sich bei den ›neuen Rollen‹, selbst wenn man ein weitgefaßtes Rollenkonzept zugrunde legt, nicht um Komplexe von Verhaltenserwartungen, sondern um einzelne *Tätigkeits*bereiche des Lehrers. Das, was am Rollenkonzept allemal heuristisch fruchtbar sein kann, nämlich die *Verbindung* gesellschaftlicher Ansprüche mit dem individuellen Verhalten, geht hier verloren. Dabei wäre es gerade im Rahmen der Schulreform interessant und notwendig festzustellen, ob tatsächlich neue Erwartungen an den Lehrer entstehen und ob der Lehrer sich auch diesen gemäß verhält bzw. – zieht man die geschilderte ambivalente Reformeinstellung hinzu – verhalten *kann.* Freilich läßt sich diese Frage mit der Formel vom Rollenwandel, die sich insgesamt als unzutreffend oder gar irreführend herausstellt, nicht beantworten.

In den letzten Argumenten offenbart sich zugleich eines der Grundprobleme der Rollentheorie, die ich ja eingangs als Paradigma mit dem Anspruch einer Erklärung von Lehrer*verhalten* bezeichnet habe. Gerade dies kennzeichnet aber mehr die Erwartungen gegenüber der Rollentheorie als ihre faktische Leistung, denn mit ihrer Hilfe gewinnt man lediglich Bezugspunkte für Aussagen über rollengemäßes oder nicht rollengemäßes Verhalten, also eindeutig deskriptive Aussagen. *Warum* ein Lehrer die an ihn gestellten Verhaltensansprüche erfüllt oder nicht erfüllt, wie er seine ›Rolle‹ interpretiert und ob er sich von ihr distanziert, all das kann mit der Rollentheorie allein nicht beantwortet werden, weil sie, um es noch einmal zu sagen, ausschließlich auf positionelle und normative Bedingungen des Verhaltens rekurriert. Die Aussage ›*Als* Lehrer *soll* Herr X die Leistungen seiner Schüler gerecht beurteilen‹ kann diesem als Maxime zwar bekannt sein, aber was Herr X unter ›Gerechtigkeit‹ versteht und wie er sich danach seinen Schülern gegenüber verhält, muß nach der Rollentheorie offenbleiben.

Die hier nur unter wenigen Aspekten aufgegriffene Diskussion über den Nutzen des Rollenkonzeptes sollte, womit ich ein kurzes Resümee ziehe, darauf aufmerksam machen, daß die ›Rolle‹ des Lehrers und auch entsprechende Differenzierungsversuche wie über den ›Rollenkonflikt‹, die ›Selbstrolle‹ oder den ›Rollenwandel‹ *bestenfalls* illustrative heuristische Hilfsmittel bei der Analyse des Lehrerverhaltens abgeben. Gerade die Anwendung des Rollenkonzeptes auf den Lehrer zeigt, wie weit sich das ursprünglich tentative Moment dieses Paradigmas in die unbegründete Annahme gesicherten Wissens über das Lehrerverhalten verkehrt hat.[52]

Auch die anderen im ersten Teil dieses Kapitels dargestellten und kritisierten empirischen wie theoretischen Aussagen zum Lehrerverhalten ergeben für eine Theorie schulischer Sozialisation nur erste Ansatzpunkte. Immerhin haben empirische Untersuchungen über Gesellschaftsbild und Einstellungen von Lehrern die grundsätzliche Brauchbarkeit dieser Konzeptionen bei der Analyse des Lehrerverhaltens und seiner Sozialisationswirkungen gezeigt; dies gilt besonders für das so bedeutsame Auslese- und Urteilsverhalten der Lehrer, dessen Tendenzen relativ klar, wenngleich noch mit einem beschränkten Gültigkeitsanspruch herausgearbeitet werden konnten. Eine systematische und ausreichend empirisch fundierte Theorie des Lehrerverhaltens liegt allerdings mit diesen Ansätzen noch nicht vor und läßt sich wohl beim derzeitigen Stand sozialpsychologischen Wissens auch nicht ohne weiteres entwickeln.

II. Schulreform, Lehrerausbildung und Hochschulreform

Im letzten Abschnitt wurde auf die Notwendigkeit und auch auf die Möglichkeit aufmerksam gemacht, das Lehrerverhalten im Rahmen einer Theorie schulischer Sozialisation an zentraler Stelle zu thematisieren. Freilich genügt es dabei nicht, allein die referierten Aussagen und Annahmen über das Lehrerverhalten zu möglichen Sozialisationswirkungen bei den Schülern in Beziehung zu setzen; sozialpsychologische und schließlich auch bildungspolitische Relevanz gewinnen entsprechende Feststellungen vielmehr erst dann, wenn die *ausbildungsspezifischen* Sozialisationsbedingungen des Lehrerverhaltens selbst eingebracht werden. Obwohl die im engeren Sinne professionelle Sozialisation des Lehrers keineswegs losgelöst von seinen primären und sekundären Sozialisationsprozessen betrachtet werden darf, kommt gerade ihr im Hinblick auf das spätere Verhalten im Beruf – vor allem gegenüber den Schülern – große Bedeutung zu. Deshalb möchte ich im folgenden versuchen, die Art und die Intensität des Zusammenhanges zwischen Lehrerausbildung und schulischer Sozialisation soweit möglich auch an Hand empirischer Untersuchungen genauer zu ermitteln.

Damit steht ein außerordentlich komplexes Problem zur Diskussion, das zunächst nur exemplarisch angegangen werden kann. Im einzelnen geht es um die Klärung mehrerer untereinander zusammenhängender und z. T. früher schon gestellter Fragen:

– Welche Dimensionen schulischer Erziehung werden in der Lehrerausbildung

überhaupt bzw. vorrangig und eventuell in schulformspezifischer Ausprägung berücksichtigt?
- Welchen Einfluß hat die Lehrerausbildung auf die zwischen Lehrern und Schülern dominierenden Interaktionsbedingungen?
- Welchen Anteil hat die Lehrerausbildung bei der Determination des Lehrerverhaltens, insbesondere des Urteilsverhaltens?

Antworten auf diese Fragen können bezüglich der gegenwärtig noch *vorherrschenden* Lehrerausbildung einigermaßen plausibel gegeben werden, während bezüglich der Wirkungen einer Ausbildungs*reform* fast nur prognostische Einschätzungen möglich sind; beides ist jedenfalls notwendig, um den heutigen und den künftigen Stellenwert der Lehrerausbildung im schulischen Sozialisationsprozeß anzugeben. Einige Probleme und Möglichkeiten der Ausbildung an den Hochschulen sollen daran anschließend eigens, jedoch nicht ohne Zusammenhang zu den genannten Fragen erörtert werden.

Da die bildungspolitische Entwicklung in den einzelnen Ländern der BRD derzeit nicht einheitlich verläuft, orientiere ich mich vorwiegend an der Situation in Bayern, das sich gerade in einer Übergangsphase befindet.

a) Sozialisationswirkungen der bisherigen Lehrerausbildung

Lehrerausbildung im Jahre 1975 ist entsprechend den drei dominanten Schulformen im wesentlichen *dreigeteilt:* Volksschullehrer absolvieren ein mindestens sechs-semestriges Studium an einer pädagogischen Hochschule bzw. an einem in die Universitäten oft nur formal integrierten erziehungswissenschaftlichen Fachbereich, in dem sie sich – von halbtägigen oder wöchentlichen Praktika nur selten unterbrochen – neben fachwissenschaftlichen und -didaktischen Fragen besonders auch mit den sogenannten Grundwissenschaften wie Pädagogik, Philosophie, Psychologie und Politische Wissenschaft beschäftigen, um nach dem ersten Staatsexamen für drei Jahre als Lehramtsanwärter praktisch voll in der Schule tätig zu sein. Angehende Realschullehrer studieren zunächst zwei wissenschaftliche Fächer an den Universitäten, in denen sie auch geprüft werden, erhalten dann eine knapp halbjährliche, primär didaktisch und grundwissenschaftlich ausgerichtete Ausbildung an einem eigenen Staatsinstitut und werden anschließend für ein Jahr als Referendare mit Unterrichtsverpflichtung in der Schule eingesetzt. Gymnasiallehrer durchlaufen zuerst ein – relativ zu den Realschullehrern – längeres und auch anspruchsvolleres fachwissenschaftliches Studium, in dessen Verlauf sie lediglich *eine* veranstaltungsbezogene Prüfung in Philosophie *oder* Pädagogik ablegen müssen; nach dem ersten Staatsexamen werden die Studienreferendare für ein halbes Jahr zur allgemeinen (grundwissenschaftlichen) und fachspezifischen Ausbildung an eine Seminarschule geschickt, anschließend für ein Jahr an eine Zweigschule zum selbständigen Unterricht bis zu 18 Wochenstunden und schließlich für das letzte halbe Jahr wieder an die Seminarschule.

Die damit vorerst nur formal skizzierte und differenzierte Ausbildung der Lehrer ist in vielfacher Hinsicht problematisiert und kritisiert worden; ihre zentralen Mängel müssen aufgedeckt werden, weil sie wichtige Sozialisationsbedingungen und -probleme konstituieren.

Eines der Hauptprobleme der geschilderten, sehr deutlich in zwei Phasen gesonderten Ausbildung liegt in dem völlig vagen bzw. ganz fehlenden *Theorie-Praxis-Bezug,* der sich historisch in vier Dimensionen entwickelt hat: 1. »als Trennung der Ausbildung der Gymnasial- und Volksschullehrer«, 2. »als Trennung einer ersten akademischen von einer zweiten berufspraktischen Ausbildungsphase«, 3. als Möglichkeit einer »Trennung von Forschung und Ausbildung«, und 4. als institutionelle Trennung von Ausbildung und Weiterbildung.[53] Die im letzten Abschnitt empirisch dokumentierte intensive Orientierung der Lehrer am Stoffwissen ist zweifellos *eine* manifeste Konsequenz der inhaltlichen, institutionellen und personellen Trennung von ›theoretischer‹ und ›praktischer‹ Ausbildung, die sich vor allem bei den Gymnasiallehrern bemerkbar macht. In engem Zusammenhang damit ist der sogenannte *Praxisschock* zu sehen, der sich bei vielen Lehrern in der zweiten Ausbildungsphase, also zu Beginn der eigentlichen Unterrichtspraxis gerade deshalb zeigt, weil die Ausbildung bis dahin kaum eine echte Antizipation und Vorbereitung auf diese Praxis ermöglicht hat; die unten noch genauer zu schildernden Einstellungsänderungen bei den Lehrern in der zweiten Phase sind jedenfalls zu einem großen Teil auf das Auseinanderklaffen der beiden Ausbildungsabschnitte zurückzuführen. Auf Versuche, sie zu integrieren und damit einen Theorie-Praxis-Bezug herzustellen – sei es über die Einführung eines erziehungs- und gesellschaftswissenschaftlichen Grundstudiums oder über eine Projektorientierung des Studiums –, gehe ich im nächsten Abschnitt ein.

Die Praxisferne des Lehrerstudiums, und hier liegt ein weiteres Problem, ist auch eine unmittelbare Folge der inhaltlichen und didaktischen *Organisation des Studiums,* dessen Wissenschaftlichkeit etwa Giesecke zu Recht in Frage stellt: Die Ausbildung »trägt unverkennbar den Charakter einer schlecht organisierten, quantitativ-industrialisierten Stoff-Büffelei«.[54] Diese These wird besonders im Hinblick auf die Studienverhältnisse und -anforderungen an den Pädagogischen Hochschulen begründet, aber sie gilt sicher nicht ausschließlich hier. Auch an den Universitäten wird zu den Prüfungen eine immense Lernleistung verlangt, werden Seminare mit hundert und mehr Teilnehmern abgehalten und Lerninhalte angeboten, die den in der Schule vermittelten oft nicht entsprechen. Doch die spezielle Hochschulsituation und -sozialisation der künftigen Lehrer möchte ich ebenfalls erst später ausführlich diskutierten und deshalb gleich noch ein drittes Problem ansprechen.

Gerade jene *Ausbildungsinhalte,* die der eigentlich pädagogischen Arbeit des Lehrers zugrunde liegen müßten, also weniger die Fachwissenschaften als vielmehr die sozialwissenschaftlichen und didaktischen Aspekte des Unterrichts sind es, die im Studium der Realschul- und Gymnasiallehrer fast ganz herausfallen und später in wissenschaftlich kaum qualifizierten Schnellkursen nachgeholt werden sollen. Die grundwissenschaftliche Ausbildung der Realschullehrer findet ohne jegliche vorherige oder parallel laufende Unterrichtspraxis statt, während sie bei den Gymnasiallehrern zeitlich untergeordnet und – durch ausgedehnte Hospitationen und eigenen Unterricht – bereits zu sehr unter akutem Praxisdruck stehend verläuft. So kann es nicht verwundern, daß diese Lehrer sich nicht als pädagogische Fachleute, sondern als ›Naturwissenschaftler‹, ›Altphilologe‹, ›Germanist‹ usw. verstehen und ihren Unterricht, wie bereits gesagt wurde, primär auf die Vermittlung von Stoffwissen konzentrieren.

Vor diesem Hintergrund wirkt ein Themenkatalog für die allgemeine Ausbildung von Studienreferendaren an Seminarschulen, wie ihn die ›Ausbildungsordnung für das Lehramt an den Gymnasien‹ in Bayern seit 1974 vorsieht, scheinbar anspruchsvoll, doch de facto unrealisierbar; Studienreferendare sollen auf ihre Tätigkeit vorbereitet werden durch die »Auseinandersetzung mit den schulbezogenen Aspekten der folgenden Gebiete«, die jeweils durch eine Reihe einzelner Thematiken noch untergliedert sind: »a) Pädagogik und allgemeine Didaktik ... b) Pädagogische Psychologie ... c) Schule in Staat und Gesellschaft ... d) Schul- und Beamtenrecht, Schulordnung ....«[55] Das genannte Ziel erweist sich bei genauem Hinsehen schnell als nicht erreichbar: Es fehlt nicht nur die Zeit, auch nur annähernd alle Themen zu behandeln, geschweige denn, sich mit ihnen echt auseinanderzusetzen, sondern es fehlen auch die Fachleute, die ja zumindest für die ersten drei Gebiete entsprechend wissenschaftlich qualifiziert sein müßten, was aber in der Regel nicht der Fall ist. Probleme der pädagogischen Praxis werden so den Referendaren nicht nur zu spät, sondern vor allem unzulänglich und inkompentent vermittelt.

Leider gibt es meines Wissens keine Untersuchung, die die Einschätzung der beschriebenen Ausbildungsprobleme bei *allen* Lehrern im Vergleich erfaßt. Lediglich zwei neuere Untersuchungen über die Einstellungen der Volksschullehrer zu ihrer Ausbildung können dazu herangezogen werden, wobei diese Einstellungen und Meinungen selbst schon als Wirkung der Ausbildung aufzufassen sind. Die Ergebnisse dieser Studien können zwar nicht prinzipiell, aber immerhin doch tendenziell auf die anderen Lehrerkategorien übertragen werden, weil die offenkundig werdende Kritik von der spezifischen Form des Studiums z. T. unabhängig ist.

In seiner Befragung von 80 Volksschullehrern im zweiten und dritten Dienstjahr erhielt Walter überwiegend negative Stellungnahmen bezüglich der ersten Ausbildungsphase:[56] Über die Hälfte der Lehrer kritisierte die »unzureichende Praxis« und die »wirklichkeitsfremde Theorie«, fast drei Viertel äußerten negative Meinungen über die Bedeutung des Pädagogikstudiums für die berufliche Arbeit und über die schulpraktische Ausbildung. Entsprechende Schwierigkeiten wurden für die erste Zeit der schulischen Tätigkeit angegeben, die bei 80% der Befragten nicht den im Studium vermittelten Vorstellungen entsprach.

Zu ähnlichen, wenngleich etwas unspezifischeren Resultaten kam Roth, der über 200 Lehrer nach ein- bis fünfjähriger Berufspraxis die Ausbildung an der Pädagogischen Hochschule beurteilen ließ:[57] Nur 5% der befragten Lehrer hielten die Ausbildung für gut bis sehr gut, ein Drittel gab die Note befriedigend, ein weiteres Drittel ausreichend und 29% nicht ausreichend. Informativer als diese grobe Bewertung sind einige Differenzierungen bzw. Korrelationen, die Roth fand; so stellte er etwa fest, daß die jüngeren Lehrer die Ausbildung viel negativer einschätzten als die älteren, und daß ein enger Zusammenhang zwischen der allgemeinen Berufszufriedenheit und einer positiven Bewertung des Studiums besteht, der allerdings durch die Wirkung von – hier nicht berücksichtigten – intervenierenden Variablen genauer erklärt werden müßte.

Es ist nun nicht ohne weiteres möglich, die *Auswirkungen* der beschriebenen Ausbildungsmängel und ihrer weitgehend realistischen Beurteilung durch die Lehrer *direkt* auf die Lehrer-Schüler-Interaktion zu beziehen und daraus auf mögliche Sozialisationseffekte bei den Schülern zu schließen. Vielmehr kommt es darauf an, zunächst über die Entstehung und mögliche Veränderung spezifischer Einstellungen und Verhaltensweisen der Lehrer *durch* die Ausbildung Aufschluß zu erhalten. Erst wenn diese Frage nach der Sozialisationswirkung der Lehrerausbildung im engeren Sinne beantwortet ist, läßt sich deren Bedeutung für schulische Sozialisation überhaupt angeben; erst dann lassen sich auch die innerschulischen Konsequenzen einer veränderten Lehrerausbildung abschätzen.

Zu dem jetzt präzisierten Problem liegen einige empirische Untersuchungen vor, die insgesamt eine relativ einheitliche Tendenz zeigen: Die Hochschulausbildung der Lehrer hat keine bzw. keine nachhaltige Wirkung auf die Erziehungseinstellungen der Lehrer, während die zweite Phase der Ausbildung und die ersten Praxiserfahrungen recht intensiven Einfluß haben. Über einige Detailresultate soll im folgenden berichtet werden, wobei weniger die absoluten empirischen Werte von Interesse sind, sondern eher deren *Veränderungen* in der Zeit und ihre möglicherweise unterschiedliche Ausprägung zwischen Lehrern und Nicht-Lehrern sowie zwischen den verschiedenen Arten von Lehrern.

Die bislang umfassendste und gründlichste Studie hierzu hat Koch vorgelegt; er untersuchte in einer Querschnittsanalyse »berufsbezogene Einstellungen von Lehrern bzw. Lehramtskandidaten und ihre Veränderung unter dem Einfluß der Lehrerausbildung«[58] an ca. 2400 Oberprimanern, Studenten, Lehrern und anderen Akademikern in einem Vorbereitungsdienst mit Hilfe des ›Konstanzer Fragebogens für Lehrereinstellungen‹ (KLE). Zwei seiner wichtigsten Resultate wurden bereits im letzten Abschnitt genannt: »Oberprimaner, die einen Lehrerberuf anstreben, (unterscheiden sich) im Hinblick auf Einstellungen, die für diesen Beruf besonders relevant sind, ganz offensichtlich nicht von ihren Mitschülern, die andere akademische Berufe im Auge haben« (S. 101), und »die Gymnasiallehrerausbildung in ihrer derzeitigen Form (an der Hochschule, K. U.) hat . . . im Vergleich zu anderen universitären Studiengängen keinen charakteristischen Einfluß auf berufsbezogene Einstellungen ihrer Absolventen« (S. 109).

Ein weiteres wichtiges Ergebnis betrifft die Frage nach möglichen Unterschieden in den Einstellungen zwischen Volksschul- und Gymnasiallehrern. Koch fand hier nur in *einer*, allerdings sehr wichtigen Dimension eine differentielle Wirkung der Hochschulausbildung: Das berufliche Selbstverständnis der Volksschullehrer ist von einer viel idealistischeren Haltung geprägt als das der Studienreferendare; Volksschullehrer »betonen die erzieherischen Aspekte des Lehrerberufs mehr als junge Gymnasiallehrer, deren berufliches Selbstverständnis . . . auf den Spezialisten für ein bestimmtes Fach bzw. eine wissenschaftliche Disziplin orientiert ist« (S. 114). Dieser Umstand läßt sich – hier wird die Interdependenz von Lehrerausbildung, -einstellungen und schulischer Sozialisation sichtbar – zweifellos auch auf die geschilderten Unterschiede in der Ausbildung der beiden Arten von Lehrern zurückführen und steht zudem in engem Zusammenhang mit der im letzten Kapitel beschriebenen unterschiedlichen Sozialisationswirkung der entsprechenden Schulformen; so stellten Fend u. a. für die Hauptschule im Vergleich mit dem Gymnasium zwar geringere Leistungs-, aber höhere Disziplinerwartungen fest.[59] In der damit sich abzeichnenden Argumentationskette fehlt freilich noch ein zentrales Glied: Nur auf Grund der Wirkung der *zweiten* Ausbildungsphase bzw. der unmittelbaren *Berufs*erfahrung kann erklärt werden, warum offensichtlich der pädagogische Idealismus angehender Volksschullehrer in relativ starken disziplinären Druck und die fachwissenschaftliche Orientierung der Studienreferendare in hohe Leistungserwartungen umschlagen.

Sowohl Koch als auch andere bei ihm referierte Untersuchungen (S. 134f.) kommen zu dem Resultat, daß das Hochschulstudium zwar insgesamt einen liberalisierenden Effekt auf Erziehungseinstellungen hat, der aber mit Beginn der berufspraktischen Ausbildung bei Lehramtsanwärtern und Studienreferendaren wieder abgebaut und in Richtung der vor Studienbeginn eher konservativen Einstellungen verändert wird.[60] In einer Panelbefragung von Studienreferendaren konnte Liebhart diesen Einstellungswandel während der ersten sechs Monate Seminarschulausbildung klar nachweisen.[61] Allein in dieser Zeit stiegen die mit Einstellungsskalen gemessenen Dogmatismus- und Autoritarismuswerte deutlich signifikant an, was auf einen starken Anpassungsdruck innerhalb der Schule schließen läßt; die größte Zunahme ergab sich bei der Leku-Skala – Einstellungen zur Lehrer-Kind-Unterricht-Situation –, die in ihren Statements unmittelbar auf das Lehrerverhalten bezogen ist und deshalb in den bei der zweiten Befragung gewonnenen hohen Werten als relativ guter Indikator für ein faktisch autoritäres Verhalten gelten kann (S. 718f.). Liebhart stellt ferner fest, »daß die Wertschätzung der spezifisch pädagogischen Funktion des Lehrers während des Vorbereitungsdienstes fast durchwegs zurückgeht« und sieht dies – sicher zu Recht – durch entsprechende Ausbildungsmängel bedingt (S. 728f.).

Zureichende *Erklärungen* für den Einstellungswandel sind damit freilich erst angedeutet, werden aber um so notwendiger, wenn man die früher skizzierte Wirksamkeit des autoritären Syndroms in Betracht zieht und zugleich Möglichkeiten zu seinem Abbau entwickeln will. Ein ganz wichtiger Faktor ist jedenfalls wiederum die Stellung des angehenden Lehrers innerhalb der Schule, die v. Hentig treffend charakterisiert hat: »Es ist erschreckend zu sehen, wie sich in der zweijährigen Referendarzeit junge, aufgekratzte, unbefangen selbstbewußte und ihrer Sache einigermaßen gewisse Studenten zu gefügigen, konformierenden Beamten verwandeln, wie die Hierarchie, der sie sich ausgeliefert fühlen, sie allmählich zähmt und korrumpiert.«[62] In der Tat ist die unmittelbare Abhängigkeit von Vorgesetzten, deren Beurteilungen gerade in der zweiten Ausbildungsphase die berufliche Laufbahn entscheidend beeinflussen, ein auslösendes Moment für jene Einstellungsänderungen, die unter dem – kaum zutreffend übersetzbaren – Begriff ›*commitment*‹ zusammengefaßt werden. Daß die aus dem Zwang zur Vermeidung negativer bzw. zum Erreichen positiver Sanktionen resultierende tendenzielle Aufgabe liberaler Einstellungen nahezu irreversibel wird, dafür sorgen allerdings noch andere sozialpsychologisch bedeutsame Mechanismen:[63]

- Die während des Hochschulstudiums erworbenen Verhaltensdispositionen werden in der Schule oft nicht nur nicht bekräftigt, sondern sie werden z. T. sogar *abgewertet.*
- Der weitgehend fehlende Praxisbezug des Studiums macht es außerordentlich schwierig, mit den teils anderen, teils ganz unbekannten Anforderungen der Unterrichtspraxis fertig zu werden; die Unterrichtsanleitungen der Seminarlehrer werden deshalb weitgehend akzeptiert und gewinnen gewissermaßen Modellcharakter.

– Unsicherheit erzeugt darüber hinaus der recht abrupte *Rollenwechsel* vom Studenten zum Lehrer, der zu generellen Orientierungsschwierigkeiten und zu entsprechend gesteigerten Orientierungsbedürfnissen führt.
– In dieser Situation werden die älteren, ›erfahrenen‹ Lehrer zur wichtigsten Bezugsgruppe für Studienreferendare und Lehramtsanwärter, die hier Hilfe und Unterstützung finden können; dabei kommt es sicher nicht selten auch zur Identifikation mit einem Kollegen, der unter Umständen eine den Einstellungswandel beschleunigende Vorbildfunktion übernimmt.

Auch wenn diese Probleme bzw. Prozesse zweifellos nicht bei jedem Lehrer in der selben Intensität auftreten, so kann doch angenommen werden, daß sie relativ unabhängig von der schulformspezifischen Art der Ausbildung sind und zusammengenommen den besonders bei Volksschul- und Gymnasiallehrern nachgewiesenen Trend zu eher konservativ-autoritären Einstellungen in der berufspraktischen Ausbildungsphase hervorrufen. Unterschiedlich sind hingegen die Konsequenzen dieser Einstellungen für das manifeste *Verhalten* gegenüber den Schülern, das – von vorberuflichen Sozialisationsprozessen einmal abgesehen – unter dem Einfluß der verschiedenartigen Studienorganisation und -inhalte in der Volksschule eher disziplin–, im Gymnasium eher leistungsorientiert ist, wobei jedoch nicht ausgeschlossen werden kann, daß diese Unterschiede nur gradueller, nicht aber prinzipieller Natur sind und im übrigen bezüglich ihrer Wirkung bei den Schülern auch auf andere Sozialisationsbedingungen zurückgeführt werden müssen. Immerhin kann nach dieser vorwiegend von Einstellungsuntersuchungen ausgehenden Analyse der Sozialisationseffekte gegenwärtiger Lehrerausbildung versucht werden, die eingangs gestellten Fragen zu beantworten:

Generell läßt sich zunächst feststellen, daß bei der Ausbildung aller Lehrer in beiden Phasen schulische Erziehung vor allem unter dem Aspekt der Qualifikation gesehen wird: Die Lehrer sollen zunächst über jene Qualifikationen verfügen, die sie selbst ihren Schülern vermitteln müssen. Dabei entsteht jedoch oft eine fachliche *Über-* bzw. *Fehlqualifikation,* weil erstens die rein *wissenschaftliche* Ausbildung – zumindest der Gymnasiallehrer – weit über den curricularen Anforderungen der Unterrichtspraxis liegt, und zweitens – hiervon können allenfalls die Volksschullehrer partiell ausgenommen werden – in der ersten Phase der Ausbildung die pädagogisch-psychologischen, diagnostischen und gruppendynamischen Probleme des Unterrichts so gut wie ganz vernachlässigt werden; gerade darauf ist aber der zu Beginn der Referendarzeit häufig auftretende Praxisschock zurückzuführen, der sich auch in den geschilderten Einstellungsänderungen manifestiert. Wie die Untersuchung von Walter gezeigt hat, sind auch die angehenden Volksschullehrer in diesem Punkt mit ihrer Ausbildung sehr unzufrieden. Unsicherheit und autoritäre Einstellungen führen jedenfalls dazu, daß der Lehrer in der Interaktion mit den Schülern eher seine Zwangs- und Expertenmacht einsetzt, ja daß er überhaupt sehr stark seine Macht zur Geltung bringt. Hieran vermag auch die zweite Ausbildungsphase nichts Entscheidendes zu ändern, weil die Volksschullehrer in ihr bereits voll unterrichten und die Gymnasial- und Realschullehrer allenfalls *neben* dem Unterricht in einer qualitativ wie quantitativ unzulänglichen Weise auf die unterrichtspraktischen Probleme hingewiesen werden.

Sowohl im Studium der künftigen Lehrer als auch während der Referendarzeit werden selbstverständlich bestimmte *außer*fachliche Einstellungsmuster und Verhaltensorientierungen sozialisiert, die, wie vermutlich auch die empirisch ermittelten Einstellungsänderungen, *nicht intendiert* sind und doch das Verhalten im Unterricht beeinflussen. Über die Wirkung dieser sozialen Lernprozesse innerhalb der Lehrerausbildung ist freilich noch kaum etwas bekannt, so daß man ihre eingehende Untersuchung vorerst noch postulieren muß. Über die referierten Ergebnisse der Einstellungsforschung hinaus kann hierzu lediglich – im übernächsten Abschnitt – die Bedeutung der Hochschule grob umrissen werden.

Es bleibt noch kurz die Frage nach dem Zusammenhang von Lehrerausbildung und Urteilsverhalten zu klären. Gerade hier liegen die nach meiner Ansicht größten Defizite der bisherigen Ausbildung: In keiner Phase werden den Lehrern die theoretischen Grundlagen, Urteilstendenzen und -fehler sowie die oftmals gravierenden *Folgen* der Notengebung und der Persönlichkeitsbeurteilung dargestellt, so daß die dabei entstehenden Probleme und Unsicherheiten nur durch den Rückgriff auf frühere eigene Erfahrungen und/oder mit Hilfe von ›Tips‹ der Kollegen angegangen werden können.[64] Bei den gegenwärtig üblichen Benotungs- und Beurteilungsverfahren ist es zwar außerordentlich schwierig, etwa den Einfluß impliziter Persönlichkeitstheorien oder spezifischer Begabungsauffassungen bei den Lehrern abzubauen, aber es wäre immerhin *ein* Schritt in diese Richtung getan, wenn in der Ausbildung eine fundierte wissenschaftliche Auseinandersetzung mit solchen Problemen erfolgen würde. Inwieweit eine veränderte Lehrerausbildung darauf Bezug nimmt, soll gleich beantwortet werden.

b) Prinzipien und Konsequenzen einer Reform der Lehrerausbildung

Die Lehrerausbildung gehört zu den Kernproblemen der gesamten Bildungs- und Schulreform; darin sind sich nicht nur die Bildungspolitiker weitgehend einig, sondern auch jene Sozialwissenschaftler, die als Kritiker des Bildungssystems der BRD auftreten. Auch bezüglich der formalen Prinzipien einer Reform der Lehrerausbildung gibt es noch wenig Differenzen, die aber bei der Diskussion konkreter Modelle sehr schnell zunehmen. Gerade vor dem Hintergrund der auf den letzten Seiten geschilderten Mängel und negativen Auswirkungen der bisherigen Lehrerausbildung ist es jedenfalls notwendig, detaillierte Pläne genau zu untersuchen und ihre Konsequenzen für das Lehrerverhalten und damit für schulische Sozialisation abzuschätzen. Dies soll im folgenden vor allem an Hand der Vorstellungen des Deutschen Bildungsrates, des bayerischen Lehrerbildungsgesetzes von 1974 und entsprechender Gegenvorschläge geschehen.

Der Deutsche Bildungsrat hat in seinem 1970 vorgelegten ›Strukturplan für das Bildungswesen‹ grundsätzliche Vorschläge zur Reform der Lehrerbildung gemacht[65], an denen sich die meisten seither entstandenen Konzeptionen orientieren. Im Vordergrund steht als erstes der Versuch, für alle Lehrer *gemeinsame* Qualifikationsbereiche zu entwickeln:

»Entsprechend den Anforderungen an den Lehrerberuf müssen in der Ausbildung aller Lehrer Elemente
– der Erziehungs- und Gesellschaftswissenschaften,

– der Fachwissenschaften und der Fachdidaktik,
– der praktischen Erfahrung und Erprobung sowie ihrer kritischen Auswertung als Teile eines Ganzen integriert sein« (S. 221).

Zu diesen Bereichen, insbesondere zur erziehungswissenschaftlichen und gesellschaftswissenschaftlichen Ausbildung macht der Bildungsrat inhaltliche Vorschläge, die zwar sehr breit und umfassend angelegt sind, aber eine reflektierte Zielbestimmung dieser Ausbildung vermissen lassen und außerdem in ihrer *Realisierbarkeit* überschätzt werden.[66] Ähnliches gilt für die zu Recht geforderte stärkere Berücksichtigung der Fachdidaktik und ihre Verklammerung mit der Fachwissenschaft sowie für die Verbindung von Theorie und Praxis; eine Fachdidaktik, die nach wissenschaftlichen Kriterien für die Auswahl wichtiger Inhalte der Fachausbildung suchen soll (S. 225), ist wohl bei dem gegenwärtigen Stand der Curriculumdiskussion ebenso überfordert wie die Ausbilder, die eine »Beobachtung und Analyse der Schulwirklichkeit« (S. 226) leisten sollen. Der Bildungsrat hat offensichtlich in diesem letzten Punkt jedoch selbst Schwierigkeiten gesehen, denn sonst wäre unverständlich, warum er sich noch auf der selben Seite für eine grundsätzliche Beibehaltung der Zweiphasigkeit der Ausbildung ausspricht.

Im zweiten Schritt werden, und auch dies ist zunächst prinzipiell richtig, *Differenzierungen* in den genannten Ausbildungsbereichen in Abhängigkeit von den Lern- und Erziehungsvoraussetzungen der Schüler vorgeschlagen: Unabhängig von den bisherigen Schul*arten* sollen die Lehrer für eine bestimmte Schul*stufe* an wissenschaftlichen Hochschulen ausgebildet werden; danach wird es Lehrer im Elementarbereich (4. Lebensjahr bis zur Einschulung), im Primarbereich (1. bis 4. Schuljahr), in der Sekundarstufe I (5. bis 10. Schuljahr) und in der Sekundarstufe II (11. bis 13. Schuljahr) geben, wobei die Möglichkeit vorgesehen ist, die Lehrbefähigung in die jeweils höhere oder niedrigere Stufe auszudehnen (S. 233f.). Dieses vorerst nur formale Modell des Stufenlehrers *soll* die jetzt noch bestehenden Unterschiede in der Ausbildung der Lehrer verschiedener Schularten – Studiendauer, Grad der ›Wissenschaftlichkeit‹, Prestige der Ausbildung u. a. – eliminieren und neue Unterschiede zwischen den Schulstufen nicht aufkommen lassen; deshalb werden die schulstufenbezogenen Ausbildungsgänge von ihrem wissenschaftlichen Anspruch und von der Dauer her nicht differenziert. Freilich besteht dann auch der Bildungsrat darauf, daß »fachliche Studien der Lehrer im Primarbereich immer einen stärkeren didaktisch-methodischen Bezug haben (werden), während die entsprechenden Studien für Lehrer in der Sekundarstufe II ... in größerer wissenschaftlicher Breite und Tiefe angelegt werden müssen« (S. 234). Da außerdem die für die einzelnen Stufenlehrer vorgeschlagene unterschiedliche Relation von fachwissenschaftlicher Ausbildung unmittelbar die früher genannten Differenzen im beruflichen Selbstverständnis von Volksschul- und Gymnasiallehrern widerspiegelt, dürfte die Vermutung schwer zu entkräften sein, daß es sich bei dem Stufenlehrerkonzept des Bildungsrates um eine eher *symbolische* Reform handelt.[67]

Auf andere Mängel, die der ›Strukturplan‹ hinsichtlich der Lehrerausbildung aufweist, gehe ich im Zusammenhang mit der Diskussion von Alternativvorschlägen noch ein. Zuvor soll gezeigt werden, wie die immerhin ansatzweise brauchbaren

Reformvorstellungen des Deutschen Bildungsrates im neuen bayerischen Lehrerbildungsgesetz nur noch sehr verkürzt aufgenommen werden.

Die Intention dieses Gesetzes wird bereits aus der Feststellung deutlich, »daß ein differenziertes und damit leistungsfähiges Schulwesen auch eine differenzierte, d. h. aufgaben- und funktionsgerechte Lehrerbildung verlangt.«[68] *Differenzierung,* die im dreigliedrigen Schulsystem vor allem starke Selektion bedeutet, bleibt – entgegen den allerdings etwas unrealistischen Plänen des Bildungsrates – das durchgängige Prinzip der künftigen Lehrerausbildung in Bayern und führt u. a. faktisch zu einer weitreichenden Beibehaltung der schul*art*spezifischen Ausbildung. Zum Beleg seien einige zentrale Passagen aus dem Gesetzestext angeführt:

Die Trennung in zwei Phasen wird mit der Unterscheidung in »Vorbildung (Studium) und Ausbildung (Vorbereitungsdienst)« (Art. 1) im Grunde genommen voll erhalten; im Studium findet lediglich eine »Einführung in die Unterrichtspraxis« (Art. 3) statt, was eine echte Verbindung theoretisch-wissenschaftlicher und berufspraktischer Ausbildung verhindert; »im Studienseminar für das Lehramt in der Sekundarstufe I ist ein Ausbildungsschwerpunkt für eine bestimmte Schulart zu wählen« (Art. 5); das Studium für die stufenbezogenen Lehrämter wird nicht nur nach der Dauer – mindestens sechs Semester für Lehrer in der Primarstufe und in der Sekundarstufe I, mindestens acht Semester für Lehrer in der Sekundarstufe II, – sondern auch nach der inhaltlichen Schwerpunktbildung stark differenziert (Art. 8, 9 und 10).

Was dieses Gesetz an echten strukturellen Veränderungen mit sich bringt, ist also sehr wenig; nur die Einführung eines Vorbereitungsdienstes *auch* für Primarstufenlehrer und eines erziehungswissenschaftlichen Studiums für *alle* Lehrer geht über den Rahmen bloß formal-organisatorischer Reformen hinaus. Damit kann vorläufig und zunächst nur im Hinblick auf den ›Strukturplan‹ und das bayerische Lehrerbildungsgesetz auch eine Antwort auf die Frage versucht werden, ob sich durch die vorgeschlagenen bzw. geplanten Veränderungen der Lehrerausbildung möglicherweise *andere* Sozialisationseffekte bei den Lehrern ergeben.

Als erstes muß festgestellt werden, daß intensivere Verhaltens- und Einstellungsänderungen allein schon deshalb nicht zu erwarten sind, weil die zweite Ausbildungsphase, die nach den Erkenntnissen des letzten Abschnitts viel wirksamer als das Studium ist, in kaum nennenswerter Weise durch die geschilderten Reformen modifiziert wird. Der große Einfluß des Vorbereitungsdienstes besonders auf die Erziehungseinstellungen hängt sehr eng mit dem mangelnden Praxisbezug der ersten Phase zusammen, aber auch mit der scharfen institutionellen und personellen *Trennung* beider Ausbildungsbereiche, deren Aufhebung sich bisher noch nicht einmal andeutet. Einige Vorstellungen zu einer stärkeren Praxisorientierung des Studiums werden zwar vom Bildungsrat dargelegt (S. 231 f.), wirken jedoch recht eklektisch und vor allem unter den momentanen Ausbildungsbedingungen an den Hochschulen auch unrealistisch. Für die Sozialisation der Lehrer können demnach merkliche Konsequenzen nur noch von *einem* Reformbereich erwartet werden, und zwar von den eigentlichen Ausbildungs*inhalten,* insbesondere von dem erziehungs- und gesellschaftswissenschaftlichen Studium.

In der Einleitung habe ich bereits darauf hingewiesen, daß sich die These der Verlagerung schulischer Erziehung von Qualifikations- zu Sozialisationsprozessen hin auch in der Veränderung bzw. neuen Gewichtung der Inhalte der Lehrerausbildung andeutet. Nun dürfen aber, wie am Beispiel schulischer Lerninhalte gezeigt wurde, Fachinhalte keineswegs mit Sozialisationsinhalten bzw. -effekten gleichgesetzt werden, d. h., die Beschäftigung mit erziehungs- und gesellschaftswissenschaftlichen Problemen während des Studiums führt nicht *an sich* schon zu anderen Einstellungen und Verhaltensweisen der Lehrer. Solange nicht Erfahrungen mit diesem Qualifikationsbereich gewonnen und empirisch abgesichert sind, kann angesichts der vorliegenden inhaltlichen, meist jedoch nur katalogartigen Vorschläge dazu[69] und in Anbetracht der momentanen Situation an den Hochschulen, die zu einer entsprechenden Ausbildung aller Lehrer überhaupt nicht in der Lage sind, nur der folgenden hypothetische Schluß gezogen werden: Das erziehungs- und gesellschaftswissenschaftliche Studium allein wird Erziehungseinstellungen und Urteilsverhalten der Lehrer und damit auch Sozialisationsprozesse bei den Schülern tendenziell *nicht* beeinflussen, weil in ihm primär *Wissens*inhalte vermittelt und so allenfalls Veränderungen in kognitiven Einstellungsdimensionen erzeugt werden, während ein Bezug zur praktischen Unterrichtstätigkeit und den mit ihr verbundenen Problemen nicht hergestellt wird.

Für diese und andere der in diesem Abschnitt getroffenen, oft prognostischen oder hypothetischen Feststellungen muß nachträglich eine ceteris-paribus-Bedingung in Anspruch genommen werden: Die Auswirkungen einer veränderten Lehrerausbildung wurden *ohne* eine angemessene Berücksichtigung der partiellen Veränderung *anderer* schulischer Sozialisationsbedingungen abgeleitet. Deshalb möchte ich jetzt kurz darauf eingehen, wie die allgemeinen Tendenzen der Bildungsreform – also *auch* etwa das Stufenlehrerkonzept und die z. T. neuen Qualifikationsbereiche in der Lehrerausbildung – den für schulische Sozialisation bedeutsamsten Bereich des Lehrerverhaltens, nämlich das Urteilsverhalten beeinflussen.

Entgegen der prinzipiell vorhandenen Möglichkeit einer vergleichsweise weniger selektiven schulischen Erziehung ist tatsächlich eine *Verstärkung* anzunehmen; Leistungsdifferenzierung, Orientierungsstufen und die generell zunehmende Bedeutung qualifizierter Schulabschlüsse erfordern »für das Urteilsverhalten eine Perfektionierung der Selektion nach dem Hauptkriterium der individuellen Lernleistung« und lassen »die Förderungsfunktion des Urteils immer mehr in den Hintergrund treten«.[70] Neben dieser Intensivierung der Leistungskontrolle kann als weitere Reformkonsequenz bestenfalls noch eine *effizientere Vermittlung* von Lerninhalten erwartet werden, an der sicher auch der stärkere Einbezug didaktischer und pädagogisch-psychologischer Fragestellungen in die Lehrerausbildung einen gewissen Anteil hat.

Abgesehen davon zeigt sich jedoch insgesamt, daß die Hauptprobleme der bisherigen Lehrerausbildung – Theorie-Praxis-Verhältnis, Studienorganisation, Ausbildungsinhalte – nach dem Strukturplan kaum und durch das bayerische Lehrerbildungsgesetz so gut wie nicht gelöst werden. Dies bedeutet zugleich, daß den früher diskutierten Zielen der Schulreform, insbesondere dem Abbau schichttypischer schulischer Selektion, mit Hilfe solcher Konzeptionen nicht näher gekommen werden kann. Dennoch muß die Lehrerausbildung nach wie vor als ein Kernstück der Bildungsreform und als eine wichtige Bedingung schulischer Sozialisationsprozesse gelten; es soll deshalb noch an Hand anderer, freilich weniger durchsetzungsfähiger Vorschläge und Forderungen zur Reform der Lehrerausbildung die *Möglichkeit* weiterreichender und notwendiger Veränderungen aufgewiesen werden.

Eine wesentliche Voraussetzung für mehr Chancengleichheit im Schulsystem ist eine in ihren Grundsätzen *einheitliche* und gleichwertige Ausbildung für alle Lehrer, die langfristig die heute bestehenden Statusunterschiede zwischen den Lehrern verschiedener Schularten abbauen könnte. Zwar ist eine fach- und schulstufenbezogene Differenzierung der Ausbildung sinnvoll, aber deren implizite und explizite hierarchische *Bewertung* – etwa durch unterschiedliche Studiendauer und -intensität – entspricht keineswegs ebensolchen pädagogischen Anforderungen. Vor allem die Tätigkeit des Volksschul- bzw. Primarstufenlehrers muß auf Grund der großen Bedeutung der Grundschule für die spätere schulische Sozialisation zumindest den Aufgaben der anderen Lehrer gleichgesetzt werden; daß ausgerechnet jene Lehrer kürzer ausgebildet und schlechter bezahlt werden, die an den für *alle* Kinder verbindlichen Schulen unterrichten und die hier am stärksten auftretenden Chancenunterschiede abbauen sollten, dies widerspricht dem Chancengleichheitspostulat und müßte durch Reformen geändert werden.[71]

In engem Zusammenhang damit steht das Problem der schichtspezifischen Sozialisation und des für Unterschichtkinder diskriminierenden Urteilsverhaltens der Lehrer. Steinkamp sieht – auf Grund seiner früher hierzu referierten Untersuchung – als Ursache für das »indadäquate Verhalten vieler Lehrer gegenüber Schülern aus unteren sozialen Schichten« auch einen »offensichtlichen Modernitätsrückstand der Lehrerausbildung«, der nur durch eine viel stärkere Berücksichtigung erziehungspsychologischer und -soziologischer Erkenntnisse aufgeholt werden kann.[72] Von besonderer Bedeutung sind dabei die moderne Begabungsforschung und die Erforschung der sozialen Determinanten von Schulerfolg, auf die im grundwissenschaftlichen Studium intensiver als bisher oder überhaupt erstmals eingegangen werden sollte. Dies *allein* wird freilich noch kaum ausreichen, um das Urteilsverhalten in der späteren Unterrichtspraxis tatsächlich zu verändern, denn die zugrundeliegenden Erziehungseinstellungen und impliziten Persönlichkeitstheorien müssen als relativ stabil und resistent gegenüber Einflüssen primär informatorischer Art gelten. Verhaltensmodifikationen sind deshalb auch in diesem Bereich nur dann zu erwarten, und dazu muß gleich auf eine weitere Reformnotwendigkeit hingewiesen werden, wenn wissenschaftliche Erkenntnisse nicht vor oder neben der pädagogischen Praxis vermittelt, sondern unmittelbar in sie *integriert* werden, wenn also z. B. eine empirische und theoretische Analyse von Urteilstendenzen direkt aus der eigenen praktischen Tätigkeit während des Studiums entwickelt wird.

Tatsächlich fehlt es heute in den vorliegenden Plänen auch des Deutschen Bildungsrates an konkreten Vorschlägen zu einer echten Integration der drei Qualifikationsbereiche, die jedoch Voraussetzung für einen engen Theorie-Praxis-Bezug und damit für eine verhaltenswirksame Ausbildung wäre. Erziehungs- und Gesellschaftswissenschaften, Fachwissenschaften und -didaktik sowie praxisbezogene Studien sind zwar in Hessen schon seit einigen Jahren Bestandteile der Lehrerausbildung, konnten aber bisher organisatorisch-inhaltlich auch noch nicht integriert werden.[73] Fraglich bleibt insgesamt, ob eine Integration bei der gegenwärtigen Organisation und Ausstattung der Hochschulen überhaupt *möglich* sein wird, ob nicht die in den letzten Jahren vollzogene Umgliederung der Hochschulen in Fachbereiche eher ein Hindernis darstellt, und ob nicht mit Widerstand auf seiten jener Hochschullehrer gerechnet werden muß, die durch die Lehrerausbildung mit zusätzlichen Anforderungen konfrontiert werden. Ungeachtet dieser noch offenen Probleme bietet sich zur Zeit nur *ein* Modell an, in dem der Theorie-Praxis-Bezug konstitutiv ist, nämlich das *projektorientierte* Studium in der Lehrerausbildung. Ohne jetzt im einzelnen auf die zentralen inhaltlichen Prinzipien dieser Form des Studiums eingehen zu können, sollen einige Konsequenzen für die berufliche Sozialisation der Lehrer angedeutet werden:[74]

- Die fachübergreifende und methodenpluralistische Konzeption der Projekte verhindert tendenziell eine einseitige fachwissenschaftliche Überprofessionalisierung der Lehrer und kommt der Komplexität des Unterrichtsgeschehens entgegen.
- Die Problemstellungen der einzelnen Projekte orientieren sich unmittelbar an der späteren Berufspraxis der Lehrer und ermöglichen deshalb schon im Studium die Entwicklung berufsrelevanter Einstellungen und Verhaltensweisen, die mit Beginn der eigentlichen Berufstätigkeit nicht gleich wieder aufgegeben werden müssen.
- Projekte beziehen sich nicht nur auf die Schule, sondern auch auf andere gesellschaftliche Bereiche wie z. B. Betriebe und Verwaltungseinrichtungen, in denen die künftigen Lehrer Erfahrungen und Erkenntnisse gewinnen, die für die Vorbereitung der Schüler auf die Arbeit in diesen Bereichen unabdingbar sind.
- Projekte verlangen eine unmittelbare Beteiligung der Studenten am wissenschaftlichen Forschungsprozeß und ermöglichen so ein selbständigeres und auch nachhaltigeres Lernen als die bloße Vermittlung von Wissensinhalten.
- Eigene Erfahrungen mit der Projektarbeit sind schließlich eine wichtige Bedingung dafür, daß die Lehrer in der Schule selbst Projektunterricht[75] durchführen können.

Zweifellos sind diese Konsequenzen einer projektorientierten Lehrerausbildung derzeit eher *hypothetischer* Natur, da selbst das ›Bremer Modell‹ aus hochschulpolitischen und -organisatorischen Gründen nicht voll realisiert werden konnte. Andererseits dürfte deutlich geworden sein, daß eine nach diesen Prinzipien integrierte und notwendig einphasige Ausbildung nicht nur eine insgesamt bessere berufliche Qualifikation der Lehrer zur Folge hätte, sondern auch die überwiegend negativ zu beurteilenden Anpassungsprozesse zu Beginn der beruflichen Tätigkeit vermeiden könnte. Dies würde wiederum bedeuten, daß schulische Erziehung selbst praxisorientierter, ›liberaler‹ und – berücksichtigt man auch die anderen Vorschläge – weniger auf Selektion zielend verlaufen könnte. Die dazu gleichzeitig erforderlichen, grundlegenden organisatorischen und curricularen Reformen des Bildungswesens sind allerdings ebenso wie die projektorientierte Lehrerausbildung über ein Diskussions- und Experimentierstadium nicht hinausgekommen.

c) Einige sozialpsychologische Probleme der Hochschulausbildung

Gerade am Beispiel der Lehrerausbildung wird die enge Interdependenz aller Bereiche der Bildungsreform sichtbar: Jede durchgreifende Schulreform ist zum Scheitern verurteilt ohne eine entsprechende Reform der Lehrerausbildung, die wiederum eine Reform der Hochschulen voraussetzt. Da die Situation der Hochschulen bisher aber nur mit wenigen kritischen Hinweisen gestreift wurde, möchte ich zum Schluß dieses Kapitels noch einige *hochschulspezifische* Aspekte der Lehrerausbildung erörtern. Perspektiven der Hochschul- und Studienreform sowie Fragen der Hochschuldidaktik bilden dabei einen aktuellen Hintergrund[76], vor dem besonders die sozialpsychologischen Probleme des Studiums angehender Lehrer zu untersuchen sind.

Als Ausgangspunkt greife ich noch einmal kurz auf die Frage nach den Sozialisationswirkungen des Hochschulstudiums zurück; die empirischen Ergebnisse, die dazu weiter oben herangezogen wurden, haben deutlich gemacht, »daß die an der Hochschule (ob Universität oder Pädagogische Hochschule) betriebene Form der Lehrerausbildung keinerlei nachhaltigen Einfluß auf die Werthaltungen, Einstellungen und Verhaltensrichtlinien ihrer Absolventen hat, soweit diese für Schul-, Erziehungs- und Unterrichtsbelange von Betracht sind«.[77] Der öfters nachgewiesene, ja manchmal sogar beschworene Liberalisierungseffekt der Hochschule reicht über die Zeit der eigentlichen Hochschulausbildung kaum hinaus und kann zudem sicher nicht allein auf institutionelle, hochschulinterne Einflüsse zurückgeführt werden. Ursachen dafür wurden zwar bereits mehrfach erwähnt, aber es fehlt noch ein ganz entscheidendes Argument, das im folgenden als Mittelpunkt dieses Abschnittes entwickelt werden soll.

Die im ersten und besonders im dritten Kapitel entworfene theoretische Konzeption *schulischer* Sozialisation ist in ihrer Grundstruktur prinzipiell auch auf die Sozialisation in der *Hochschule* übertragbar; auch die Sozialisation in der Hochschule ist von den in dieser Institution wirksamen gesellschaftlichen Bedingungen und Interessen abhängig, sie vollzieht sich in Interaktionen zwischen Studenten sowie zwischen Dozenten und Studenten, und sie bewirkt schließlich die Entstehung und/ oder Veränderung bestimmter Verhaltensweisen und Einstellungen. Es ist also auch prinzipiell möglich, die Bedingungen der Hochschulsozialisation nach dem der Analyse schulischer Sozialisation zugrundegelegten Bezugsrahmen zu erfassen, aber dazu wäre eine weitere Arbeit erforderlich. Deshalb beschränke ich mich auf eine Erklärung der für die spätere Berufstätigkeit der Lehrer – und damit auch für schulische Sozialisationsprozesse – höchst *unzureichenden* Sozialisationsleistung der Hochschule: Im Unterschied etwa zum Studium von Ärzten gibt es, dies ist die zentrale Feststellung, in der Hochschulausbildung angehende Lehrer *keine berufsspezifischen Interaktionen,* die zur Entwicklung berufsrelevanter Einstellungen und Verhaltensweisen beitragen könnten. Vor einer genaueren Begründung ist anzumerken, daß dies (1.) nicht nur für das Studium schulischer Lehrfächer, sondern auch für andere, vor allem sozialwissenschaftliche Studiengänge weitgehend zutrifft, was hier allerdings z. T. an den heterogenen Berufsbildern liegt, und (2.) für die Ausbildung der Realschul- und Gymnasiallehrer vermutlich in höherem Maße gilt als für diejenige der Volksschullehrer.

Die Erforschung der Sozialisationsbedingungen im Hochschulbereich steckt trotz einiger früher Pionierarbeiten noch sehr in den Anfängen; sie kreist heute im wesentlichen um zwei Fragen: Gibt es überhaupt *nachhaltige* Sozialisationseffekte eines Hochschulstudiums, und auf welche Faktoren innerhalb der Hochschule können sie gegebenenfalls zurückgeführt werden?[78] Die erste Frage kann hinsichtlich der

Lehrerausbildung recht klar verneint werden, doch dies macht die zweite Frage nicht überflüssig, sondern erfordert eine andere Formulierung – zumindest dann, wenn man davon ausgeht, daß das Studium zu einer demokratischen, weniger sozial selektiven Erziehung in der Schule beitragen *soll:* Welche Faktoren innerhalb der Hochschule *verhindern* eine entsprechende Sozialisation der künftigen Lehrer? Eine Antwort darauf muß über die Feststellung, daß das Studium besonders der angehenden Realschul- und Gymnasiallehrer nahezu ausschließlich fachwissenschaftlich orientiert ist, um einiges hinausgehen.

Mollenhauer hat einen Katalog von sozialen Bedingungen, die auf den universitären Lehrprozeß einwirken, zusammengestellt; daraus greife ich diejenigen heraus, die im Sinne der eben gestellten Frage relevant erscheinen: »die Struktur der Ausbildungs- und Berufserwartungen der Studierenden; die dem Studierenden entgegengebrachten Rollenerwartungen der Hochschule . . . das Selbstverständnis der Lehrenden im Hinblick auf ihre Lehr- und Forschungsaufgabe; die Kommunikationsstile zwischen . . . Dozenten und Studenten . . .«[79]

Die Studienerwartungen und -motivationen der Studenten gehören zwar eher zu den *vor*universitären Sozialisationsbedingungen, aber sie sind auch während der Hochschulausbildung vor allem dann von Bedeutung, wenn sie durch die Rollenerwartungen der Hochschule verstärkt, zumindest jedoch nicht abgeschwächt werden; dies läßt sich bei Lehrer-Studenten recht deutlich nachweisen:

Die Mehrzahl aller angehenden Volksschullehrer will nur vorübergehend Volksschullehrer sein, und ihre Motivation ist berufs*unspezifisch,* ja teilweise a-professionell; ähnliches gilt für die Studenten gymnasialer Lehrfächer: Nur bei sehr wenigen zeigt sich ein Zusammenhang von Studien- und Berufsmotivation, d. h., im Vordergrund steht überwiegend das Interesse an einer – meist schon von der Schule her positiv besetzten – *Fachwissenschaft* und nicht das für den späteren Beruf.[80] Diesen Motiven und Erwartungshaltungen entsprechen in beiden Fällen die Erwartungen und Anforderungen seitens der Hochschulen und der Kultusbehörden recht gut.[81] An den Pädagogischen Hochschulen bzw. erziehungswissenschaftlichen Fachbereichen findet sich ein sehr breites, aber eben unspezifisches Lehrangebot in den Grundwissenschaften, mit dem versucht wird, ebensolche Anforderungen der Ausbildungs- und Prüfungsordnungen zu erfüllen; die Erwartungen richten sich hier offensichtlich auf einen scheinbar universell und praxisfern ausgebildeten Pädagogen, der seine spätere Praxis selbst fast nur in Hospitationen antizipieren kann. Im Studium der Realschul- und Gymnasiallehrer fehlt ein pädagogischer Anspruch bisher fast ganz; die berufliche Tätigkeit des Lehrers spielt in den Erwartungen der Studenten und der Hochschule nur unter *dem* Gesichtspunkt eine Rolle, daß der angehende Lehrer in seiner Fachwissenschaft qualifiziert sein muß. Berufsspezifische Interaktionen sind in dieser Ausbildung faktisch ausgeschlossen und eigentlich auch gar nicht möglich, was ein kurzer Blick auf die dritte Bedingung zeigen soll.

Das Selbstverständnis der Lehrenden, also der Hochschullehrer, ist geprägt von ihrer professionellen Sozialisation, die überwiegend in der Hochschule selbst stattgefunden hat. Auch ohne einen exakten empirischen Beleg kann angenommen werden, daß unter den Professoren für Sprach- und Naturwissenschaften eigene Erfahrungen als Lehrer in diesen Fächern nur in Ausnahmefällen vorhanden sind. Die ausschließlich wissenschaftliche Qualifikation der Hochschullehrer in ihrem Fachgebiet verhindert deshalb berufspraktische Bezüge in der Ausbildung der Lehrer und läßt besonders bei den fachorientierten Gymnasiallehrern tendenziell auch ein *analoges* Selbstverständnis als ›Wissenschaftler‹ entstehen.

Der Kommunikationsstil oder, etwas weiter gefaßt, die Struktur der sozialen Beziehungen zwischen Dozenten und Studenten von Lehrfächern ist allein schon auf Grund der bisher genannten Faktoren durch eine fehlende Berufs- und Praxisorientierung gekennzeichnet. Gerade im Bereich dieser Fächer tragen aber noch andere Ausbildungsbedingungen dazu bei, daß die Interaktionsprozesse innerhalb der Hochschule keineswegs zur Entstehung berufsrelevanter Einstellungen führen. So sind etwa die Studiengänge angehender Lehrer kaum auf eine enge *Kooperation* zwischen Studenten und Dozenten angelegt, die freilich bei der derzeitigen Situation sogenannter Massenfächer auch gar nicht möglich wäre. Hier finden sich nämlich spezifische Formen wissenschaftlichen Lernens im Studium, die nicht zu Unrecht als Verschulung kritisiert werden, weil sie – eben über die Ausbildung der Lehrer an der Hochschule – *analoge* Arbeits- und Lernformen innerhalb der Schule erhalten: Die Vorlesung wird zur zentralen Veranstaltungsart, die Vermittlung von Wissen dominiert gegenüber der Beschäftigung mit Problemen, die selbständige Anwendung von Erkenntnissen wird weitgehend vernachlässigt; einseitige Kommunikationsstrukturen verhindern diskursive Auseinandersetzungen und fördern nicht einmal kommunikative Fähigkeiten, geschweige denn pädagogische Handlungskompetenzen. Dies trifft auch auf viele Seminare zu, und zwar nicht allein wegen der meist viel zu hohen Teilnehmerzahlen.

Vorlesungen, Seminare und die gesamte soziale Struktur der Hochschulen sind durch weitere Besonderheiten gekennzeichnet, die sie von anderen Sozialisations- und Ausbildungsinstitutionen abheben. Wenn Seiffert in diesem Zusammenhang von einer »Sozial*pathologie* der deutschen Hochschule« spricht, so ist das kaum übertrieben: Für die Situation der Studenten ist das weitgehende Fehlen von Gruppenbeziehungen typisch, in Lehr-›Veranstaltungen‹ sind die Studenten meist anonymes Publikum, und ihre Sozialkontakte wirken verkrampft und unpersönlich.[82] Zwar ist diese Tendenz in manchen, vor allem naturwissenschaftlichen Fächern weniger, aber in anderen dafür um so stärker ausgeprägt; gerade in den geisteswissenschaftlich-philologischen Fächern, die von sehr vielen angehenden Lehrer studiert werden, ist die soziale Isolation besonders groß, und es findet sich hier auch ein überdurchschnittlich hoher Anteil an Studenten mit psychischen Störungen.[83]

In engem Zusammenhang damit ist das Problem der eigentlichen *Studienziele* zu sehen. Zusätzlich zu der eben angesprochenen sozialen Situation der Studenten liegt eine weitere Ursache für Verhaltens- und Orientierungsschwierigkeiten im Studium in der Tatsache, daß Studien- und Prüfungsordnungen für die einzelnen Lehrämter nur außerordentlich vage und leerformelhafte Zielbestimmungen vorgeben. Dies kommt einerseits durchaus den Hochschullehrern entgegen, die ihr Lehrangebot von den eigenen Arbeits- und Forschungsinteressen leiten lassen können; auf der anderen Seite können die Studenten jedoch die notwendige Verbindung zwischen einzelnen, teils hochspezialisierten Lehrveranstaltungen, den Studienzielen und schließlich der späteren pädagogischen Praxis nicht selbst herstellen und fühlen sich deshalb oft schon im Studium verunsichert. Auch daraus erklärt sich jedenfalls die große Anpassungsbereitschaft zu Beginn der zweiten Ausbildungsphase. Abhilfe läßt sich hier nur durch eine möglichst praxisnahe, integrierte und detaillierte *Curriculumplanung* schaffen, die – von den Berufsanforderungen ausgehend – konkrete Studien- und Qualifikationsziele sowie entsprechende Lerninhalte entwickeln müßte und damit die Hochschulausbildung transparenter und wirkungsvoller machen könnte. Ansätze dazu lassen die vorliegenden offiziellen Pläne einer Neuordnung der Lehrerausbildung allerdings noch nicht erkennen.

Ein umfassendes Modell der Hochschul- und Studienreform, das die geschilderten Defizite in der Hochschulsozialisation angehender Lehrer verhindern und zugleich berufsspezifische Interaktionen ermöglichen könnte, gibt es zur Zeit nicht. Außer dem eben genannten Postulat einer berufsorientierten Curriculumplanung sollen andere Voraussetzungen dafür aber immerhin noch erwähnt werden.

Viele Mängel könnten schon dann vermieden werden, wenn mit der Forderung »Hochschullehrer in die Schule!«[84] Ernst gemacht werden würde, wenn also die in der Lehrerausbildung tätigen Hochschullehrer entweder kontinuierlich oder mindestens einmal für einen längeren Zeitraum einige Stunden *Schulunterricht* in den Fächern erteilen würden, die sie in der akademischen Lehren vertreten. Dieser Vorschlag wird zwar bei den Betroffenen mit Sicherheit Widerspruch auslösen, muß aber dennoch um so dringender realisiert werden, je größer die Kluft zwischen den beiden Ausbildungsphasen ist, die es in jedem Fall zu überwinden gilt. Deshalb wäre auch eine Beteiligung von Hochschullehrern an der Seminarausbildung ebenso sinnvoll und notwendig wie umgekehrt eine Beteiligung von Seminarlehrern an der Hochschulausbildung. Dabei dürfte es sich jedoch nicht nur um eine fallweise, lokkere Zusammenarbeit handeln, sondern es müßte ein kontinuierlicher und geregelter Austausch des Lehrpersonals stattfinden, der langfristig zur Überwindung der personellen und auch der institutionellen Trennung der Ausbildungsbereiche beitragen könnte.

Zugleich ist dies eine wichtige Vorbedingung, und damit komme ich direkt auf den Ausgangspunkt zurück, für eine notwendige Veränderung der *Interaktionsformen* in der Ausbildung.[85] Das Hauptproblem im Studium künftiger Lehrer an der Hochschule besteht ja in der fehlenden Berufsorientierung der Interaktionen zwischen Dozenten und Studenten sowie unter den Studenten selbst. Erst wenn Ausbildung und Selbstverständnis der Hochschullehrer der pädagogischen Praxis in der Schule entgegenkommen und sie selbst diese Praxis kennen, wenn ferner die Ausbildungs- und Prüfungsanforderungen sich sehr viel stärker an der nach den Reformzielen neu zu bestimmenden Tätigkeit des Lehrers orientieren, und wenn schließlich die Struktur der universitären Lehrveranstaltungen eine Einübung dieser Tätigkeit zuläßt, dann werden *andere* Interaktionsformen möglich, die berufsrelevante Einstellungen entstehen lassen. Gerade unter sozialpsychologischen Gesichtspunkten ist jedenfalls entscheidend, daß nicht nur die Ausbildungs*inhalte* neu gefaßt, sondern auch die Formen und sozialen Bedingungen ihrer *Vermittlung* und Erarbeitung entsprechend geändert werden.

Anmerkungen:

1 Vgl. für den ersten Aspekt etwa G. Schefer, Das Gesellschaftsbild des Gymnasiallehrers. Frankfurt 1969, S. 1ff. sowie H. Zeiher, Gymnasiallehrer und Reformen. Stuttgart 1973, S. 11ff.; für den zweiten W. M. Sprondel, Bildung, Ungleichheit und professionalisierte Lehrerschaft. In: Soziale Welt 21/22 (1970/71), S. 73–89.
2 G. Schefer, a.a.O., S. 37.
3 H. Horn, zit. in A. Combe, Zur Kritik der Lehrerrolle. München 1971, S. 36.
4 A. Combe, ebd., S. 36; G. Schefer, a.a.O., S. 36ff.
5 A. Combe, ebd., S. 43.
6 M. Schwonke, Das Gesellschaftsbild des Lehrers. In: G. Hartfiel und K. Holm (Hrsg.): Bildung und Erziehung in der Industriegesellschaft. Opladen 1973, S. 323ff.
7 Vgl. J. Habermas u. a., Student und Politik. Neuwied 1961, S. 152.
8 G. Schefer, a.a.O., S. 15 (Hervorhebung von mir, K. U.).
9 W. M. Sprondel, a.a.O., S. 76f.
10 G. Schefer, a.a.O., S. 70f.
11 H. Zeiher, a.a.O., S. 108ff., Zitat S. 111. Vgl. dazu ferner E. Ulich u. a., Einige Aspekte der beruflichen Situation und der zeitlichen Beanspruchung von Lehrkräften an höheren Schulen. In: F. Merz (Hrsg.): Bericht über den 25. Kongreß der Deutschen Gesellschaft für Psychologie. Göttingen 1967, besonders S. 435.
12 Vgl. G. Schefer, a.a.O., S. 181; M. Schwonke, a.a.O., S. 333f.
13 Vgl. A. Hopf, Empirische Untersuchung zum politischen Bewußtsein junger Lehrer. In: Das Argument 80 (1973), S. 234–251, besonders S. 250.
14 K. W. Döring, Lehrerverhalten und Lehrerberuf. Weinheim 1970, S. 39; sehr ähnlich auch R. E. Kirsten, Lehrerverhalten. Stuttgart 1973, S. 23.
15 F. E. Weinert, Schule und Beruf als institutionelle Sozialisationsbedingungen. In: C. F. Graumann (Hrsg.): Handbuch der Psychologie, Bd. 7/II: Sozialpsychologie – Forschungsbereiche. Göttingen 1972, S. 860.
16 R. Tausch und A. Tausch, Erziehungspsychologie. Göttingen 1970, S. 155.
17 W. Kramp, Studien zur Theorie der Schule. München 1973, S. 140ff., Zitat S. 142 und – fast identisch – S. 143.
18 H. Nickel, Stile und Dimensionen des Lehrerverhaltens in der sozialen Interaktion mit Schülern und ihre Bedeutung für Erziehung und Unterricht. In: K. Betzen und K. E. Nipkow (Hrsg.): Der Lehrer in Schule und Gesellschaft, München 1971, S. 150.
19 K. Mollenhauer, Theorien zum Erziehungsprozeß. München 1972. S. 27f.
20 Vgl. zum folgenden K. W. Döring, a.a.O., S. 108ff.; G. Pause, Merkmale der Lehrerpersönlichkeit. In: K. Ingenkamp (Hrsg.): Handbuch der Unterrichtsforschung, Teil II. Weinheim 1970, Sp. 1501ff.
21 Auf eine umfassendere Begriffsklärung wird hier verzichtet, weil sich bezüglich der vorgeschlagenen Definition innerhalb der Sozialpsychologie doch relativ große Einmütigkeit feststellen läßt; vgl. statt anderer die ansonsten recht unterschiedlichen Arbeiten von H. Hiebsch und M. Vorweg, Einführung in die marxistische Sozialpsychologie. Berlin 1967, S. 122ff. einerseits und D. Krech, R. S. Crutshfield und E. L. Ballachey, Individual in Society. New York 1962, S. 139f. andererseits. Eine gute Übersicht bietet im Rahmen einer empirischen Untersuchung von Lehrereinstellungen J.-J. Koch, Lehrerstudium und Beruf. Ulm 1972, S. 28ff. Für eine in Ansätzen kritische Analyse des Einstellungskonzepts siehe H. Berger, Untersuchungsmethode und soziale Wirklichkeit. Frankfurt 1974, S. 124ff.
22 J.-J. Koch, a.a.O., S. 99ff.
23 G. Schefer, a.a.O., S. 113ff.; H. Zeiher, a.a.O., S. 87ff.
Die z. T. unterschiedlichen Ergebnisse dieser beiden Untersuchungen gehen vor allem

darauf zurück, daß Schefer fast ausschließlich Statements zu Gesamtschule und Förderstufe verwendet, während die von Zeiher allgemeiner gehalten sind.

24 H. Zeiher, a.a.O., S. 154ff.

25 J.-J. Koch, a.a.O., S. 115.
Auf das angeschnittene Anlage-Umwelt-Problem gehe ich im nächsten Abschnitt ein.

26 H. Zeiher, a.a.O., S. 105ff.

27 Vgl. K. Ulich, Soziale Systeme als Bezugssysteme für soziales Handeln. Frankfurt 1972, S. 54 sowie die dort genannten Untersuchungen. Eine ausführliche Analyse liefert H. Benninghaus, Soziale Einstellungen und soziales Verhalten. In: G. Albrecht, H. J. Daheim und F. Sack (Hrsg.): Soziologie. Opladen 1973, S. 671–707.

28 J.-J. Koch, a.a.O., S. 37.

29 B. Cloetta u. a., Berufsrelevante Einstellungen als Ziele der Lehrerausbildung. In: Zeitschrift für Pädagogik 19 (1973), S. 919–941, Zitat S. 923.

30 G. Schefer, a.a.O., S. 82f.

31 H. Zeiher, a.a.O., S. 121ff.

32 G. Schefer, a.a.O., S. 98f. Auf die umfangreiche und neuerdings wieder aktuelle Diskussion solcher Thesen kann ich hier nicht näher eingehen. Zu ihrer Widerlegung vgl. jedenfalls H. Roth (Hrsg.): Begabung und Lernen. Stuttgart 1969 und R. Dahrendorf, Arbeiterkinder an deutschen Universitäten. Tübingen 1965.

33 G. Steinkamp, Die Rolle des Volksschullehrers im schulischen Selektionsprozeß. In: H. Hielscher (Hrsg.): Die Schule als Ort sozialer Selektion. Heidelberg 1972, S. 81–105.

34 B. Hanke, J.-B. Lohmöller und H. Mandl, Schichtspezifische Faktorenstrukturen in Schülerbeurteilungen? In: Unterrichtswissenschaft 1975, Heft 2, S. 19–29.

35 D. Ulich und W. Mertens, Urteile über Schüler. Weinheim und Basel 1973, S. 102.

36 B. Hanke, J.-B. Lohmöller und H. Mandl, Schülerbeurteilung, Schicht und Schullaufbahn. In: Zeitschrift für Entwicklungspsychologie und Pädagogische Psychologie 7 (1975), S. 113–133.

37 Vgl. H. Zeiher, a.a.O., S. 123.

38 A. Schuller (Hrsg.): Lehrerrolle im Wandel. Weinheim 1971.

39 R. E. Kirsten, a.a.O., S. 87.

40 P. Klose, Das Rollenkonzept als Untersuchungsansatz für die Berufssituation des Lehrers. In: Kölner Zeitschrift für Soziologie und Sozialpsychologie 23 (1971), S. 78–97, Zitat S. 81 (Hervorhebung von mir, K. U.).

41 K. W. Döring, a.a.O., S. 114.

42 A. E. Guskin und S. L. Guskin, Sozialpsychologie in Schule und Unterricht. Ulm 1973, S. 13 (Hervorhebung von mir, K. U.).

43 F. Hager, H. Haberland und R. Paris, Soziologie und Linguistik. Stuttgart 1973, S. 178.

44 P. Klose, a.a.O., S. 82.

45 Vgl. dazu die bei A. E. Guskin und S. L. Guskin, a.a.O., S. 15ff. referierten Untersuchungen.

46 Vgl. hierfür und zum folgenden R. K. Merton, Der Rollen-Set: Probleme der soziologischen Theorie. In: H. Hartmann (Hrsg.): Moderne Amerikanische Soziologie. Stuttgart 1967, S. 262ff.

47 D. Hänsel, Die Widersprüchlichkeit der Lehrerrolle. In: H.-G. Rolff u. a., Strategisches Lernen in der Gesamtschule. Reinbek b. Hamburg 1974, S. 229.

48 K. Mollenhauer, Die Rollenproblematik des Lehrerberufs und die Bildung. In: Erziehung und Emanzipation. München 1968, S. 84; im folgenden nur mit Seitenzahl zitiert.

49 K. Mollenhauer im Nachwort zu einem Abdruck desselben Aufsatzes in K. Betzen und K. E. Nipkow (Hrsg.): Der Lehrer in Schule und Gesellschaft. München 1971, S. 111.

50 Vgl. D. Ulich und W. Mertens, a.a.O., S. 48ff.

51 A. Schuller, a.a.O., S. 162f.

52 Vgl. die kritische Diskussion der Funktion von Paradigmata bei H. Keupp, Modellvorstellungen von Verhaltensstörungen: ›Medizinisches Modell‹ und mögliche Alternativen. In: C. Kraiker (Hrsg.): Handbuch der Verhaltenstherapie. München 1974, S. 119.

53 C. Händle, Lehrerbildung und Berufspraxis. Weinheim 1972, S. 19. Siehe dazu auch H. Giesecke, Bildungsreform und Emanzipation. München 1973, S. 97ff.

54 H. Giesecke, a.a.O., S. 90.

55 Ausbildungsordnung für das Lehramt an den Gymnasien in Bayern, abgedruckt in: Referendarvertretung im Bayerischen Philologenverband e. V. (Hrsg.): Studienreferendar in Bayern. Würzburg 1974, S. 28–39, Zitat S. 33.

56 H. Walter, Imago. Auf der Suche nach dem Selbstverständnis. In: Der Junglehrer 17 (1974), Heft 1/2, S. 4–13.

57 W. Roth, Lehrerausbildung und schulische Praxis. In: Die Deutsche Schule 64 (1972), S. 632–637.

58 J.-J. Koch, Lehrer-Studium und Beruf, a.a.O., S. 20; im folgenden nur mit Seitenzahlen zitiert.

59 H. Fend u. a., Sozialisationseffekte unterschiedlicher Schulformen. In: Zeitschrift für Pädagogik 19 (1973), S. 887–903, bes. S. 892f.

60 Vgl. dazu ferner B. Cloetta u. a., Berufsrelevante Einstellungen als Ziele der Lehrerausbildung. In: Zeitschrift für Pädagogik 19 (1973), S. 919–941, bes. S. 932f.; J.-J. Koch und H. Pfeifer, Sozialpsychologische Aspekte einer Reform der zweiten Phase der Lehrerausbildung. In: Die Deutsche Schule 63 (1971), S. 435–449, bes. S. 439f.

61 E. H. Liebhart, Sozialisation im Beruf. Ergebnisse einer Panelbefragung von Studienreferendaren. In: Kölner Zeitschrift für Soziologie und Sozialpsychologie 22 (1970), S. 715–736; im folgenden nur mit Seitenzahlen zitiert.

62 H. v. Hentig, Die Schule im Regelkreis. Stuttgart 1965, S. 65.

63 Vgl. zum folgenden J.-J. Koch und H. Pfeifer, a.a.O., S. 441f.

64 Auch die Volksschullehrer bilden hier keine Ausnahme: Auf die Fage, ob sie im Rahmen des Studiums auf Schwierigkeiten und Probleme der Benotung vorbereitet wurden, antworteten 94% der von Walter befragten Volksschullehrer mit ›Nein‹ (H. Walter, a.a.O., S. 10).

65 Deutscher Bildungsrat, Strukturplan für das Bildungswesen. Stuttgart 1971, S. 221ff.; im folgenden nur mit Seitenzahlen zitiert.
Vgl. dazu vor allem auch Bund-Länder-Kommission für Bildungsplanung, Bildungsgesamtplan. Stuttgart 1973, S. 36ff.; B. Hanssler (Hrsg.): Materialien und Dokumente zur Lehrerbildung. Stuttgart 1971 (Gutachten der Bildungskommission des Deutschen Bildungsrates).

66 So soll sich etwa die pädagogisch-psychologische Ausbildung, die zusammen mit einer erziehungswissenschaftlichen und einer gesellschaftswissenschaftlich-pädagogischen Ausbildung zu realisieren ist, auf Forschungsergebnisse aus folgenden Bereichen beziehen:
»– Entwicklungspsychologie (. . .);
– Lernpsychologie (. . .);
– Testtheorie und -praxis (. . .);
– Sozialpsychologie (. . . .);
– Psychoanalyse, Tiefenpsychologie (. . .).« (S. 224).
Die Annahme, daß diese Gebiete allenfalls in der Form einführender Vorlesungen dargestellt werden können, ist wohl kaum von der Hand zu weisen.

67 Gerade die Prestigedifferenzen dürften auf diese Weise erhalten bleiben: »Wenn das Verhältnis der ›fachwissenschaftlichen und fachdidaktischen Studien‹ zu den ›erziehungs- und gesellschaftswissenschaftlichen Studien‹ für die Elementar- und Primarstufenlehrer 1:1 betragen soll, für die Lehrer der mittleren Stufen jedoch 5:3 und für die Lehrer der

höheren Stufen 7:3 (Deutscher Bildungsrat, a.a.O., S. 235), dann ist bei der bestehenden Geringschätzung der ja bisher schon pädagogisch-didaktisch zentrierten Ausbildung der Volksschullehrer und bei der Hochschätzung des universitätsnahen Fachwissens auch eine Abstufung des Sozialprestiges in der gleichen Progression zu erwarten (W. L. Bühl, Schulreform. Daten, Fakten, Analysen. München 1971, S. 235).

68 Begründung zum Entwurf eines Bayerischen Lehrerbildungsgesetzes. München 1974, S. 3 (hektogr. Manuskript).

69 Vgl. Deutscher Bildungsrat, a.a.O., S. 223f. und Anmerkung 66, sowie Ausbildungsordnung für das Lehramt an den Gymnasien in Bayern, a.a.O., S. 33f.

70 D. Ulich und W. Mertens, Urteile über Schüler, a.a.O., S. 52. Vgl. dazu besonders auch H. Thomas und F. Thomas, Funktionelle Veränderungen der Schule und ihre Bedeutung für den Lehrer. In: K. Betzen und K. E. Nipkow (Hrsg.): Der Lehrer in Schule und Gesellschaft. München 1971, S. 206ff.

71 Diese Forderungen wurden neuerdings besonders in der Diskussion um das bayerische Lehrerbildungsgesetz erhoben. Vgl. dazu H. Tischer, Thesen zur Reform der Lehrerbildung. In: Die Demokratische Schule 1973, Heft 11, S. 35–38, sowie Gewerkschaft Erziehung und Wissenschaft Bayern, Elemente zum Entwurf eines bayerischen Lehrerbildungsgesetzes. In: Die Demokratische Schule 1974, Heft 4. Eine genauere Begründung hierfür findet sich auch bei I. Haller, Der Stellenwert einer Neuordnung der Lehrerausbildung im Gesamtprozeß der Schulreform. In: Gewerkschaft Erziehung und Wissenschaft – Gesamtverband der Lehrer und Erzieher in Hessen (Hrsg.): Neuordnung der Lehrerausbildung. Frankfurt 1972, S. 64ff.

72 G. Steinkamp, Lehrer voller Vorurteile? In: H. Hielscher (Hrsg.): Die Schule als Ort sozialer Selektion. Heidelberg 1972, S. 76f.

73 Vgl. E. Becker, Zur Projektorientierung des Lehrerstudiums. In: Gewerkschaft Erziehung und Wissenschaft – Gesamtverband der Lehrer und Erzieher in Hessen (Hrsg.): Neuordnung der Lehrerausbildung. Frankfurt 1972, S. 92f.

74 Zu den im folgenden implizierten Prinzipien des projektorientierten Studiums vgl. E. Becker, a.a.O., S. 86f.; E. Becker, G. Jungblut und L. Voegelin, Projektorientierung als Strategie der Studienreform. In: Studentische Politik 1972, Heft 2/3, S. 3–25; E.-B. Berndt u. a., Erziehung der Erzieher: Das Bremer Reformmodell. Reinbek bei Hanburg 1972, besonders S. 184ff.

75 Siehe dazu die einzelnen Beiträge in: betrifft: erziehung 8 (1975), Heft 1 und Heft 2.

76 Vgl. dazu etwa B. Eckstein, Hochschuldidaktik und gesamtgesellschaftliche Konflikte. Frankfurt 1972; S. Freiger, B. Nagel und C. Rabe (Hrsg.): Was wird aus der Studienreform? Frankfurt 1974; W. Hofmann, Die Krise der Universität. In: Universität, Ideologie, Gesellschaft. Frankfurt 1968; K. Ulich (Hrsg.): Aktuelle Konzeptionen der Hochschuldidaktik. München 1974.

77 J.-J. Koch und H. Pfeifer, a.a.O., S. 440.
Giesecke stellt dazu sehr pointiert fest: »Gemessen am Bewußtsein, das heute beim Verlassen der Hochschule vorhanden ist, ist der ganze Aufwand für eine wissenschaftliche Lehrerausbildung fast entbehrlich geworden. Derselbe Effekt wäre auch fast dadurch zu erreichen, daß man einen Studenten gleich bei einem amtierenden Lehrer in die Lehre schickt und sein Fachwissen an den üblichen Schulbüchern trainiert« (H. Giesecke, a.a.O., S. 132).

78 Vgl. T. Bargel u. a., Zweckbestimmungen des Studiums als Thema der Hochschulforschung. In: Zeitschrift für Pädagogik 19 (1973), S. 943–966, bes. S. 948; J. Hochbaum, Structure and Process in Higher Education. In: K. A. Feldman (Hrsg.): College and Student. New York 1972, S. 5.

79 K. Mollenhauer, Wissenschaft und Praxis – Vorbemerkungen zu einer Wissenschafts- und Hochschuldidaktik. In: Erziehung und Emanzipation. München 1968, S. 48f.

80 Vgl. für eine Zusammenfassung und Interpretation empirischer Resultate W. L. Bühl, Schulreform, a.a.O., S. 238f., sowie F. Huisken, Lehrer und Schule im Spätkapitalismus. In: Ästhetik und Kommunikation 2 (1971), Heft 3, S. 23–39 , besonders S. 33f.
Vor allem für die Volksschullehrerinnen kommt als Studien-und Berufsmotiv hinzu, daß sie eine relativ kurze und in bezug auf den Umgang mit Kindern den vorherrschenden weiblichen Rollenvorstellungen entsprechende Ausbildung anstreben.

81 Vgl. dazu im einzelnen die Prüfungs- und Ausbildungsordnungen für die Lehrämter an Volksschulen, Realschulen und Gymnasien.

82 H. Seiffert, Hochschuldidaktik und Hochschulpolitik. Neuwied 1969, S. 77ff., Zitat S. 79. Siehe auch M. Kohli, Studium und berufliche Laufbahn. Stuttgart 1973, S. 81ff.

83 Vgl. H. Seiffert, a.a.O., S. 83f. unter Bezug auf die Untersuchung von H. Gerstein, Studierende Mädchen. München 1965. Einen empirischen Beleg liefern auch Moeller und Scheer: Die Philosophische Fakultät ist in ihrem Anteil am Beratungsklientel der psychotherapeutischen Beratungsstelle der Universität Gießen stark überrepräsentiert (M. L. Moeller und J. W. Scheer, Psychotherapeutische Studentenberatung. Stuttgart 1974, S. 12).
Ansätze zur Erklärung fachspezifischer Hochschulsozialisation diskutiert L. Huber, Zum Problem der Sozialisation von Wissenschaftlern. In: Neue Sammlung 14 (1974), S. 2–33, besonders S. 23ff.

84 So der Titel eines Beitrages von H. Striebeck in: Deutsche Schule 62 (1970), S. 334–336.

85 Vgl. I. Haller, a.a.O., S. 70f.

Zusammenfassung: Bezugsrahmen und Elemente einer Theorie schulischer Sozialisation

Die wichtigsten *Ausgangspunkte* des theoretischen Ansatzes dieser Arbeit sollen vor einer zusammenfassenden Darstellung seiner einzelnen Elemente noch einmal genannt werden:

Sozialisation ist ein Lernprozeß, in dem Wertorientierungen, Einstellungsmuster und Verhaltensweisen entstehen bzw. verändert werden. Sozialisation vollzieht sich in der sozialen Interaktion, im aneinander orientierten, interdependenten Verhalten von Personen, wobei die relative Macht der Beteiligten wesentlichen Einfluß auf Art und Intensität der Sozialisationseffekte hat. Schulische Sozialisation vollzieht sich in der Interaktion zwischen Schülern und Lehrern und kann nur im Rahmen einer sozialpsychologischen Theorie dargestellt und erklärt werden. Eine solche Theorie muß grundsätzlich davon ausgehen, daß die Formen der Interaktion in einem wechselseitigen Zusammenhang mit den Sozialisationsinhalten stehen, und daß sowohl interpersonale Faktoren im Interaktionsprozeß als auch dessen inhaltliche und organisatorische Bedingungen am Zustandekommen spezifischer Verhaltensweisen und -dispositionen beteiligt sind. Die hier implizierte – primär analytische – Unterscheidung zwischen Bedingungen *in* und *von* Interaktionen darf jedoch keineswegs zu einer einseitigen Verabsolutierung der einen und zu einer entsprechenden Vernachlässigung der jeweils anderen Dimension führen; deshalb müssen zwei andere Sozialisationskonzeptionen als ungeeignet für eine integrierte Theorie schulischer Sozialisation abgelehnt werden: die strukturell-funktionale Rollentheorie, weil sie zu stark auf die institutionellen Erfordernisse sozialer Systeme ausgerichtet ist, und die interaktionistische Perspektive, weil sie allein die interaktionsimmanenten Bedingungen favorisiert. Ebenfalls als ungeeignet erweisen sich sozialwissenschaftliche Ansätze zu einer Theorie der Schule, in denen deskriptiv-strukturelle Grundkategorien dominieren, während schulische Sozialisations- und Selektionsprozesse weitgehend außer acht bleiben.

Vor diesem Hintergrund läßt sich nun der *Bezugsrahmen* einer sozialpsychologischen Theorie schulischer Sozialisation entwickeln. Zunächst versuche ich, eine im Detail etwas verkürzte, schematische Skizze zu geben (s. S. 158).

Dieser noch formale Bezugsrahmen muß jetzt mit einer Beschreibung der einzelnen Elemente *inhaltlich* ausgefüllt werden, wobei besonders die Sozialisationseffekte zu berücksichtigen sind.

Die Interaktionen zwischen den Schülern verlaufen vorwiegend innerhalb des strukturellen Rahmens der *Schulklasse;* ihre Größe, Zusammensetzung und – von curricularen und sozialen Faktoren bestimmte – Situation sind vom Organisationszweck der Schule weitgehend abhängig. Auch die Gruppenstrukturen innerhalb der Klasse bilden sich unter dem Einfluß der vorgegebenen Anforderungen kollektiven Lernens, jedoch individueller Leistungserbringung. Der Leistungsstatus des Schülers entscheidet in erster Linie über seine Position in der gesamten Interaktionsstruktur und wird damit zum zentralen Sozialisationsfaktor. Unter diesen Bedingungen entsteht eine starke Leistungs- und Wettbewerbsorientierung, die mit

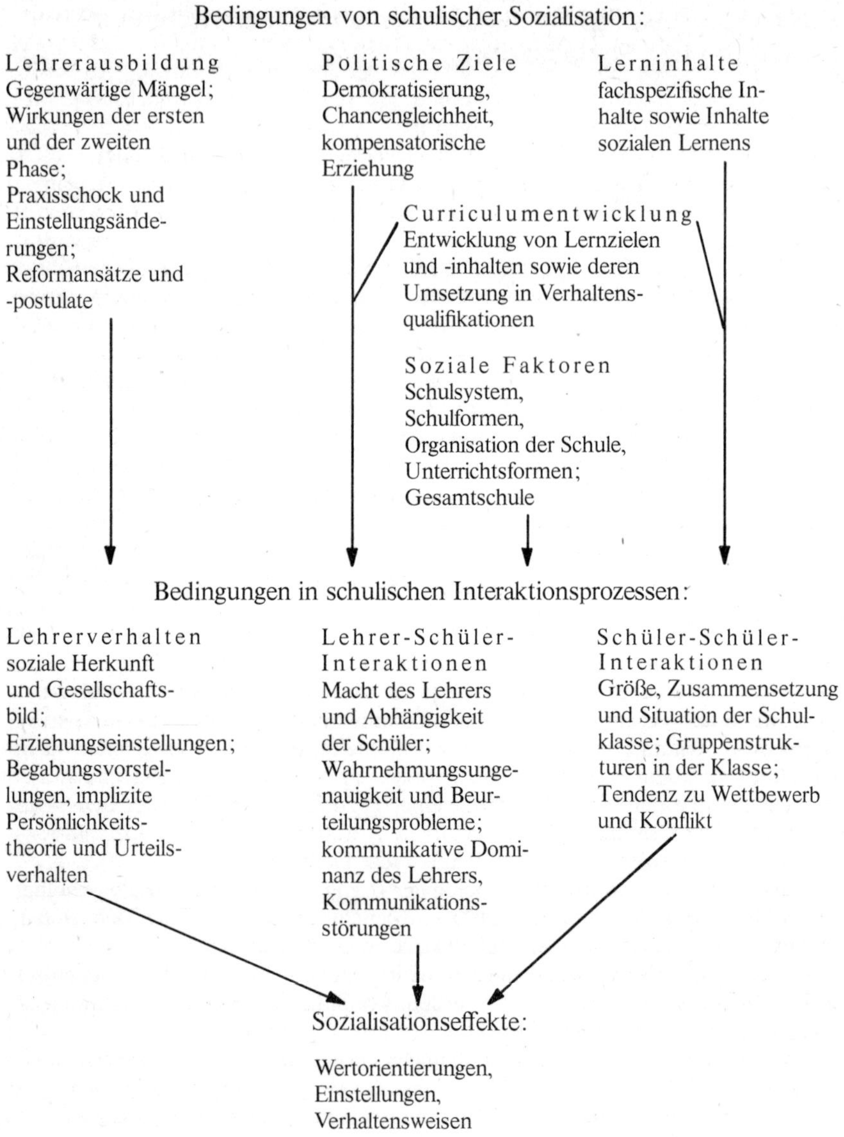

sozial-emotionalen Bedürfnissen konfligiert und gemeinschaftliches Handeln kaum ermöglicht.

Die *Lehrer-Schüler*-Interaktion ist gleichermaßen vom eigentlichen Schulzweck vorstrukturiert und außerdem von Sozialisation und Ausbildung des Lehrers selbst abhängig. In ihr vermittelt und bricht sich der Einfluß der Lerninhalte sowie der Organisations- und Unterrichtsformen. Sozialisationswirksam sind insbesondere drei konstitutive Merkmale der Lehrer-Schüler-Interaktion: Zwischen Lehrer und Schüler besteht eine grundsätzliche, kategorische Machtdifferenz, die vom Schüler zwangsläufig als Abhängigkeitsverhältnis erlebt und tendenziell internalisiert wird; die prinzipielle Ungenauigkeit der Wahrnehmungen des Lehrers führt zu Typisierungen, in denen Leistungs- und Persönlichkeitsmerkmale der Schüler – oft in schichttypischen ›clusters‹ – vermischt werden, und die über die Bildung entsprechender Erwartungshaltungen in die Selbstdefinition der Schüler eingehen können; die Kommunikationsbeziehungen in der Klasse werden von der zentralen Stellung des Lehrers beherrscht, der, falls er den Beziehungsaspekt der Kommunikation nicht beachtet, zu Kommunikationsstörungen und zu Verhaltensunsicherheiten bei den Schülern beiträgt.

Unter diesen Gesichtspunkten ist das *Lehrerverhalten* von so großer Bedeutung in schulischen Interaktionsprozessen, daß es heuristisch als eigene Bedingung thematisiert werden muß. Für die Erklärung des Lehrerverhaltens kann angesichts vieler untauglicher Versuche derzeit nur auf folgendes zurückgegriffen werden: die soziale Herkunft überwiegend aus der Mittelschicht, ein insgesamt negatives bzw. a-politisches Gesellschaftsverständnis und relativ autoritäre Erziehungseinstellungen. Diese Faktoren führen in Verbindung mit einer statischen Begabungsauffassung und einer wenig flexiblen impliziten Persönlichkeitstheorie der Lehrer zu einem schichtspezifisch sehr selektiven Urteilsverhalten, das Kinder aus der Unterschicht benachteiligt.

Lehrerverhalten, Lehrer-Schüler- und Schüler-Schüler-Interaktionen unterliegen durchgängig, wenngleich in unterschiedlicher Intensität, der Wirkung aller Bedingungen von schulischer Sozialisation, die Einstellungen und Verhalten der Schüler aber nicht nur über Interaktionen vermittelt, sondern auch unmittelbar beeinflussen und modifizieren. Unter diesen Bedingungen ist den politischen *Zielen* von schulischer Erziehung und Schulreform eine gewisse Priorität einzuräumen, weil sie für die Entwicklung von Lerninhalten, für die Gestaltung der Schul- und Unterrichtsorganisation sowie für die Prinzipien der Lehrerausbildung richtungweisend sind. Da solche Ziele aber erst im Zuge der Bildungsreform explizit formuliert und diskutiert werden, lassen sich nur ihre möglichen Konsequenzen abschätzen. So kann und soll etwa die Demokratisierung der Schule über eine Veränderung der Stellung von Lehrern und Schülern zu einer demokratischen Erziehung beitragen, und mit Hilfe einer individuellen Begabungsförderung sollte mehr Chancengleichheit erreicht werden. Die in diesem Zusammenhang entwickelten Ansätze einer kompensatorischen Erziehung können allerdings zu Identitätsproblemen, zu konformistischem Verhalten und damit zu eindeutig negativen Sozialisationseffekten führen.

Nicht so sehr als eigenständige Sozialisationsbedingung, sondern vielmehr als Instrument der Sozialisationsplanung erhält die *Curriculumentwicklung* eine besondere sozialpsychologische Relevanz: Aus den politischen Zielen werden schulische Lernziele und -inhalte abgeleitet, die spezifische Verhaltensweisen und -dispositionen bei den Schülern erzeugen sollen. Dabei kommt es jedoch entscheidend darauf an, die soziale Situation schulischen Lernens zu berücksichtigen und entsprechend den Zielen zu gestalten. Hier liegt ein zentrales Manko vieler Curriculumkonzeptionen, die Lernziele und -inhalte entwickeln, ohne die Interpersonalität von Vermittlungs- und Lernprozessen einzubeziehen, obwohl curriculare Entscheidungen in erster Linie in der Lehrer-Schüler-Interaktion verhaltenswirksam werden.

Die Analyse der Wirkungen schulischer *Lerninhalte* ist eine der wichtigsten Aufgaben schulischer Sozialisationsforschung; sie erweist sich jedoch aus zwei Gründen als problematisch. Erstens sind die dazu vorliegenden Untersuchungen qualitativ wie quantitativ sehr unzulänglich und lassen allenfalls gewisse Tendenzen erkennen. So zeigt sich, daß viele Lerninhalte nicht den aktuellen gesellschaftlichen Strukturen und Prozessen entsprechen und damit eine gesellschaftlich wie politisch inadäquate Sozialisation fördern. Zum zweiten ist bisher die Forderung erst gestellt, nicht nur die speziellen Fachinhalte, sondern alle sozialen Lerninhalte, also auch die in Schule und Unterricht implizit vermittelten Normen und Wertorientierungen in eine Theorie schulischer Sozialisation einzubeziehen. Mit Konzepten wie soziales Lernen und heimlicher Lehrplan wird diese Forderung nachhaltig unterstützt, auch wenn sie zur Zeit theoretisch und empirisch noch nicht hinreichend fundiert sind. Für die Verwirklichung einer demokratischen Schulreform wird es jedenfalls unabdingbar sein, soziale Lernprozesse in der Schule bewußt zu machen und Inhalte intentionalen sozialen Lernens in den Unterricht einzuführen, die die Lehrer-Schüler-Beziehungen entsprechend verändern können.

Lernen in der Schule vollzieht sich grundsätzlich unter dem Einfluß institutioneller und *organisatorischer Bedingungen,* die – vermittelt durch Interaktionsprozesse – bedeutsame Sozialisationseffekte auslösen; sie bilden den interaktionssteuernden sozialen Kontext schulischer Sozialisation. So verstärkt die vertikale Dreigliedrigkeit des Schulsystems in und durch die Beurteilungen und Entscheidungen der Lehrer die schichttypischen Lern- und Leistungsvoraussetzungen der Schüler; ähnliches gilt für die unterschiedlichen Schulformen, wobei auch die ebenso unterschiedliche Ausbildung der Lehrer eine Rolle spielt. Ferner intensiviert die hierarchische und streng zweckrationale Organisation der Schule über die abhängige Stellung des Lehrers die Macht- und Kontrollprobleme zwischen Schülern und Lehrern, die besonders im Frontalunterricht verschärft auftreten. *Ein* Gegengewicht dazu könnte mit einer gruppenzentrierten Organisation des Unterrichts geschaffen werden, in der die Interaktionen der Schüler untereinander die kommunikativ wie autoritativ einseitige Frontalsituation tendenziell überwinden. Eher negativ zu beurteilen sind hingegen wieder die Auswirkungen der Leistungsdifferenzierung, die statt einer besseren Förderung aller Kinder lediglich den Leistungsdruck insgesamt erhöht, und die gerade im organisatorischen Zusammenhang einer Gesamtschule dauerhafte und stabile Schülerbeziehungen erschwert.

Analog der Bedeutung des Lehrerverhaltens als interaktionsimmanenter Bedingung ist der Stellenwert der *Lehrerausbildung* als Bedingung von schulischer Sozialisation zu sehen. In Anbetracht der gegenwärtigen Mängel dieser Ausbildung – fehlender Theorie-Praxis-Bezug, schlechte Studienorganisation, Dominanz fachwissenschaftlicher Ausbildungsinhalte – ist nicht nur die Unzufriedenheit der Lehrer vor allem mit dem Studium zu verstehen, sondern es werden auch die für das Lehrerverhalten folgenreichen, mit Beginn der zweiten Ausbildungsphase auftretenden Einstellungsänderungen zu einer eher konservativ-autoritären Haltung erklärbar. Die professionelle Sozialisation der Lehrer wird allerdings auch *nach* der

Realisierung der bildungspolitisch durchsetzbaren Reformpläne nicht wesentlich anders verlaufen, obwohl dies im Sinne der proklamierten Ziele notwendig und auf Grund vorliegender Alternativvorschläge auch möglich wäre. Vor allem die Hochschulsozialisation angehender Lehrer müßte stärker auf die berufspraktischen Probleme zugeschnitten werden, indem die ihr zugrundeliegenden Interaktionsformen, Lerninhalte und Lehrmethoden sowie die Ausbildung der Hochschullehrer so gestaltet werden, daß bereits im Studium berufsrelevante Einstellungen und Verhaltensweisen erworben werden können. Hier wie auch an anderen Stellen enthalten die Analysen und Vorschläge dieser Arbeit freilich einen eher programmatischen Anspruch, den es wissenschaftlich wie bildungspolitisch erst noch einzulösen gilt.

Literaturverzeichnis

Anger, H., Kleingruppenforschung heute. In: G. Lüschen (Hrsg.): Kleingruppenforschung und Gruppe im Sport. Köln und Opladen 1966

Arvidson, S., Demokratisierung des Schulsystems. In: E. Meyer (Hrsg.): Gruppenpädagogik zwischen Moskau und New York. Heidelberg 1972

Ausbildungsordnung für das Lehramt an den Gymnasien in Bayern (GAO). Abgedruckt in: Referendarvertretung im Bayerischen Philologenverband (Hrsg.): Studienreferendar in Bayern. Würzburg 1974, S. 28–39

Backman, C. W./Secord, P. F., Sozialpsychologie der Schule. Weinheim 1972

Baethge, M., Ausbildung und Herrschaft, Unternehmerinteressen in der Bildungspolitik. Frankfurt 1970.

Bammé, A./Holling, E., Zur Kritik der Curriculumtheorie. In: Das Argument 80 (1973), S. 107–119

Bargel, T. u. a., Zweckbestimmungen des Studiums als Thema der Hochschulforschung. In: Zeitschrift für Pädagogik 19 (1973), S. 943–966

Becker, E., Zur Projektorientierung des Lehrerstudiums. In: Gewerkschaft Erziehung und Wissenschaft – Gesamtverband der Lehrer und Erzieher in Hessen (Hrsg.): Neuordnung der Lehrerausbildung. Frankfurt 1972

–/Herkommer, S./Bergmann, J., Erziehung zur Anpassung? Schwalbach bei Frankfurt 1967

–/Jungblut, G., Strategien der Bildungsproduktion. Frankfurt 1972

–/Jungblut, G./Voegelin, L., Projektorientierung als Strategie der Studienreform. In: Studentische Politik 1972, Heft 2/3, S. 3–25

Benninghaus, H., Soziale Einstellungen und soziales Verhalten. In: G. Albrecht/H. J. Daheim/F. Sack (Hrsg.): Soziologie. Opladen 1973

Berger, H., Untersuchungsmethode und soziale Wirklichkeit. Frankfurt 1974

Berndt, E.-B. u. a., Erziehung der Erzieher: Das Bremer Reformmodell. Reinbek bei Hamburg 1972

Bernhardt, M. u.a., Soziales Lernen in der Gesamtschule. München 1974

Bernstein, B., Studien zur sprachlichen Sozialisation. Düsseldorf 1972

Bilden, H., Habermas' Sozialisationstheorie – Zur Rekonstruktion ihres gesellschaftstheoretischen Rahmens. München 1974 (hektogr. Manuskript)

Birner, A. u. a., Mengenlehre oder Die Erziehung zur Gleichgültigkeit gegen Inhalte. In: paed. extra 1974, Heft 1, S. 13–24

Bisseret, N., Soziale Klasse und Wissen. In: G. Széll (Hrsg.): Privilegierung und Nichtprivilegierung im Bildungssystem. München 1972

Bois-Reymond, M. du, Strategien kompensatorischer Erziehung: Das Beispiel USA. Frankfurt 1971

Brusten, M./Hurrelmann, K., Abweichendes Verhalten in der Schule. München 1973

Bühl, W. L., Schule und gesellschaftlicher Wandel. Der organisierte Notstand der BRD. Stuttgart 1968

–, Schulreform – Daten, Fakten, Analysen. München 1971

Bühlow, G. u. a., Gesamtschule zwischen Schulversuch und Strukturreform. Weinheim 1972

Bund-Länder-Kommission für Bildungsplanung, Bildungsgesamtplan. Stuttgart 1973

Burchardt, B./Zumpe, S., Zur Notwendigkeit eines praxisorientierten Mathematikunterrichts. In: betrifft: erziehung 7 (1974), 11, S. 39–42

Busch, B., Zur politischen Problematik der Arbeitslehre. In: F. Nyssen (Hrsg.): Schulkritik als Kapitalismuskritik. Göttingen 1971

Butschkau, U./Tillmann, K.-J., Politische Sozialisation in der Gesamtschule. München 1972

Caesar, B., Autorität in der Familie. Ein Beitrag zum Problem schichtenspezifischer Sozialisation. Reinbek bei Hamburg 1972
Cloetta, B. u. a., Berufsrelevante Einstellungen als Ziele der Lehrerausbildung. In: Zeitschrift für Pädagogik 19 (1973), S. 919–941
Combe, A., Kritik der Lehrerrolle. Gesellschaftliche Voraussetzungen und soziale Folgen des Lehrerbewußtseins. München 1971
–, Zur Kritik der Sozialisationsforschung. In: Die Deutsche Schule 64 (1972), S. 237–246
Cremer, C. u. a., Bericht über ein Aktionsforschungsprojekt zur politischen Bildung an der Hauptschule. In: F. Haag u. a. (Hrsg.): Aktionsforschung. München 1972

Daheim, H. J., Soziale Herkunft, Schule und Rekrutierung der Berufe. In: D. V. Glass/ R. König (Hrsg.): Soziale Schichtung und Mobilität. Köln und Opladen 1961
Dahrendorf, R., Arbeiterkinder an deutschen Universitäten. Tübingen 1965
Dannwolf, T./Fuchs, W., Unterrichtsforschung als Unterricht? In: Gesellschaft und Schule 1 (1971), S. 2–7
Der Hessische Kultusminister, Rahmenrichtlinien: Sekundarstufe I – Gesellschaftslehre. Wiesbaden 1972
Deutscher Bildungsrat – Empfehlungen der Bildungskommission, Strukturplan für das Bildungswesen. Stuttgart 1971
Dietrich, G., Bildungswirkungen des Gruppenunterrichts. München 1969
Döring, K. W., Lehrerverhalten und Lehrerberuf. Weinheim 1970

Eckstein, B., Hochschuldidaktik und gesamtgesellschaftliche Konflikte. Frankfurt 1972
Ehlich, K. u. a., Spätkapitalismus – Soziolinguistik – kompensatorische Spracherziehung. In: Kursbuch 24 (1971), S. 33–60
Engelhardt, W.-D., Heimatkunde als Sachunterricht in der Grundschule? In: J. Beck/ L. Schmidt (Hrsg.): Schulreform oder der sogenannte Fortschritt. Frankfurt 1970

Feldhoff, J., Schule als Ordnungssystem. Münster 1965 (hektogr. Manuskript)
Fend, H., Gesellschaftliche Bedingungen schulischer Sozialisation. Weinheim 1974
–, u. a., Sozialisationseffekte unterschiedlicher Schulformen. In: Zeitschrift für Pädagogik 19 (1973), S. 887–903
Fingerle, K., Funktionen und Probleme der Schule. München 1973
Freiger, S./Nagel, B./Rabe, C. (Hrsg.): Was wird aus der Studienreform? Frankfurt 1974
French, J.R.P./Raven, B., The Bases of Social Power. In: D. Cartwright und A. Zander (Hrsg.): Group Dynamics – Research and Theory. Evanston 1960
Fröhlich, W. D./Wellek, S., Der begrifflich-theoretische Hintergrund der Sozialisationsforschung. In: C. F. Graumann (Hrsg.): Handbuch der Psychologie, Bd. 7/II: Sozialpsychologie – Forschungsbereiche. Göttingen 1972
Fürstenau, P., Neuere Entwicklungen der Bürokratieforschung und das Schulwesen. In: P. Fürstenau u. a., Zur Theorie der Schule. Weinheim 1969
–, Zur Psychoanalyse der Schule als Institution. In: P. Fürstenau u. a., Zur Theorie der Schule. Weinheim 1969

Gamm, H.-J., Kritische Schule. Eine Streitschrift für die Emanzipation von Lehrern und Schülern. München 1970
Getzels, J. W., A Social Psychology of Education. In: G. Lindzey und E. Aronson (Hrsg.): The Handbook of Social Psychology, Vol. V. Reading 1969

Geulen, D., Gesellschaftliche Herrschaft und primäre Sozialisation. In: G. Széll (Hrsg.): Privilegierung und Nichtprivilegierung im Bildungssystem. München 1972
Gewerkschaft Erziehung und Wissenschaft Bayern, Elemente zum Entwurf eines bayerischen Lehrerbildungsgesetzes. In: Die Demokratische Schule 1974, Heft 4
Giesecke, H., Bildungsreform und Emanzipation. München 1973
Goffman, E., Stigma. Über Techniken zur Bewältigung beschädigter Identität. Frankfurt 1967
Gordon, C. W., Die Schulklasse als ein soziales System. In: P. Heintz (Hrsg.): Soziologie der Schule. Köln und Opladen 1959
Gottschalch, W./Neumann-Schönwetter, M./Soukup, G., Sozialisationsforschung. Materialien, Probleme, Kritik. Frankfurt 1971
Graumann, C. F., Die Klasse als Gruppe. In: Funkkolleg Pädagogische Psychologie, 13. Sendung. Tübingen 1972 (hektogr. Manuskript)
Guskin, A. E./Guskin, S. L., Sozialpsychologie in Schule und Unterricht. Ulm 1973

Habermas, J., Thesen zur Theorie der Sozialisation. Frankfurt 1968 (hektogr. Manuskript, abgedruckt in Kultur und Kritik. Frankfurt 1973)
–, u. a., Student und Politik. Neuwied 1961
Händle, C., Lehrerbildung und Berufspraxis. Weinheim 1972
Hänsel, D., Die Widersprüchlichkeit der Lehrerrolle. In: H.-G. Rolff u. a., Strategisches Lernen in der Gesamtschule. Reinbek bei Hamburg 1974
Hagemann-White, C./Wolff, R., Gesellschaftliche Entwicklung und Sozialisationsforschung. In: Erziehung und Klassenkampf 9 (1973), S. 5–26
Hager, F./Haberland, H./Paris, R., Soziologie und Linguistik. Stuttgart 1973
Hahn, E., Historischer Materialismus und marxistische Soziologie. Berlin 1968
Halbfas, H., Soziales Lernen im schulischen Konkurrenzsystem. In: H. Halbfas/F. Maurer/W. Popp (Hrsg.): Lernen und soziale Erfahrung. Stuttgart 1974
Haller, H.-D., Zur Integration sozialer und kognitiver Lernprozesse. In: H. Halbfas/F. Maurer/W. Popp (Hrsg.): Entwicklung der Lernfähigkeit. Stuttgart 1972
Haller, I., Der Stellenwert einer Neuordnung der Lehrerausbildung im Gesamtprozeß der Schulreform. In: Gewerkschaft Erziehung und Wissenschaft – Gesamtverband der Lehrer und Erzieher in Hessen (Hrsg.): Neuordnung der Lehrerbildung. Frankfurt 1972
Hanke, B./Lohmöller, J.-B./Mandl, H., Schichtspezifische Faktorenstrukturen in Schülerbeurteilungen? In: Unterrichtswissenschaft 1975, Heft 2, S. 19–29
–, Schülerbeurteilung, Schicht und Schullaufbahn. In: Zeitschrift für Entwicklungspsychologie und Pädagogische Psychologie 7 (1975), S. 113–133
Hanssler, B. (Hrsg.): Materialien und Dokumente zur Lehrerbildung. Stuttgart 1971
Hare, A. P., Handbook of Small Group Research. New York 1962
Hargreaves, D. H., Interpersonale Beziehungen und das soziale System der Schule. In: J. F. Morris/E. A. Lunzer (Hrsg.): Das Leben in der Schule. Stuttgart 1972
Heiland, H., Zur Theorie der Schule. In: Die Deutsche Schule 64 (1972), S. 431–451
Heinisch, F., Politische Bildung – Integration oder Emanzipation? In: J. Beck u. a., Erziehung in der Klassengesellschaft. München 1970
Hentig, H. v., Die Schule im Regelkreis. Stuttgart 1965
Hess, F./Latscha, F./Schneider W., Die Ungleichheit der Bildungschancen. Olten 1966
Hessisches Institut für Lehrerfortbildung, Interpretationshilfen II für die Rahmenrichtlinien Gesellschaftslehre – Sekundarstufe I. Kassel 1973
Hiebsch, H./Vorwerg, M., Einführung in die marxistische Sozialpsychologie. Berlin 1967
Himmelstein, K., Hauptschule – Sackgasse unseres Bildungswesens. In: Demokratische Erziehung 1975, Heft 1, S. 15–24
Himmelweit, H. T./Swift, B., A Model for the Understanding of School as a Socializing Agent.

In: P. H. Mussen u. a. (Hrsg.): Trends and Issues in Developmental Psychology. New York 1969
Hochbaum, J., Structure and Process in Higher Education. In: K. A. Feldman (Hrsg.): College and Student. New York 1972
Hofmann, W., Die Krise der Universität. In: Universität, Ideologie, Gesellschaft. Frankfurt 1968
Hopf, A., Empirische Untersuchung zum politischen Bewußtsein junger Lehrer. In: Das Argument 80 (1973), S. 234–251
–, Lehrerbewußtsein im Wandel. Düsseldorf 1974
Huber, L., Zum Problem der Sozialisation von Wissenschaftlern. In: Neue Sammlung 14 (1974), S. 2–33
Huisken, F., Lehrer und Schule im Spätkapitalismus. In: Ästhetik und Kommunikation 2 (1971), Heft 3, S. 23–39
–, Zur Kritik bürgerlicher Didaktik und Bildungsökonomie. München 1972
Hurrelmann, K., Unterrichtsorganisation und schulische Sozialisation. Weinheim 1971
–, Schulische Sozialisation und abweichendes Verhalten. In: H. Walter (Hrsg.): Sozialisationsforschung. Bd. II: Sozialisationsinstanzen – Sozialisationseffekte. Stuttgart 1973
–, Ansätze zu einer Theorie gesellschaftlich organisierter Sozialisation. In: K. Hurrelmann (Hrsg.): Soziologie der Erziehung. Weinheim 1974
–, Erziehungssystem und Gesellschaft. Reinbek bei Hamburg 1975

Jackson, P. W., Teacher's Perceptions of Pupil's Attitudes towards School. In: A. Morrison und D. McIntyre (Hrsg.): Social Psychology of Teaching. London 1972
–/ Lahaderne, H. M., Inequalities of Teacher-Pupil Contacts. In: A. Morrison und D. McIntyre (Hrsg.): Social Psychology of Teaching. London 1972
Jencks, C. u. a., Chancengleichheit. Reinbek bei Hamburg 1973

Kamper, D., Stichwort ›Sozialisation‹. In: C. Wulf (Hrsg.): Wörterbuch der Erziehung. München 1974
Kern, H./Schumann, M., Industriearbeit und Arbeiterbewußtsein. Frankfurt 1970
Keupp, H., Modellvorstellungen von Verhaltensstörungen: ›Medizinisches Modell‹ und mögliche Alternativen. In: C. Kraiker (Hrsg.): Handbuch der Verhaltenstherapie. München 1974
–/Bergold, J. B., Probleme der Macht in der Psychotherapie unter besonderer Berücksichtigung der Verhaltenstherapie. In: C. H. Bachmann (Hrsg.): Psychoanalyse und Verhaltenstherapie. Frankfurt 1972
Kirsten, R. E., Lehrerverhalten. Untersuchungen und Interpretationen. Stuttgart 1973
Klafki, W. u. a., Erziehungswissenschaft (Funk-Kolleg), Bd. 1. Frankfurt 1970
–, Handlungsforschung im Schulfeld. In: Zeitschrift für Pädagogik 19 (1973), S. 487–516
Klose, P., Das Rollenkonzept als Untersuchungsansatz für die Berufssituation des Lehrers. In: Kölner Zeitschrift für Soziologie und Sozialpsychologie 23 (1971), S. 78–97
Klüver, J./Krüger, H., Aktionsforschung und soziologische Theorien. In: F. Haag u. a. (Hrsg.): Aktionsforschung. München 1972
Koch, J.-J., Lehrer-Studium und Beruf. Ulm 1972
–/Pfeifer, H., Sozialpsychologische Aspekte einer Reform der zweiten Phase der Lehrerbildung. In: Die Deutsche Schule 63 (1971), S. 435–449
Krech, D./Crutchfield, R. S./Ballachey, E. L., Individual in Society. New York 1962
Kupffer, H., Die ›Demokratisierung‹ der Schule unter erzieherischem Aspekt. In: Die Deutsche Schule 60 (1968), S. 719–726

Lenhart, V., (Hrsg.): Demokratisierung der Schule. Frankfurt 1972

Liebhart, E. H., Sozialisation im Beruf. Ergebnisse einer Panelbefragung von Studienreferendaren. In: Kölner Zeitschrift für Soziologie und Sozialpsychologie 22 (1970), S. 715–736
Lorenzer, A., Grundprobleme einer materialistischen Sozialisationstheorie. In: H. Walter (Hrsg.): Sozialisationsforschung. Bd. I: Erwartungen, Probleme, Theorieschwerpunkte. Stuttgart 1973
Luhmann, N., Soziologische Aufklärung. Aufsätze zur Theorie sozialer Systeme. Köln und Opladen 1970

Marschelke, E., Auf dem Weg zu einer Metatheorie der Schule. In: Bildung und Erziehung 26 (1973), S. 201–212
Mey, H., Soziales Verhalten zwischen Herrschaft, Macht und Öffentlichkeit. In: Soziale Welt 21/22 (1970/71), S. 18–32
Merton, R. K., Der Rollen-Set: Probleme der soziologischen Theorie. In: H. Hartmann (Hrsg.): Moderne Amerikanische Soziologie. Stuttgart 1967
Moeller, M. L./Scheer, J. W., Psychotherapeutische Studentenberatung. Stuttgart 1974
Mollenhauer, K., Die Rollenproblematik des Lehrerberufs und die Bildung. In: Erziehung und Emanzipation. München 1968
–, Jugend und Schule im Spannungsfeld gesellschaftlicher Widersprüche. In: Erziehung und Emanzipation. München 1968
–, Wissenschaft und Praxis – Vorbemerkungen zu einer Wissenschafts- und Hochschuldidaktik. In: Erziehung und Emanzipation. München 1968
–, Sozialisation und Schulerfolg. In: H. Roth (Hrsg.): Begabung und Lernen. Stuttgart 1968
–, Theorien zum Erziehungsprozeß. München 1972
Morrison, A./McIntyre, D. (Hrsg.): Social Psychology of Teaching. London 1972
Müller, H., Affirmative Erziehung: Heimat- und Sachkunde. In: J. Beck u. a., Erziehung in der Klassengesellschaft. München 1970
Müller, C. W., Die Stellung des Schülers an unseren Schulen. In: P. Fürstenau u. a., Zur Theorie der Schule. Weinheim 1969

Narr, W.-D., Eine Reform ohne Methode. In: Die Zeit, Nr. 32 vom 3. 8. 1973
Nickel, H., Stile und Dimensionen des Lehrerverhaltens in der sozialen Interaktion mit Schülern und ihre Bedeutung für Erziehung und Unterricht. In: K. Betzen und K. E. Nipkow (Hrsg.): Der Lehrer in Schule und Gesellschaft. München 1971
Nunner-Winkler, G., Chancengleichheit und individuelle Förderung. Stuttgart 1971
Nyssen, E., Curriculare Perspektiven für den Deutschunterricht. In: H.-G. Rolff u. a., Strategisches Lernen in der Gesamtschule. Reinbek bei Hamburg 1974
Nyssen, F., Schule im Kapitalismus. Der Einfluß wirtschaftlicher Interessenverbände im Felde der Schule. Köln 1970

Oevermann, U., Sprache und soziale Herkunft. Frankfurt 1972
Ortmann, H., Politische Ökonomie und Pädagogik. In: Erziehung und Klassenkampf 9 (1973), S. 39–54

Parsons, T., The Social System. Glencoe 1951
–, The School Class as a Social System: Some of its Functions in American Society. In: A. H. Halsey u. a. (Hrsg.): Economy, Education and Society. New York 1959
–, On the Concept of Political Power. In: Sociological Theory and Modern Society. New York 1967
–/ Shils, E. A. (Hrsg.): Towards a General theory of Action. New York 1951
Pause, G., Merkmale der Lehrerpersönlichkeit. In: K. Ingenkamp (Hrsg.): Handbuch der Unterrichtsforschung, Teil II. Weinheim 1970

Peter, H.-U., Die Schule als soziale Organisation. Weinheim 1973
Pfeiffer, J., Zielvorstellungen und Unterrichtsverfahren im Sozialkundeunterricht. München 1971 (unveröff. Diplomarbeit)
Piaget, J., Das moralische Urteil beim Kinde. Zürich 1954
–, Die Entwicklung des Zahlbegriffs beim Kinde. Stuttgart 1965
Pieper, M., Bildungshumanismus in der industriellen Gesellschaft, untersucht anhand von Lehrplan und Lesebüchern für den gymnasialen Deutschunterricht in Bayern. München 1969 (unveröff. Diplomarbeit)
Popitz, H., Die Ungleichheit der Chancen im Zugang zur höheren Schulbildung. In: L. v. Friedeburg (Hrsg.): Jugend in der modernen Gesellschaft. Köln 1965
–, Der Begriff der sozialen Rolle als Element der soziologischen Theorie. Tübingen 1967
Prell, S./Schiefele, H./Ulich, D., Leistungsdifferenzierung und individuelle Förderung. München 1972
Pressel, A., Sozialisation. In: J. Beck u. a., Erziehung in der Klassengesellschaft. München 1970

Robinsohn, S. B., Bildungsreform als Reform des Curriculum. Neuwied 1967
Rolff, H.-G., Bildungsplanung als rollende Reform. Frankfurt 1970
–, Sozialisation und Auslese durch die Schule. Heidelberg 1972 (5. Aufl.)
–, Sozialisationsorientierte Curriculumentwicklung und curriculumorientierte Sozialisationsforschung. In: H. Walter (Hrsg.): Sozialisationsforschung. Bd. II: Sozialisationsinstanzen – Sozialisationseffekte. Stuttgart 1973.
–, Wiederspiegelungen gesamtgesellschaftlich bedingter Widersprüche in der Schule. In: H.-G. Rolff u. a., Strategisches Lernen in der Gesamtschule. Reinbek bei Hamburg 1974
–/ Tillmann, K.-J., Strategisches Lernen durch gesellschaftsverändernde Praxis. In: H.-G. Rolff u. a., Strategisches Lernen in der Gesamtschule. Reinbek bei Hamburg 1974
Roth, H. (Hrsg.): Begabung und Lernen. Stuttgart 1969
–, Schule als optimale Organisation von Lernprozessen. In: Die Deutsche Schule 61 (1969), S. 520–536
Roth, W., Lehrerausbildung und schulische Praxis. In: Die Deutsche Schule 64 (1972), S. 632–637

Schefer, G., Das Gesellschaftsbild des Gymnasiallehrers. Frankfurt 1969
–, Gesellschaftslehre und Primarstufe. Kritik der hessischen Rahmenrichtlinien. In: Das Argument 80 (1973), S. 120–131
Schmiederer, R., Politische Bildung zwischen Gemeinschaftsideologie und Nationalismus. In: Das Argument 54 (1969), S. 431–465
–, Bildungskrise und Schulreform. Frankfurt 1971
Schorb, A. O. und Schmidbauer, M., Aufstiegsschulen im sozialen Wettbewerb. Stuttgart 1973
Schott, E./Schott, U., Studienreformkongresse als organisatorischer Rahmen für die Diskussion eines projektorientierten Studiums auf dem Hintergrund emanzipatorischer Hochschuldidaktik. In: K. Ulich (Hrsg.): Aktuelle Konzeptionen der Hochschuldidaktik. München 1974
Schuller, A. (Hrsg.): Lehrerrolle im Wandel. Weinheim 1971
Schulz, W., Umriß einer didaktischen Theorie der Schule. In: P. Fürstenau u. a., Zur Theorie der Schule. Weinheim 1969
Schwonke, M., Das Gesellschaftsbild des Lehrers. In: G. Hartfiel und K. Holm (Hrsg.): Bildung und Erziehung in der Industriegesellschaft. Opladen 1973
Secord, P. F./Backman, C. W., Social Psychology. New York 1960
Seiffert, H., Hochschuldidaktik und Hochschulpolitik. Neuwied 1969

Simm, G., Neue Mathematik in den Schulbüchern der Primarstufe. In: betrifft: erziehung 7 (1974), 11, S. 33–35
Sozialisation und kompensatorische Erziehung. Ein soziologisches Seminar an der Freien Universität Berlin als hochschuldidaktisches Experiment. Hamburg 1971
Speichert, H., Organisation – der wichtigste Inhalt. In: paed. extra 1974, Heft 14/15, S. 27–32
Sprondel, W. M., Bildung, Ungleichheit und professionalisierte Lehrerschaft. In: Soziale Welt 21/22 (1970/71), S. 73–89
Steinkamp, G., Die Rolle des Volksschullehrers im schulischen Selektionsprozeß. In: H. Hielscher (Hrsg.): Die Schule als Ort sozialer Selektion. Heidelberg 1972
–, Lehrer voller Vorurteile? In: H. Hielscher (Hrsg.): Die Schule als Ort sozialer Selektion. Heidelberg 1972
–, Sozialisation in der Familie, Ich-Identität und demokratisch-freiheitliche Gesellschaft. In: Gegenwartskunde 22 (1973), S. 55–65
Striebeck, H., Hochschullehrer in die Schule! In: Die Deutsche Schule 62 (1970), S. 334–336

Tausch, R./Tausch, A.-M., Erziehungspsychologie. Göttingen 1970 (5. Aufl.)
Tenbruck, F. H., Jugend und Gesellschaft. Freiburg 1962
Teschner, M., Politik und Gesellschaft im Unterricht. Frankfurt 1968
Thomae, H., Soziale Schichten als Sozialisationsvariablen. In: C. F. Graumann (Hrsg.): Handbuch der Psychologie, Bd. 7/II: Sozialpsychologie – Forschungsbereiche. Göttingen 1972
Thomas, H./Thomas, F., Funktionale Veränderungen der Schule und ihre Bedeutung für den Lehrer. In: K. Betzen/K. E. Nipkow (Hrsg.): Der Lehrer in Schule und Gesellschaft. München 1971
Tischer, H., Thesen zur Reform der Lehrerausbildung. In: Die Demokratische Schule 1973, Heft 11, S. 35–38

Ulich, D., Probleme und Möglichkeiten erziehungswissenschaftlicher Theorienbildung. In: D. Ulich (Hrsg.): Theorie und Methode der Erziehungswissenschaft. Weinheim 1972
–, Gruppendynamik in der Schulklasse. München ^{5}1975
–, Soziale Beziehungen und Probleme der Macht in pädagogischen Interaktionen. In: H. Halbfas/F. Maurer/W. Popp (Hrsg.): Lernen und soziale Erfahrung. Stuttgart 1974
–, Zur Logik der Sozialisationsforschung. In: Zeitschrift für Pädagogik 20 (1974), S. 447–460
–, Was leistet die Schule für die Gesellschaft? In: Zeitschrift für Pädagogik 20 (1974), S. 615–628
–/Mertens, W., Urteile über Schüler. Zur Sozialpsychologie pädagogischer Diagnostik. Weinheim 1973
Ulich, E. u. a., Einige Aspekte der beruflichen Situation und der zeitlichen Beanspruchung von Lehrkräften an Höheren Schulen. In: F. Merz (Hrsg.): Bericht über den 25. Kongreß der Deutschen Gesellschaft für Psychologie. Göttingen 1967
Ulich, K., Das Gleichgewichtskonzept in der neueren Soziologie. München 1968 (unveröff. Diplomarbeit)
–, Soziale Systeme als Bezugssysteme für soziales Handeln. Versuch einer Kritik und Revision der Bezugsgruppentheorie. Frankfurt 1972
–, Schulreform als Sozialisationsstrategie. Zum Verhältnis von Sozialisation und Qualifikation. In: Bildung und Erziehung 27 (1974), S. 99–114
– (Hrsg.): Aktuelle Konzeptionen der Hochschuldidaktik. München 1974

Waller, M., Zur Kritik der rollentheoretischen Orientierung der psychologischen Sozialisationsforschung. In: H. Walter (Hrsg.): Sozialisationsforschung. Bd. I: Erwartungen, Probleme, Theorieschwerpunkte. Stuttgart 1973

Walter, H., Imago. Auf der Suche nach dem Selbstverständnis. In: Der Junglehrer 17 (1974), Heft 1/2, S. 4–13

Watzlawick, P./Beavin, J. H./Jackson, D. D., Menschliche Kommunikation. Formen, Störungen, Paradoxien. Bern 1969

Weber, N., Privilegien durch Bildung. Frankfurt 1973

Weinert, F. E., Schule und Beruf als institutionelle Sozialisationsbedingungen. In: C. F. Graumann (Hrsg.): Handbuch der Psychologie, Bd. 7/II: Sozialpsychologie – Forschungsbereiche. Göttingen 1972

Wellendorf, F., Schulische Sozialisation und Identität. Weinheim 1973

Wheeler, S., The Structure of Formally Organized Socialization Settings. In: O. G. Brim und S. Wheeler, Socialization after Childhood. New York 1966

Wöhler, K., Zur Soziologie der Schule. In: I. Girschner-Woldt u. a., Soziologie für Pädagogen. Stuttgart 1973

Zeiher, H., Gymnasiallehrer und Reformen. Stuttgart 1973

Zentrum I Bildungsforschung/Sonderforschungsbereich 23, Das Rahmenthema des Sonderforschungsbereichs: Sozialisation in Bildungsinstitutionen. Konstanz 1973 (hektogr. Manuskript)

Zimmer, J., Curriculumforschung: Chance zur Demokratisierung der Lehrpläne. In: V. Lenhart (Hrsg.): Demokratisierung der Schule. Frankfurt 1972

Zinnecker, J., Die Parteilichkeit der Unterrichtsforschung. In: betrifft: erziehung 7 (1974), 9, S. 26–36

Sachverzeichnis

Namenverzeichnis